城市地下深层隧道施工关键技术
——武汉大东湖深隧工程施工实践

中建三局基础设施建设投资有限公司
中建三局集团有限公司　编著

中国建筑工业出版社

图书在版编目（CIP）数据

城市地下深层隧道施工关键技术：武汉大东湖深隧工程施工实践 / 中建三局基础设施建设投资有限公司，中建三局集团有限公司编著．—北京：中国建筑工业出版社，2023.4
ISBN 978-7-112-28549-5

Ⅰ.①城… Ⅱ.①中…②中… Ⅲ.①城市隧道—隧道施工—武汉 Ⅳ.①U459.9

中国国家版本馆CIP数据核字（2023）第052204号

本书全面、系统地阐述了国内首个正式建设的城市深隧项目——武汉大东湖深隧工程施工技术与应用实践，详细介绍了工程主隧竖井、区间盾构、区间二衬、工艺结构施工及验收过程中采用的核心工艺、特制材料、定制装备、技术与管理创新，以及项目实施过程中的一系列方案对比、系统试验等。本书可为后续城市深隧工程的建设提供参考和指导，也可供从事地下空间开发利用及隧道建设相关工作的科研人员、工程技术人员及高等院校教师、学生参考。

责任编辑：刘瑞霞　梁瀛元
责任校对：张惠雯

城市地下深层隧道施工关键技术——武汉大东湖深隧工程施工实践
中建三局基础设施建设投资有限公司　编著
中建三局集团有限公司

*

中国建筑工业出版社出版、发行（北京海淀三里河路9号）
各地新华书店、建筑书店经销
北京龙达新润科技有限公司制版
天津翔远印刷有限公司印刷

*

开本：787毫米×1092毫米　1/16　印张：20¾　字数：516千字
2023年4月第一版　2023年4月第一次印刷
定价：98.00元
ISBN 978-7-112-28549-5
（40973）

版权所有　翻印必究
如有印装质量问题，可寄本社图书出版中心退换
（邮政编码　100037）

【工程纪实】

项目开工建设

首台盾构下线仪式

【工程纪实】

地下连续墙施工

竖井开挖及环框梁施工

【工程纪实】

项目首台盾构始发

3号竖井盾构施工阶段场地布置

【工程纪实】

穿越湖区岩溶段钢板桩土芯围堰施工

3号～1号区间顺利贯通

【工程纪实】

二衬仰拱施工

二衬仰拱成型效果

【工程纪实】

二衬混凝土运输

二衬拱墙施工

【工程纪实】

1号入流竖井工艺结构施工

4号汇流竖井工艺结构施工

【工程纪实】

二衬洞外 1∶1 模拟试验

千米级混凝土水平泵送试验

【交流宣传】

湖北省深层污水传输工程观摩会

湖北省深层污水传输工程观摩会

【交流宣传】

央视新闻联播报道项目首台盾构始发

楚天都市报报道项目9个竖井全面施工

【重大活动】

项目承办湖北省劳动和技能竞赛启动大会

湖北省文联新春"送文化 送温暖"走进武汉大东湖深隧项目

【项目荣誉】

项目获评全国建设工程项目施工安全标准化工地

项目获评湖北省建筑工程安全文明施工现场

项目党支部获评中建集团示范党支部

项目获评湖北省工人先锋号

项目BIM应用成果获"创新杯"一等奖

项目BIM应用成果获"市政杯"一等奖

【项目荣誉】

项目获评湖北省建筑业绿色示范工程

项目技术成果获微创新技术大赛一等成果

项目获工程建设绿色建造评价三星水平

项目获国家及省级优质工程奖

编委会名单

主　编：王洪涛　戴小松　朱海军
副主编：余南山　张利勇
主　审：张金军　司鹏飞
参　编：段军朝　贾瑞华　刘开扬　陈　伟　谷海华　苏长毅
　　　　彭文韬　蒋尚志　叶亦盛　刘康宇　张　浩　张　敬
　　　　刘广辉　李文文　鲁文博　周　浩　许剑波　侯博海
　　　　周　旭　王　浩　石九州　薛中伟　张伟涛　罗　雄
　　　　吴志高　鲁　军　赵日煦　张　鹏　罗义生　刘其成
　　　　徐　菲　颜学芬　王　磊　朱海涛　胡海瑞　李宇红
　　　　唐冬云　姚　菁　李子硕　林　飞　谯理格　赵胜阳
　　　　张天宝　刘　杰　曹　钦　胡宜昌

前 言

随着我国城市化快速发展，在国内大型城市，特别是人口聚集的特大城市，污水处理面临极大挑战。一方面，人口涌入导致城市污水处理量持续攀升，现有污水厂提标改造需求紧迫；另一方面，原有污水厂逐渐被中心化，邻避效应突出，不利于城市生态发展，但城区土地资源稀缺，可用于污水厂新建改造的土地十分有限。

将城区污水通过深层隧道集中输送至郊区处理，是解决人口高度聚集城区污水处理问题的一种有效方案，同时可以缓解区域溢流污染，腾退城市土地，提高中心城区品位和价值，近年来广受关注。国外一些大城市如新加坡、悉尼、芝加哥等，早在21世纪初已建设排水深隧，将污水统一收集输送至城区外集中处理，以缓解城市用地紧张问题；国内一些大城市如香港、广州、武汉、上海、深圳，也陆续开始建设或规划排水深隧。

2020年9月，中建三局及武汉城投共同投资建设的国内首条正式投入运营的污水深隧——大东湖核心区污水传输系统工程（简称武汉大东湖深隧工程）正式通水，有效解决了武汉核心城区大东湖片区 $130km^2$ 的污水处理能力不足的问题，受益人口达300万人以上，充分提升区域水环境质量，实现清水入江，助力长江大保护和沿江经济带建设。

然而，现阶段国内排水深隧的建设、运营仍处于起步阶段，项目实施过程仍面临不少技术问题，深隧施工技术的高门槛限制了深隧的进一步推广应用。具体表现在城市污水深隧建设通常面临传输距离长、埋深大、穿越地质复杂等工程特点，隧道安全、耐久要求很高，且缺乏运行案例及数据，设计施工难度较大。以武汉大东湖深隧工程为例，工程包含污水传输系统及地表完善系统两大部分，污水传输系统包含主隧及支隧两大部分，主隧施工面临技术难度大、安全风险高、工期压力大等诸多难点，为本工程建造的最大难点所在。

本书共7章，分别为工程概况、施工部署、主隧竖井施工、区间盾构施工、区间二衬施工、工艺结构施工及验收。本书系统、全面地阐述了武汉大东湖深隧工程主隧施工过程中采用的核心工艺、特制材料、定制装备、技术与管理创新，以及项目实施过程中的一系列方案对比及系统试验，旨在通过武汉大东湖深隧工程的成功案例与建设实践，为后续城市深隧工程的建设提供参考和指导。在编写本书过程中，得到了武汉市水务局、武汉市城市建设投资开发集团有限公司、武汉三镇实业控股股份有限公司、中建商品混凝土有限公司、武汉市水务工程质量安全监督站、武汉市市政工程质量监督站等单位的大力帮助和指导，在此一并表示感谢！

本书中若有不当之处，敬请各位读者和专家指正。

目 录

第1章 工程概况 ... 1
1.1 工程简介 ... 3
1.2 水文地质情况 ... 5
1.3 主隧竖井概况 ... 6
1.4 主隧区间概况 ... 7
1.5 工艺结构概况 ... 8
1.6 工程重难点 ... 9

第2章 施工部署 ... 11
2.1 原总体工筹 ... 11
2.2 优化后工筹 ... 11
2.3 总体施工组织 ... 12

第3章 主隧竖井施工 ... 14
3.1 竖井设计概况 ... 14
3.2 超深地下连续墙施工 ... 24
3.3 止水帷幕施工 ... 37
3.4 竖井支护及土方开挖施工 ... 45
3.5 竖井人员上下方案 ... 59
3.6 本章小结 ... 74

第4章 区间盾构施工 ... 75
4.1 盾构区间设计概况 ... 75
4.2 盾构机选型及针对性设计 ... 77
4.3 基于BIM技术的盾构施工场地布置研究 ... 85
4.4 小盾构双向分体始发技术 ... 88
4.5 长区间盾构掘进物料运输技术 ... 96
4.6 水下岩溶处理及岩溶区盾构掘进技术 ... 99
4.7 富水砾卵石层盾构掘进技术 ... 108
4.8 盾构空推过矿山法隧道技术 ... 111
4.9 富水砂层盾构水下接收技术 ... 115

| 4.10 本章小结 | 128 |

第5章 区间二衬施工 — 130

5.1 二衬设计概况	130
5.2 二衬混凝土配置研究	133
5.3 二衬总体施工方案	165
5.4 二衬成套设备研究	187
5.5 二衬混凝土长距离输送及入模技术	208
5.6 二衬长距离供配电技术	225
5.7 隧道健康监测施工	232
5.8 防腐涂料施工	238
5.9 本章小结	239

第6章 工艺结构施工 — 241

6.1 工艺结构设计概况	241
6.2 1号入流竖井施工	250
6.3 4号汇流竖井施工	271
6.4 3号、6号、7号通风检修井施工	282
6.5 竖井明管段施工	295
6.6 本章小结	302

第7章 验收 — 304

7.1 内渗法试验原理及标准	304
7.2 通水试验原理及标准	306
7.3 试验流程	307
7.4 试验方法	307
7.5 本章小结	310

参考文献 — 312

第1章 工程概况

随着城市化进程的进一步发展，城市内涝、溢流污染等现象成为全国各大城市面临的普遍问题，制约了城市经济和社会的可持续发展，成为亟待解决的问题。与此同时，随着国家"绿水青山就是金山银山""幸福中国""长江大保护"及武汉市"四水共治"等战略口号的提出，生态文明建设越来越受到各级政府的重视。

与城市溢流污染相对应的是城市污水厂逐渐中心化，原污水厂设计标准低，处理能力和排放标准难以满足目前城市污水处理的需求量及日益提升的环保要求，污水厂面临提标困难、无地可扩建、与周边用地环境矛盾激化等问题。为彻底解决污水厂与城市功能布局的矛盾，统筹解决污水、雨水、污泥等问题，武汉市提出了"四厂合一，深隧传输"的方案，有效释放中心城区土地资源，提升污水处理能力。该方案对地面交通和建筑影响小，综合环境效益好、土地集约利用率高，预留了浅层地下空间，为远期发展预留了更大空间，将成为国内污水治理的新趋势。

排水深隧是深层排水调蓄管道系统的简称，一般是指埋设在深层地下空间，用于调蓄/输送雨水、污水或合流污水的，通常具有较大调蓄及传输能力的系统工程（表1.0-1）。城市地下空间立体分布图见图1.0-1。

排水深隧分类 表1.0-1

序号	深隧分类	深隧功能
1	雨洪排放型	使用深隧对现有河道排洪能力进行补充，减少城市洪涝的发生。隧道尾端设有大型排洪泵站，最终出路是大江大河等水体
2	污水输送型	收集并传输城市污水至污水厂集中处理，部分污水深隧具有调蓄功能
3	合流调蓄型	对合流污水、初期雨水进行收集、调蓄和输送，最终将雨水或者合流污水传输至污水处理厂集中处理
4	复合功能型	一条隧道具备多种功能。除了有CSO调蓄输送功能，同时也帮助降低河道洪水水位，减少城市街区内涝，有些隧道更是具有交通及紧急防洪通道双重功能

目前国外深层隧道排水技术已经应用多年，法国巴黎、美国芝加哥、日本东京等城市已修建不少深层排水隧道，有效解决了城市排污、城市内涝等问题。国内深隧尚处在建设前期试验/起步阶段，广州是国内首个提出建设深层隧道排水系统的城市，并修建了国内首个深隧试验段——广州深层隧道排水系统东濠涌试验段工程，武汉大东湖核心区污水传输系统工程是国内首个正式建设的城市深隧项目。国内外深隧典型案例如表1.0-2所示。

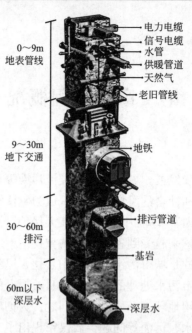

图 1.0-1 城市地下空间立体分布图

国内外深隧典型案例 表 1.0-2

序号	所在城市	隧道系统名称	工程规模	隧道主要功能
1	美国芝加哥	芝加哥隧道和水库方案	长175km, 内径2.4~10.8m, 深46~88m, 1000万 m^3	控制水体污染
2	美国密尔沃基	密尔沃基隧道系统	长45.5km, 内径10m, 深100m, 200万 m^3	控制水体污染
3	美国旧金山	旧金山输送调蓄系统	长3km, 内径9m, 埋深30m	控制水体污染
4	美国印第安纳	印第安纳波利斯深层隧道系统	长40km, 内径5.5m, 深75m, 调蓄量100万 m^3	控制水体污染
5	日本东京都	首都圈外围排水道	长6.3km, 内径10.6m, 深50m	缓解内涝
6	日本大阪府	寝室川南部地下河川	长11.2km, 内径9.8~6.9m, 深25m, 调蓄量96万 m^3	缓解内涝, 兼顾控制水体污染
7	日本横滨市	今井川地下河川	长2.0km, 内径10.8m, 深50m, 17.8万 m^3	缓解内涝
8	日本神奈川县	矢上川地下调节池	长4.0km, 内径7.9m, 深55m, 19.4万 m^3	缓解内涝
9	英国伦敦	泰晤士河隧道工程	长25km, 内径6.5~7.2m, 深30~65m	控制水体污染
10	马来西亚吉隆坡	SMART隧道	长9.7km, ϕ13.2m, 调蓄量300万 m^3	解决内涝, 缓解交通
11	法国巴黎	巴黎调蓄隧道和调蓄池	4条隧道, ϕ6~7m, 长5.1km	缓解内涝
12	墨西哥城	东部深层排水隧道工程	长63km, ϕ7m, 深200m	提高雨季过流能力
13	新加坡	DTSS项目	长48km, 直径3.3~6m, 深22~50m	污水输送
14	中国香港	荔枝角雨水排放隧道工程	长3.4km, 内径4.9m, 深40m	提高排水标准

续表

序号	所在城市	隧道系统名称	工程规模	隧道主要功能
15	中国香港	荃湾雨水排放隧道	长5.1km，φ6.5m，最大埋深约200m	提高排水标准
16	中国武汉	大东湖核心区污水传输系统工程(已竣工)	长17.5km，φ3.0~3.4m，最大埋深56m	污水输送
17	中国广州	珠江三角洲水资源配套工程(建设中)	长113.2km，内径4.8m，埋深60m	水资源调送
18	中国广州	广州深层隧道排水系统(已施工试验段)	总长86.4km，试验段长1.7km，φ5.3m，埋深40m	控制水体污染，提高排水标准
19	中国深圳	前海南山排水深隧(建设中)	长3.74km，φ4~6m，埋深45m	控制水体污染，缓解内涝
20	中国上海	苏州河深隧工程(试验段建设中)	长约15km，φ10m，埋深50~60m，其中试验段1.67km	系统提标、排水防涝、初雨治理

大东湖核心区污水传输系统工程（简称武汉大东湖深隧工程）作为武汉"四厂合一，深隧传输"方案的重要部分，开创了国内污水深隧传输的先河（图1.0-2）。工程的主要作用是将大东湖核心区沿线污水收集，预处理后传输至新建的北湖污水处理厂进行集中处理，服务面积达$130km^2$（远期$200km^2$），处理能力达到80万吨/天（远期150万吨/天），污水传输流量为$15m^3/s$。项目建成后，将长远解决城区污水处理厂用地与周边格局矛盾，满足沙湖港、罗家港、沙湖水环境提升需求，改善现污水处理厂周边居住、工作环境。

图1.0-2 武汉大东隧深隧项目效果图

1.1 工程简介

武汉大东湖深隧工程包含深隧传输系统和地表完善系统两部分，深隧传输系统包含主隧和支隧两部分。主隧全长17.5km，包含9个竖井和9个盾构区间，埋深30~56m，纵向坡度为0.65‰，区间采用25cm盾构管片+20cm现浇钢筋混凝土二衬的双层叠合式衬砌结构，成型管径3.0~3.4m；支隧全长1.7km，包含2个竖井和2个顶管区间，埋深

20～30m，纵向坡度为 0.5‰。地表完善系统主要包含沙湖提升泵站、二郎庙预处理站、落步嘴预处理站、武东预处理站及配套管网。工程总平面图如图 1.1-1 所示。

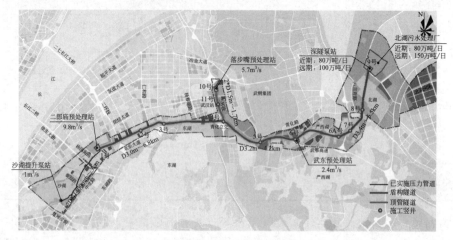

图 1.1-1　工程总平面图

主隧工程起于二郎庙预处理站（9.8m³/s），收集该预处理站来水，其后沿沙湖港及欢乐大道布置经过三环线青化立交后，在该处接污水支隧来水［落步嘴预处理站来水（5.7m³/s）］，并沿武鄂高速布置，在武东中路武东陵园旁收集武东预处理站（2.4m³/s）来水，其后下穿严西湖和北湖后接入新建的北湖污水处理厂（图 1.1-2）。二郎庙预处理站—三环线青化立交段，隧道直径 D3000mm，长度约 6.8km；三环线青化立交—武东预处理站段，隧道直径 D3200mm，长度约 4.2km；武东预处理站—北湖污水厂段，隧道直径 D3400mm，长度约 6.5km。

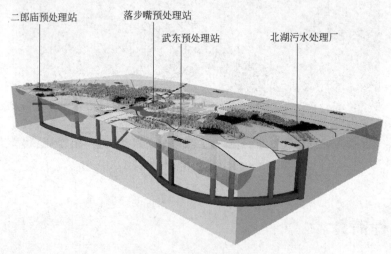

图 1.1-2　工程三维效果图

工程采用"一管到底"的规划设计理念，设计使用年限为 100 年，采用压力流传输设计运行，压力流系统控制模式采用上游控制模式，通过末端泵房实现下游水位变化确保深隧上游入流竖井水位稳定，最大运行内水压力 0.43MPa，最小流速不小于 0.65m/s（不淤流速）。由于有最小运行流速限制，运行后不具备检修条件。工程系统构成如图 1.1-3

所示。

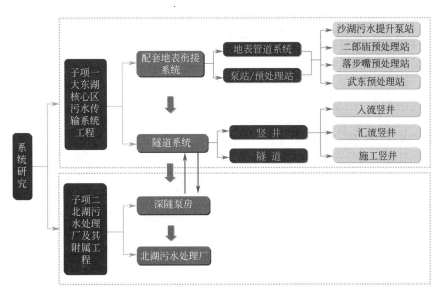

图 1.1-3 工程系统构成示意

1.2 水文地质情况

工程主要分布于武汉洪山区、东湖风景区及青山区，首尾位于长江Ⅰ级阶地，中间位于长江Ⅲ级阶地。地表水系发育，分布有罗家港、新沟渠、东湖港、严西湖、北湖等地表水系（图1.2-1）。

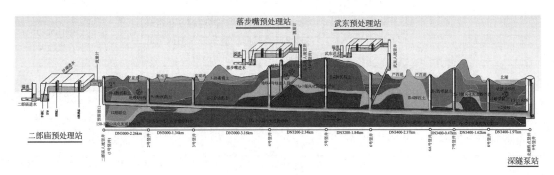

图 1.2-1 工程全线纵断面示意图

工程全线水文地质概况如表1.2-1所示。

工程全线水文地质概况　　　　表 1.2-1

	起点—欢乐大道段	欢乐大道段—武鄂高速段—严西湖段	北湖段
盾构穿越地层	粉细砂层、砾卵石层、强中风化泥质粉砂岩层	中风化泥质粉砂岩、粗砂岩、断层破碎带、碎石土、中风化白云岩、中风化灰岩（最大强度达125.3MPa，见洞率81.8%）	中风化含钙泥质粉砂岩、粉细砂层

续表

	起点—欢乐大道段	欢乐大道段—武鄂高速段—严西湖段	北湖段
所处阶地	长江Ⅰ级阶地	长江Ⅲ级阶地	长江Ⅰ级阶地
地下水	孔隙承压水	上层滞水、基岩裂隙水	孔隙承压水
全长	约2.4km	约12.2km	约2.9km

1.3 主隧竖井概况

工程主隧包含9个竖井，基坑深32.8～51.5m，断面尺寸包含49m×11m、15m×11m、φ12.0m、φ20.4m几种，围护结构包含地下连续墙及钻孔灌注桩两种，均采用明挖法施工。9个竖井概况如表1.3-1所示。

竖井概况表　　　　　　　表1.3-1

井号	工艺结构类型	截面形状及尺寸		基坑深度(m)	围护结构/止水形式	桩长/墙深(m)	施工阶段类型
		形状	内净空尺寸(m)				
1号	入流竖井	矩形	14×14	32.8	1200mm厚地下连续墙＋7道钢筋混凝土环框梁＋0.8m厚CSM止水帷幕	38.5	接收井
2号	工作竖井	圆形	φ12.0	34.8	φ1600@1800钻孔灌注桩＋8道环框梁＋φ800@600三重管高压旋喷桩止水帷幕＋桩间挂网喷射混凝土	42.5	过站井
3号	检修、通风井	矩形	49×11	34.9	1200mm厚地下连续墙＋8道支撑体系＋0.8m厚CSM止水帷幕	40.5/44	双向始发井
4号	汇流竖井	圆形	φ20.4	47.8	φ1200@1400钻孔灌注桩＋9道环框梁＋三重管高压旋喷桩及袖阀管止水帷幕＋桩间挂网喷射混凝土	52.8	单向始发井＋接收井
5号	工作竖井	矩形	15.4×11	51.5	φ1500@1700钻孔灌注桩＋12道环框梁＋三重管高压旋喷桩止水帷幕＋桩间挂网喷射混凝土	59.5	接收井
6号	检修、通风井	矩形	49×11	43.4	1200mm厚地下连续墙＋9道支撑体系	51.5	双向始发井
6A号	工作竖井	矩形	15×11	43.5	φ1500@1700钻孔灌注桩＋8道环框梁＋三重管高压旋喷桩止水帷幕＋桩间挂网喷射混凝土	48.5	接收井
7号	检修、通风井	矩形	15×11	44.4	φ1200@1400钻孔灌注桩＋8道环框梁＋三重管高压旋喷桩止水帷幕＋桩间挂网喷射混凝土	48.5	过站井
8号	工作竖井	矩形	49×11	44.8	φ1500@1700钻孔灌注桩＋10道支撑体系＋0.8m厚CSM及三重管高压旋喷桩止水帷幕＋桩间挂网喷射混凝土	50	双向始发井

注：9号竖井纳入末端深隧泵房施工内容，本书未涉及。

1.4 主隧区间概况

工程主隧包含9个盾构区间，长度471～3618m，长度超过2km的区间有4个，盾构隧道内径分为3.4m、3.6m、3.8m三个断面（对应二衬成型内径分别为3.0m、3.2m、3.4m），管片采用5等分分块、环宽1.2m形式（4号～6号区间为6分块、环宽1.0m形式），线路最小转弯半径250m。现浇钢筋混凝土二衬厚200mm，采用C40P12高性能自密实补偿收缩混凝土＋双层钢筋结构，钢筋外侧保护层厚度25mm，内侧保护层厚度45mm。隧道衬砌断面如图1.4-1所示。

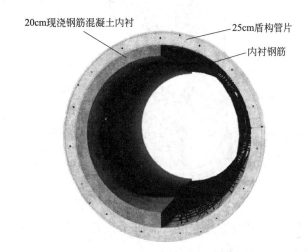

图1.4-1　隧道衬砌断面示意图

各隧道区间概况如表1.4-1所示。

隧道区间概况　　　　　　　　　　　　　　　表1.4-1

区间	成型内径(m)	长度(m)	区间地质情况	盾构机编号
3号～2号～1号	3.0	3618	以砾卵石、粉细砂、强风化泥质细粉砂岩、强风化、中风化含钙泥质粉砂岩为主	1号
3号～4号	3.2	3163	以中风化含钙泥质粉砂岩为主	2号
4号～5号	3.2	2340	以中风化含钙泥质粉砂岩为主	3号
6号～5号	3.2	1807	以中风化泥质细粉砂岩为主	4号
6号～6A号	3.4	2370	中风化泥质细粉砂岩强度不大于5MPa,中风化灰岩强度平均86.7MPa,最大达125.3MPa,岩溶发育	5号
8号～7号	3.4	471	以中风化含钙泥质粉细砂岩为主	6号
7号～6A号	3.4	1618	中风化泥质细粉砂岩强度不大于5MPa,中风化灰岩强度平均86.7MPa,最大达125.3MPa,岩溶发育	6号
8号～9号	3.4	1936	以中风化含钙泥质粉砂岩为主,局部粉细砂	7号

1.5 工艺结构概况

1号竖井作为二郎庙预处理站污水进入主隧的入流竖井,内径 $\phi 10.0 \text{m}$,高 31.8m,其工艺结构如图 1.5-1 所示。

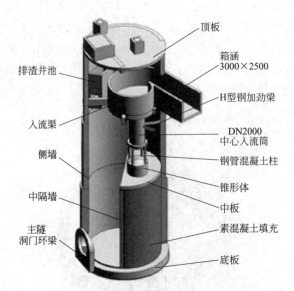

图 1.5-1　1号入流竖井结构示意图

4号竖井作为支隧与主隧的汇流竖井,兼具通风检修井的作用,内径 $\phi 16.0 \text{m}$,高 48.4m,其工艺结构如图 1.5-2 所示。

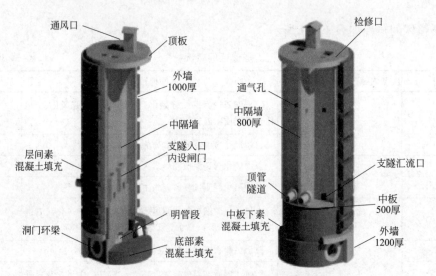

图 1.5-2　4号汇流竖井结构示意图

3号、6号、7号竖井为通风检修井,井筒内径 $2.0 \text{m} \times 2.0 \text{m}$,高分别为 37.5m、

47.8m、44m（不含明管段），其工艺结构如图1.5-3所示。

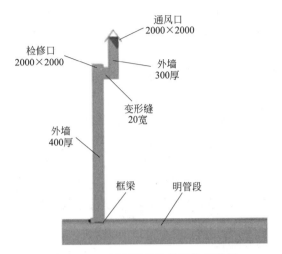

图1.5-3　3号通风检修井结构示意图

1.6　工程重难点

1. 小断面超深竖井基坑施工

本工程竖井的特点为断面小（最小15m×11m），开挖深（最深51.5m），内支撑密集（最多达12道支撑，最小竖向间距1.75m），入岩深（最深达35m），岩石强度高（最大达125MPa）。土方开挖难度大，垂直取土效率低。狭小空间内环框梁施工工效低。施工交叉影响大，人员上下通行效率低，安全风险高。

竖井跨度广，地质条件复杂（1号、8号竖井位于长江Ⅰ级阶地，其他竖井位于Ⅲ级阶地，6A号、7号竖井位于强发育岩溶区）；周边环境复杂（1号、2号竖井紧邻沙湖港，最小间距7.4m，5号竖井紧邻武鄂高速桥墩，最小间距7m）。富水砂层中降水深度达33m，基坑降水安全风险大；强发育岩溶区桩基成孔困难；所有竖井均入中风化硬岩层，硬岩层地连墙成槽困难；基坑石方开挖需爆破施工，狭小空间内爆破施工对竖井支护结构及邻近建构筑物影响较大。

2. 超深埋小直径长距离盾构施工

本工程共9个盾构区间，单个区间长达3.6km，其中长度超过2km的区间有4个，长距离盾构施工管片、渣土运输效率低。始发竖井空间狭小，分体始发工序复杂，隧道断面小，始发井起始边比隧道长超过1∶90，短定向边定测长区间测量误差大。

区间地质条件复杂多变，沿线穿越粉细砂层、砾卵石层、中风化泥质粉砂岩和中风化灰岩（最大强度达125MPa，岩溶强发育，见洞率81.8%）等。富水砂层掘进容易造成喷涌，泥质粉砂岩掘进刀盘易结泥饼，硬岩层掘进刀盘磨损严重，需频繁换刀，掘进效率低，湖底溶洞强发育区，盾构存在栽头及隧道涌水风险。

区间水文条件复杂，其中2个区间位于长江Ⅰ级阶地，1号、9号竖井富水砂层接收降水深度达 40m，接收风险巨大。

区间沿线影响范围内房屋约 20 万 m^2，下穿地铁 4 号线铁—罗区间（位于富水砾卵石层中，最小竖向间距 12.87m）、京广客运专线高架及武钢专线路基段，侧穿欢乐大道高架，多次下穿湖泊、河渠。盾构下穿构筑物影响范围广，保护难度大，施工风险高。

3. 小直径高内水压污水传输隧道二衬施工

隧道二衬厚度薄，仅 20cm，传输介质为高压较强腐蚀性污水，混凝土需满足长久运行耐侵蚀性要求，满足长距离输送要求及有限空间工作性要求，质量要求高，混凝土配制难度大；区间距离长，断面小，最小成型内径仅 3.0m，二衬施工面临作业空间受限，常规方案无法多点投入，施工工效低，进度难保证，工期压力大；二衬作业人工、机械投入受限，机械均需进行特制，设备研发、管理投入大；竖井及区间作业面均严重受限，区间长度大，混凝土长距离垂直水平运输难度大，连续供应及运输效率难保障，入模质量难保障。

4. 项目跨度大、管理链条长

本工程主隧长 17.5km，共 9 个竖井、9 个盾构区间，施工区域跨度广，工点分散，遍布武昌区、洪山区、青山区、东湖风景区四个行政区，对接政府相关职能部门、周边单位、权属单位等达百余家，协调范围广，组织管理难度大。

5. 施工体量大，工期紧

项目施工内容包括 9 个超深竖井施工、17.5km 主隧盾构＋二衬施工及 5 个工艺结构井施工，施工体量大，施工工艺复杂。竖井、盾构、二衬、工艺结构四大阶段只能依次进行，每一阶段均存在资源投入量大，施工难度大、效率低且不具备大面积赶工条件的问题，履约压力大。

第 2 章 施工部署

城市深隧工程往往是一个系统工程，其施工部署受多重因素影响，直接影响着项目的履约水平，开工前应结合环境条件、资源情况、施工工法等充分谋划。同时，施工部署并非唯一且一成不变，过程中应结合外围条件变化同步优化、调整。

2.1 原总体工筹

武汉大东湖深隧工程原设计总体工筹1号、2号、3号、5号、7号、8号竖井为单向始发井，竖井平面尺寸为20m×11m；6号竖井为双向始发井，竖井平面尺寸为20m×11m；4号竖井为纯接收井，竖井平面尺寸为ϕ20.4m；共计投入8台盾构机。

原设计总体工筹如图2.1-1所示，共有6个单向始发井，1个双向始发井。

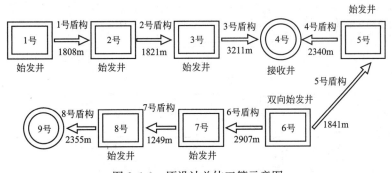

图 2.1-1 原设计总体工筹示意图

2.2 优化后工筹

项目开工后，充分结合场地环境条件、协调情况，对原设计始发位置、尺寸及工筹进行调整，优化关键线路。

（1）按照优先集中始发的原则，将场地条件好、交地时间早的3号、6号、8号竖井由原尺寸20m×11m增大至49m×11m，作为双向始发井，提升始发掘进效率，同时减少始发配套资源投入，将4号竖井设置为单向始发井，其他井设置为纯接收井，尺寸减小至15m×11m；

（2）增加6A号竖井，将原6号~7号竖井区间约1km灰岩段一分为二，局部插入矿山法节约总体工期，6A号~7号区间由8号~7号区间盾构机在7号竖井过站进行掘进；

（3）2号竖井因原场地条件不具备施工条件，调井后地质条件发生变化，由矩形井调整为圆井，提升基坑开挖安全性；

（4）4号竖井增设35m矿山法后导洞，使原竖井尺寸＋新增后导洞长度满足盾构满编组（单编组进出1次满足单环施工需求）掘进需求，提升区间盾构始发与掘进效率。

工筹调整总体情况如图2.2-1所示，经优化后共计投入7台盾构机。

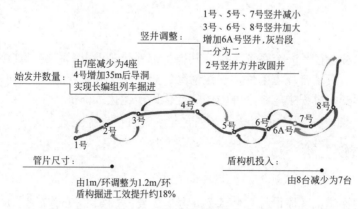

图2.2-1 工筹调整总体情况图示

调整后总体工筹如图2.2-2所示。

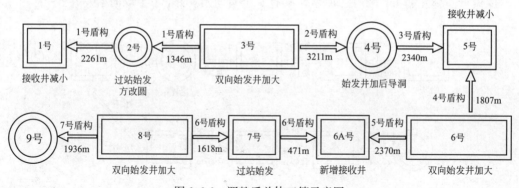

图2.2-2 调整后总体工筹示意图

2.3 总体施工组织

鉴于项目线路长、跨度广，项目总体采用"一总两分"的管理模式，即设置一个总部、两个分部，一分部包含1号竖井～5号竖井（不含）区间包含的竖井、隧道、二衬及工艺结构；三分部包含5号竖井～9号竖井（不含）区间包含的竖井、隧道、二衬及工艺结构；二分部为支隧及地表预处理站系统。鉴于项目工点呈点状分布的特点，在各分部设置流动巴士，实现分部内各工点的管理串联。

项目整体工筹安排分为三个阶段，分别为竖井施工阶段、区间隧道施工阶段和工艺结构施工阶段，各阶段工序相互联系，上阶段施工完成后，方可开展下阶段施工任务。总体施工流程图如图2.3-1所示。

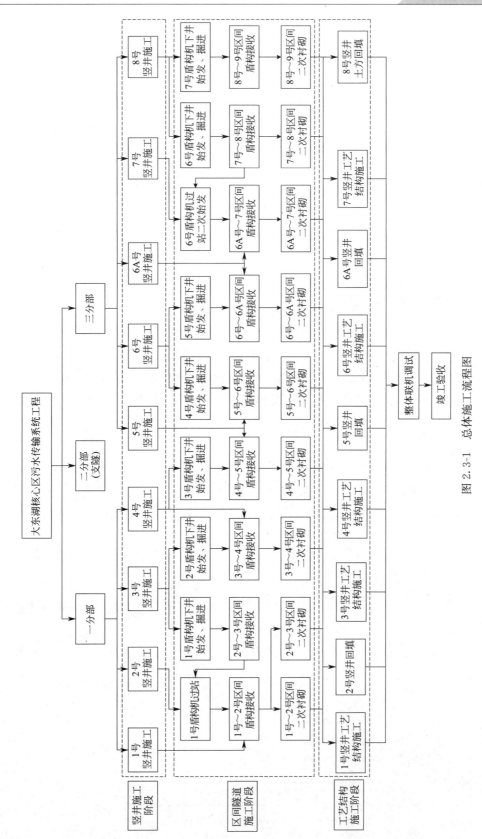

图 2.3-1 总体施工流程图

第3章 主隧竖井施工

对城市深隧工程而言，竖井是必不可少的一部分，通常包含有工作竖井、通风井、入流/汇流竖井、提升泵房（井）等。武汉大东湖深隧工程主隧共有竖井9个，均为小断面超深竖井，竖井服务时长可达2年。本章重点从围护结构施工、止水帷幕施工、竖井支护及土方开挖、人员上下四个部分介绍了竖井施工中的核心工艺、特制工装及创新技术。

3.1 竖井设计概况

1号竖井基坑深度32.8m，采用1.2m厚地下连续墙加内支撑支护，外侧采用0.8m厚CSM工法（双轮铣）深层水泥搅拌墙，深度34m，搅拌墙距离地下连续墙0.4m。中间分布七层环框梁支护，支护结构平面图和立面图如图3.1-1和图3.1-2所示。

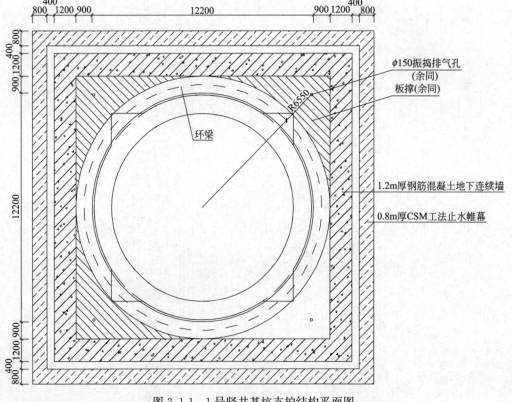

图3.1-1 1号竖井基坑支护结构平面图

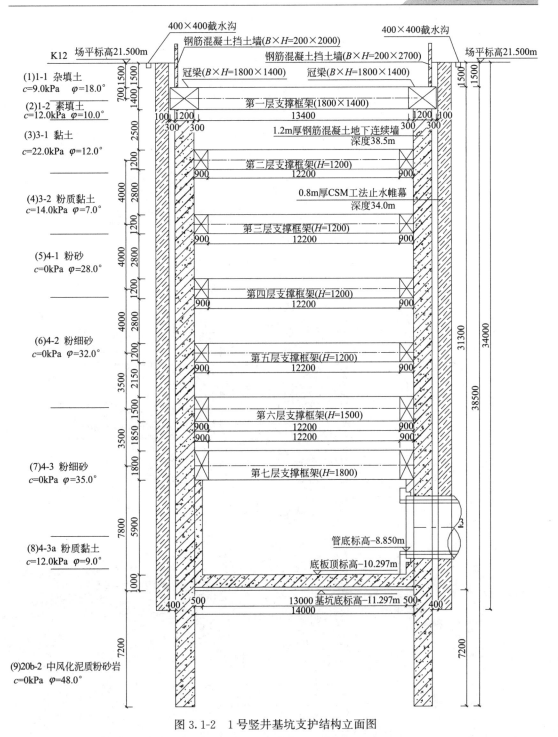

图 3.1-2 1号竖井基坑支护结构立面图

2号竖井基坑深度 34.8m,基坑支护采用 $\phi1.6m@1.8m$ 钻孔灌注桩,桩长 42.5m,基坑内外采用 $\phi0.8m@0.6m$ 三重管旋喷桩进行土体加固,深度 20m。中间分布八层混凝土支撑支护,基坑支护结构平面图和立面图如图 3.1-3 和图 3.1-4 所示。

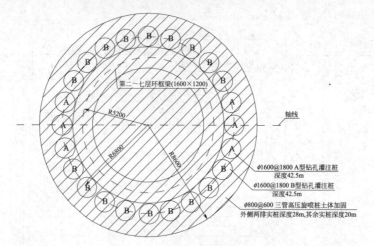

图 3.1-3　2号竖井基坑支护结构平面图

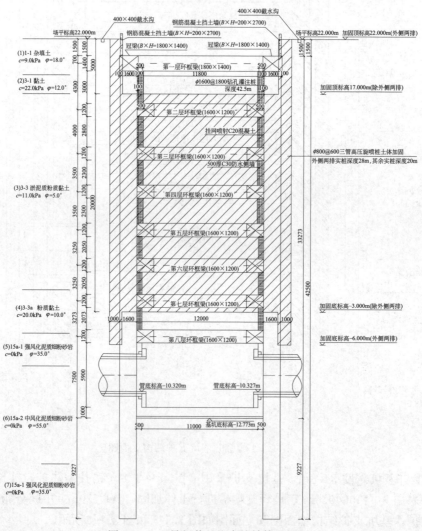

图 3.1-4　2号竖井基坑支护结构立面图

3号竖井基坑深度34.9m，基坑支护采用1.2m厚地下连续墙加内支撑支护，地下连续墙深度40.5~44.5m，外侧采用0.8m厚CSM工法（双轮铣）深层水泥搅拌墙，深度25m，搅拌墙距离地下连续墙0.3m。中间分布八层混凝土支撑支护，基坑支护结构平面图和立面图如图3.1-5和图3.1-6所示。

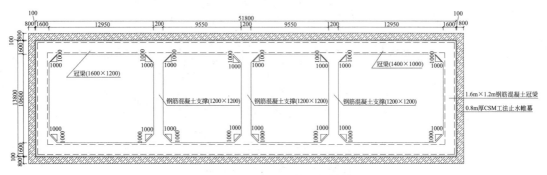

图3.1-5 3号竖井基坑支护结构平面图

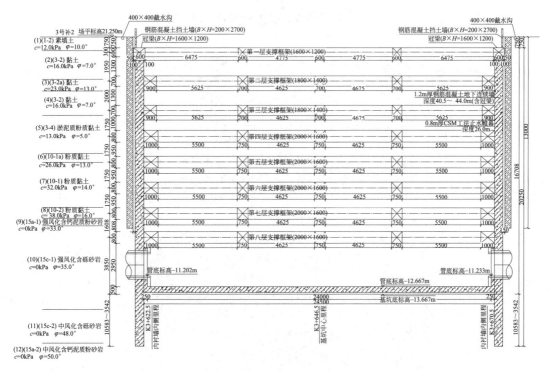

图3.1-6 3号竖井基坑支护结构立面图

4号竖井为圆形基坑，基坑深度47.8m，围护结构采用直径1.2m，间距1.4m的钻孔灌注桩，桩深52.1m，桩外采用$\phi 800@600$高压旋喷桩及袖阀管注浆止水帷幕，基坑内支护采用圆形环框梁，共布置九层。基坑支护结构平面图和立面图如图3.1-7和图3.1-8所示。

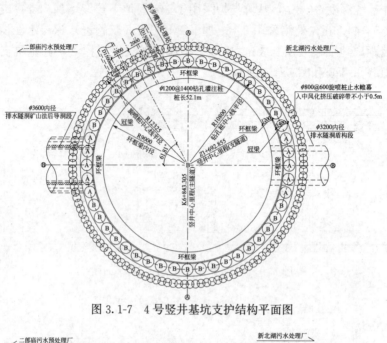

图 3.1-7 4号竖井基坑支护结构平面图

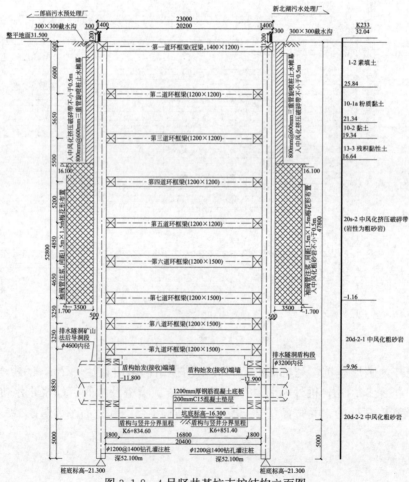

图 3.1-8 4号竖井基坑支护结构立面图

5号竖井基坑深度51.5m，围护结构采用$\phi1.5$m@1.7m的钻孔灌注桩加12道环框梁支护，钻孔灌注桩深度59.5m。外侧采用$\phi0.8$m@0.6m双排旋喷桩止水帷幕，进入粉细砂岩层不小于1.5m，桩长约22m，旋喷桩与钻孔桩之间水平净距0.3m。基坑支护结构平面图和立面图如图3.1-9和图3.1-10所示。

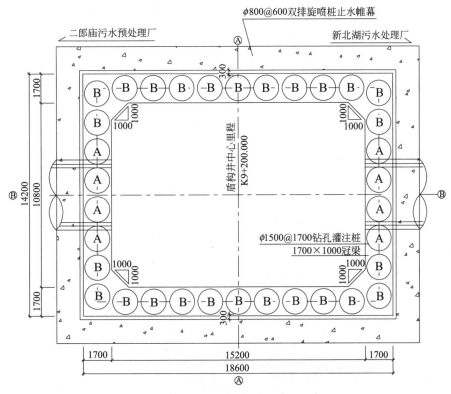

图3.1-9　5号竖井基坑支护结构平面图

6号竖井基坑深度43.363m，基坑支护采用1.2m厚的地下连续墙加9道混凝土支撑支护，无止水帷幕，地下连续墙深度51.5m。基坑支护结构平面图和立面图如图3.1-11和图3.1-12所示。

6A号竖井基坑深度43.5m，围护结构采用$\phi1.5$m@1.7m的钻孔灌注桩＋8道环框梁支护，钻孔灌注桩深度48.5m。桩间采用$\phi0.8$m三重管旋喷桩止水，入基底不小于1.0m，桩长约49.5m，基坑支护结构平面图和立面图如图3.1-13和图3.1-14所示。

7号竖井基坑深度42.75m，基坑支护采用$\phi1.2$m@1.4m钻孔灌注桩＋8道混凝土支撑支护，钻孔灌注桩深度46.5m，桩间采用$\phi0.8$m三重管高压旋喷桩止水，深度45.35m。基坑支护结构平面图和立面图如图3.1-15和图3.1-16所示。

8号竖井基坑深度44.8m，基坑支护采用$\phi1.5$m@1.7m钻孔灌注桩＋8道混凝土支撑支护，钻孔灌注桩深度50m，桩间采用$\phi0.8$m三重管高压旋喷桩止水，深度28.1m；外侧采用0.8m厚CSM止水帷幕，深度31m。基坑支护结构平面图和立面图如图3.1-17和图3.1-18所示。

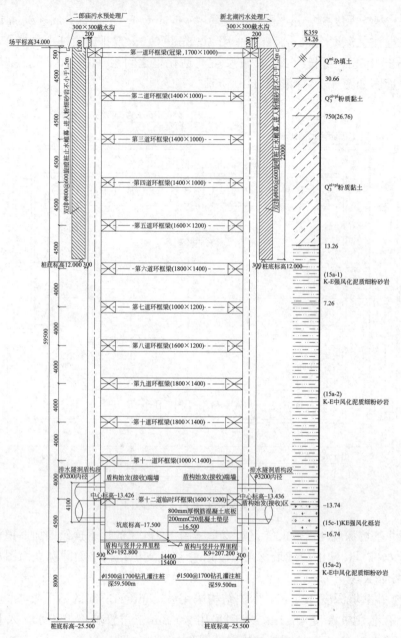

图 3.1-10 5号竖井基坑支护结构立面图

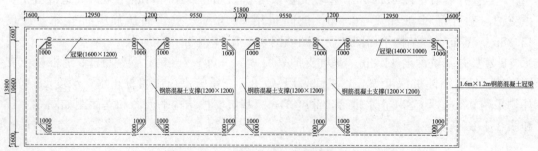

图 3.1-11 6号竖井基坑支护结构平面图

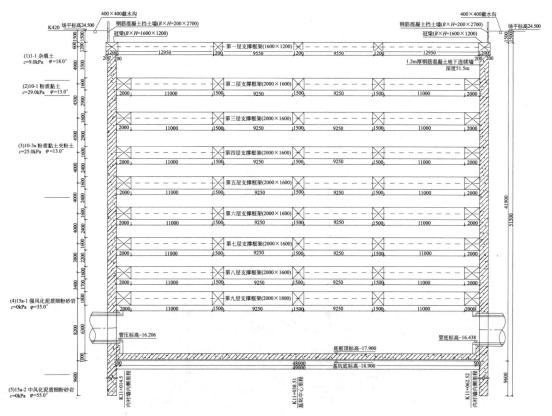

图 3.1-12　6 号竖井基坑支护结构立面图

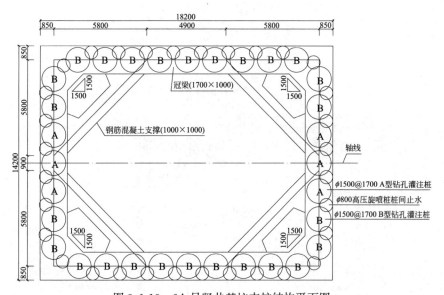

图 3.1-13　6A 号竖井基坑支护结构平面图

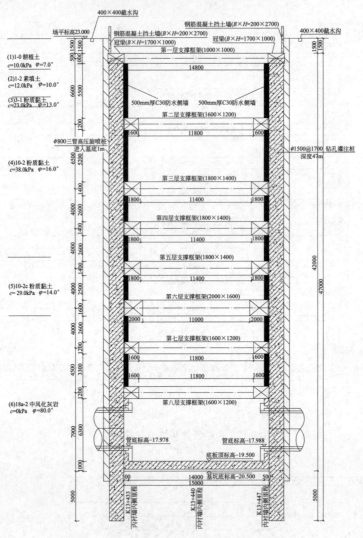

图 3.1-14　6A 号竖井基坑支护结构立面图

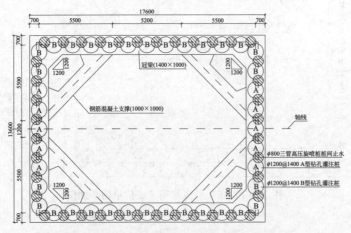

图 3.1-15　7 号竖井基坑支护结构平面图

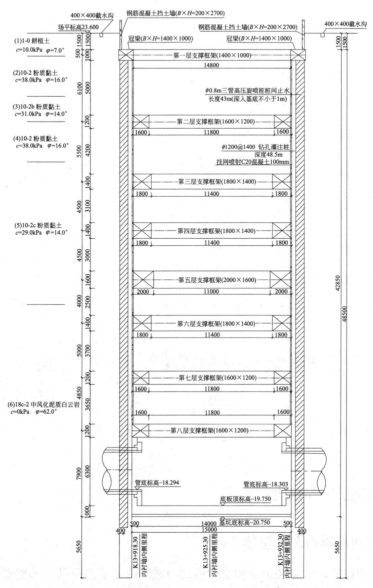

图 3.1-16　7号竖井基坑支护结构立面图

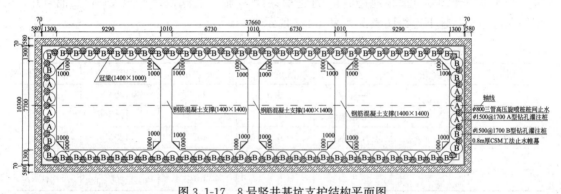

图 3.1-17　8号竖井基坑支护结构平面图

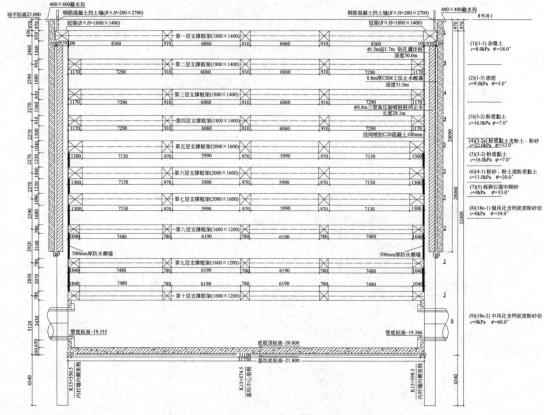

图 3.1-18 8号竖井基坑支护结构立面图

3.2 超深地下连续墙施工

3.2.1 地下连续墙概况及总体工艺

对深隧工程而言，竖井围护结构设计形式与施工质量是关系基坑开挖安全与顺利施工的关键。本工程竖井围护结构分为地下连续墙和钻孔灌注桩两种，其中1号、3号、6号竖井采用地下连续墙（简称地连墙），地连墙共计54幅，墙深38.5～51.5m，其他竖井采用钻孔灌注桩。地下连续墙概况如表3.2-1所示。

地下连续墙概况　　　　　　　表3.2-1

序号	竖井	类型	宽度(m)	深度(m)	厚度(m)	数量(幅)
1	1号竖井	一形幅	6.0	38.5	1200	6
2		L形幅	7.4	38.5	1200	4
3	3号竖井	一形幅	6.0	40.5	1200	13
4		一形幅	6.0	44	1200	5
5		L形幅	5.4	40.5	1200	4

续表

序号	竖井	类型	宽度（m）	深度（m）	厚度（m）	数量（幅）
6	6号竖井	一形幅	6.0	51.5	1200	18
7		L形幅	5.4	51.5	1200	4

地下连续墙具有刚度大、强度高、抗渗性能好和低噪、低振等优点，普遍应用于地铁车站、超深地下工程深基坑等施工项目中。目前，地连墙成槽设备主要有成槽机（抓斗）、铣槽机两种。但本工程地下连续墙入岩深度大，入岩比率达到58%，下部岩层强度大，若采用单一的铣槽机或者冲击钻进行下部的岩层成槽，存在施工速度缓慢、机械设备磨损大、施工成本高等问题。项目总结形成了一套地连墙多机成槽技术，该技术利用多种机械之间流水施工，将设备优势完全发挥，减少单一机械设备的大量投入，提高工效，降低成本。

地连墙多机成槽施工工艺流程如图3.2-1所示。

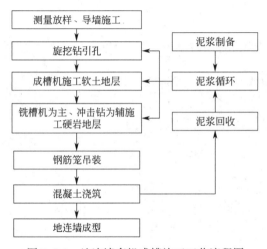

图3.2-1 地连墙多机成槽施工工艺流程图

地连墙详细施工流程因地连墙接头形式而异，常用接头形式有工字钢接头、锁扣管接头、套铣接头等，以工字钢接头为例，具体施工工艺流程如图3.2-2所示。

3.2.2 导墙施工工艺

1. 导墙结构

在地下连续墙成槽前，应施作导墙。导墙应做到精心施工，导墙质量的好坏直接影响地下连续墙的边线和标高，是成槽设备进行导向、存储泥浆稳定液、维护上部土体稳定、防止土体坍落的重要措施。

本工程采用倒"┐┌"形的导墙，导墙顶部与地面相平，肋厚200mm，深度为1700mm，混凝土强度等级为C30。导墙横断面示意如图3.2-3所示。

2. 导墙施工允许偏差

施工中应做好导墙平面位置和垂直度控制，为成槽施工提供平整的基准面，内外导墙间距允许偏差为±10mm，内墙面垂直度允许偏差为0.5%，平整度允许偏差为3mm，导

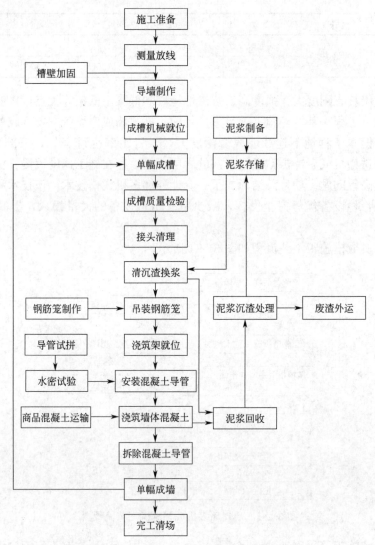

图 3.2-2 地连墙施工工艺流程图（工字钢接头）

墙顶面平整度允许偏差为 5mm。

3. 导墙施工方法

(1) 测量放样：根据地下连续墙轴线定出导墙挖土位置。

(2) 挖探槽：在导墙施工范围内每隔 10m 开挖一个断面，确定导墙施工范围内是否有正在使用的管线。

(3) 开挖土方：由于表层土为杂填土，无法进行直槽开挖，需要进行放坡开挖，开挖坡比为 1：0.3，最后采用人工配合小挖机开挖导墙。

(4) 立模及浇筑混凝土：在底模上定出导墙位置，再绑扎钢筋。导墙外边以土为模，内边立钢/木模，模板间采用 150mm×150mm 方木或 ϕ48 钢管分层支撑，方木水平间距 1m，竖直间距 0.8m。混凝土浇筑过程中应保证导墙两侧混凝土对称均匀浇筑，禁止单边浇筑或两边高差过大。

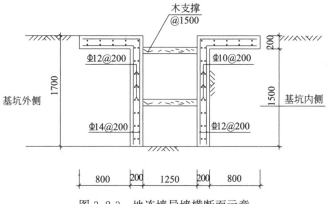

图 3.2-3 地连墙导墙横断面示意

(5) 拆模及加撑：混凝土达到一定强度后可以拆模，同时在内墙上面分层支撑 150mm×150mm 方木，防止导墙向内挤压，方木水平间距 1.5m，上下间距可根据实际情况做适当调整。

(6) 施工缝：导墙施工缝处应凿毛，增加钢筋插筋，导墙钢筋搭接长度为 $40d$（d 为纵向钢筋直径），使导墙成为整体，施工缝应与地下连续墙接头错开。

(7) 导墙养护：导墙制作完成后自然养护到 70% 设计强度以上时，方可进行成槽作业，在此之前禁止车辆和起重机等重型机械靠近导墙。

(8) 导墙分幅：导墙施工结束后，立即在导墙顶面上画出分幅线，用红漆标明单元槽段的编号；同时测出每幅墙顶标高，标注在施工图上，以备有据可查。

(9) 导墙拐角部位处理：在导墙拐角处根据所用的挖槽机械断面形状相应外放 300mm（局部适当加大外放量），具体尺寸见图 3.2-4，以免成槽断面尺寸不足，妨碍钢筋笼下槽。

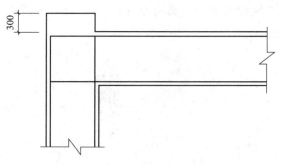

图 3.2-4 导墙拐角部位处理示意图

3.2.3 旋挖钻引孔工艺

首先根据地连墙的幅宽，布设旋挖孔位，6m 宽度时宜布设 4 个引孔孔位，引孔直径与墙厚一致，深度直至槽底。旋挖钻引孔相较于使用冲击钻机进行引孔，可有效降低引孔时出现偏孔、穿孔的几率，工效更高。旋挖钻引孔后可大大降低后续成槽机、铣槽机的施工难度，提高成槽工效。引孔时采用跳孔施工，依次施工 3-1、3-3、3-2、3-4，如图 3.2-5 所示。

旋挖钻优先采用大功率旋挖钻（最大输出扭矩≥170kN·m），钻头宜选用耐磨合金子弹头截齿旋挖钻头，以提高入岩施工工效。为保证引孔垂直度，安装钻机时，底座要水平，起重滑轮边缘、钻头、引孔中心要在同一轴线上，并经常检查校正。如发生斜孔，应该在孔内填充优质的黏土块和石块，并将钻头提升到偏斜处进行反复扫孔，直到钻孔正直。

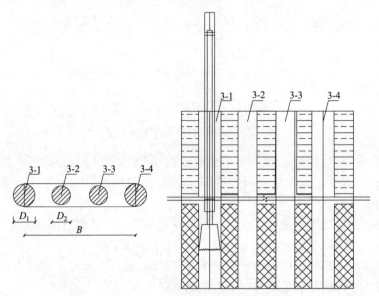

图 3.2-5 旋挖钻引孔示意图
B—槽宽；D_1—边孔直径；D_2—中间孔直径

3.2.4 成槽机抓槽工艺

旋挖钻引孔完毕后，使用成槽机施工上部软土地层，依次施工 4-1、4-3、4-2，如图 3.2-6 所示。成槽机抓斗两侧各增加一排合金斗齿 7-2，增大成槽机液压抓斗咬合力，提高成槽工效，如图 3.2-7 所示。

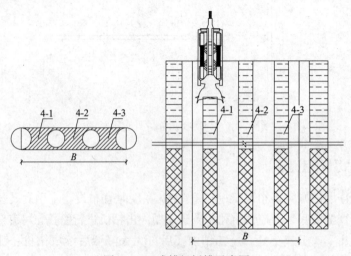

图 3.2-6 成槽机抓槽示意图

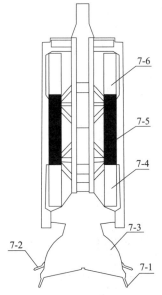

图 3.2-7　成槽机加焊斗齿示意图

3.2.5　铣槽机铣槽工艺

成槽机施工完毕后，使用冲击钻机配合铣槽机施工下部硬岩地层，铣槽机施工 5-1，冲击钻机施工 5-3，待铣槽孔位 5-1 铣槽完成后，铣槽机施工 5-3、5-2，如图 3.2-8 所示。此阶段以铣槽机为主、冲击钻机为辅，铣槽机、冲击钻机在槽孔两侧同时施工，并可利用冲击钻机进行修孔、处理绕流混凝土等辅助施工，有效减少下部硬岩地层成槽时间。在铣槽机两侧纠偏导板位置焊接两块钢板 8-2、8-3，可有效避免铣槽机铣轮与相邻地连墙的工字钢进行接触，减少铣轮刀具磨损，减少换刀次数，降低施工成本，如图 3.2-9 所示。图 3.2-10 为铣槽机工作照片。

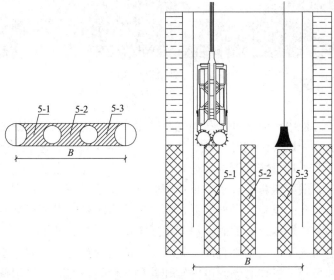

图 3.2-8　铣槽机铣槽示意图

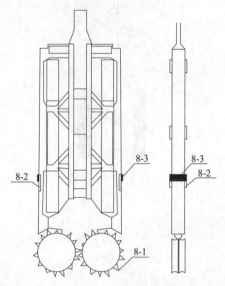

图 3.2-9　铣槽机铣轮合金刀具、加焊钢板示意图

图 3.2-10　铣槽机工作照片

成槽注意事项：

(1) 多机成槽过程中，应做好槽孔的先后顺序安排，避免机械设备过于集中，导致相互干扰，或增加坍孔的风险。同时，做好地面的配套堆土场和铣槽机泥砂分离器的布置，并设置渣土车配合及时进行场内泥渣转运，保障场地内交通的通畅。

(2) 多机组合成槽相比普通成槽，单个槽段施工持续时间长，特别是引孔后孔位和异形幅拐角槽壁存在坍孔的风险，需做好泥浆的护壁，定时进行循环泥浆的性能检测，及时更换及补充新浆，防止坍塌。必要时在泥浆中适当增加水泥和纤维。

(3) 超深地连墙施工，成槽垂直度是施工质量的关键点之一，需严格控制。成槽作业前机械设备预先调平；钻机在有倾斜度的软硬地层交界处挖槽时，采用低速钻进；挖槽遇到较大孤石时,先用冲击破碎孤石后再挖槽;成槽过程中,操作司机要精心操作,及时利用成槽设备上的垂直度仪表及自动纠偏装置来保证成槽垂直度,垂直度允许偏差为1/300。

(4) 地连墙采用跳槽法施工过程中,防止混凝土绕流是一个控制关键点,应注意采用工字钢接头、防绕流薄钢板及回填沙袋等多种措施结合,避免影响相邻槽段的成槽。

(5) 多机组合成槽相比普通成槽,施工机械数量多,须加强施工管理,禁止在槽段两侧堆放土方、钢筋等重物,或停置和通行起重机、混凝土搅拌车等重型施工机械,防止槽壁坍塌。

(6) 采用铣槽机进行修槽施工,铣槽机上下往复,从一边向另一边依次进行修槽,修槽时注意控制好上下速度,铣轮间应略有重叠,防止遗漏。

3.2.6 泥浆护壁工艺

1. 泥浆性能指标

在地下连续墙施工时,泥浆性能的优劣直接影响到地下连续墙成槽施工时槽壁的稳定性。根据本工程的地质情况,采用膨润土、纯碱、高浓度CMC和自来水为原材料,制拌泥浆。成槽护壁泥浆性能指标如表3.2-2所示。

成槽护壁泥浆性能指标要求　　　表 3.2-2

泥浆性能	新配置泥浆		循环泥浆		废弃泥浆		检测方法
	黏性土	砂性土	黏性土	砂性土	黏性土	砂性土	
相对密度(g/cm³)	1.04~1.05	1.06~1.08	<1.10	<1.15	>1.25	>1.35	比重计
黏度(s)	20~24	25~30	<25	<35	>50	>60	漏斗计
含砂率(%)	<3	<4	<4	<7	>8	>11	洗砂瓶
pH值	8~9	8~9	8	8	>14	>14	pH试纸

护壁泥浆在使用前,应进行室内性能试验,施工过程中根据监控数据及时调整泥浆指标。如果不能满足槽壁土体稳定,须对泥浆指标进行调整。

2. 泥浆制作技术要点

(1) 泥浆搅拌严格按照操作规程和配合比要求进行,泥浆拌制后应静置24h以上或加分散剂使膨润土(或黏土)充分水化后方可使用。

(2) 在成槽施工中,泥浆会受到各种因素的影响而降低质量,为确保护壁效果及混凝土浇筑质量,应对槽段被置换后的泥浆进行测试,对不符合要求的泥浆进行处理,直至各项指标符合要求后方可使用。

(3) 对严重水泥污染及超相对密度的泥浆作废浆处理,用全封闭运浆车运到指定地点,保证城市环境清洁。

(4) 严格控制泥浆的液位,保证泥浆液位在地下水位0.5m以上,并不低于导墙顶面以下0.3m,液面下落应及时补浆,以防塌方。

(5) 泥浆箱须挂牌,标明泥浆各项指标,在每班中应巡逻检查,并将供浆量和抽查报告记录完整,以备施工考查。

3.2.7 修槽及超声波检测工艺

成槽完成后，采用铣槽机进行修槽施工，铣槽机上下往复，从一边向另一边依次进行修槽，修槽时注意控制好上下速度，铣轮间应略有重叠，防止遗漏。

为提高接头处的抗渗及抗剪性能，在连续墙接头处对先行幅墙体按缝进行刷壁清洗；反复刷动十几次，直到刷壁器上无泥为止。刷壁使用特制刷壁器，刷壁必须在清孔之前进行。如图 3.2-11 所示。

图 3.2-11　工字钢端头刷壁

修槽完毕后及时进行超声波检测，确保垂直度、槽深符合设计要求；若不符合，再次修槽并重新进行检测。超声波成槽质量检测如图 3.2-12 所示。

图 3.2-12　超声波成槽质量检测

3.2.8 钢筋笼吊装工艺

1. 吊点设置

1 号竖井钢筋笼采用 20 点吊装，其中主吊吊点 12 个、副吊吊点 8 个；吊点设置如图 3.2-13 所示。

3 号竖井钢筋笼采用 20 点吊装，其中主吊吊点 12 个、副吊吊点 8 个；吊点设置如图

3.2-14 所示。

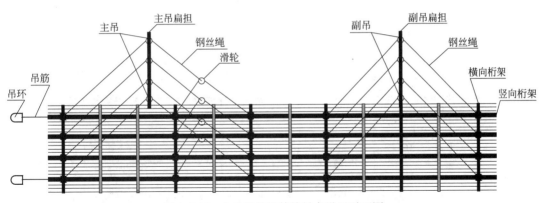

图 3.2-13　1 号竖井钢筋笼吊点设置平面图

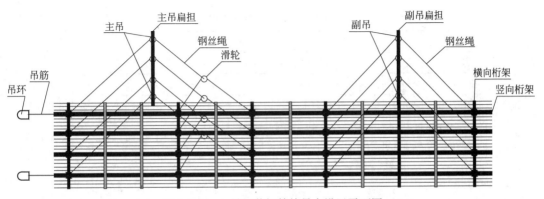

图 3.2-14　3 号竖井钢筋笼吊点设置平面图

6 号竖井钢筋笼全长 50.95m，采用分节吊装，第一节钢筋笼（30m）采用 20 点吊装，其中主吊吊点 12 个、副吊吊点 8 个；第二节钢筋笼（20.95m）采用 16 点吊装，其中主吊吊点 8 个、副吊吊点 8 个。吊点设置如图 3.2-15 和图 3.2-16 所示。

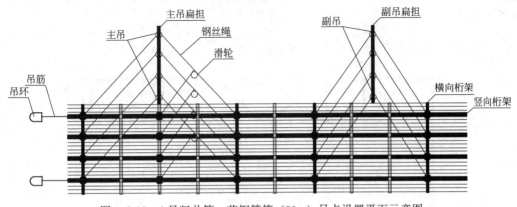

图 3.2-15　6 号竖井第一节钢筋笼（30m）吊点设置平面示意图

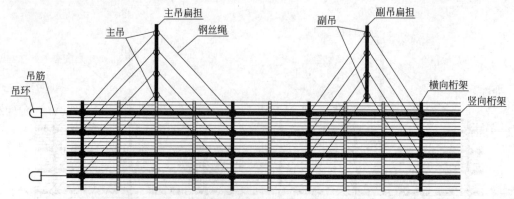

图 3.2-16　6 号竖井第二节钢筋笼（20.95m）吊点设置平面示意图

各竖井地连墙钢筋笼吊点详细情况如表 3.2-3 所示。

各竖井地连墙钢筋笼吊点设置　　　　表 3.2-3

竖井	吊装方式	吊点布置		备注
		纵向吊点(m)	横向吊点(m)	
1 号	整体吊装(37.95m)	1.35+10+10+3+10+3.6	0.96+1.2+1.68+1.2+0.96	20 吊点
3 号	整体吊装(38.95m)	0.95+11+11+3.5+10+3.5	0.96+1.2+1.68+1.2+0.96	20 吊点
6 号	分节吊装 (30m+20.95m)	0.95+8+8+3+8+2.05(30) 1.5+7+3+7+2.45(20.95)	0.96+1.2+1.68+1.2+0.96	20/16 吊点

2. 钢筋笼加固

（1）钢筋笼整体加强

为保证钢筋笼整体受力性能，幅宽≥6m 时，沿钢筋笼纵向通长设置 5 榀纵向桁架；幅宽＜6m 时，沿钢筋笼纵向通长设置 4 榀纵向桁架，纵向桁架主筋同连续墙主筋采用 HRB400Φ28/32 钢筋，W 形桁架斜筋采用 HRB400Φ25 钢筋；沿钢筋笼纵向每 4m 设置一道横向桁架，横向桁架筋采用 HRB400Φ25 钢筋，横向桁架斜筋采用 X 形布置。具体布置见图 3.2-17。

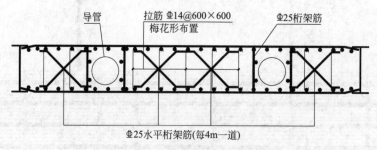

图 3.2-17　横向桁架筋布置详图

（2）钢筋笼吊点加强

为保证钢筋笼安全起吊，钢筋笼施工时需对吊点进行局部加强。对设置在钢筋笼桁架上的所有吊点均需设置"几"字形加强筋（笼头第一道吊点采用 2 根"Π"筋加强，第二道主吊吊点下方搁置点采用"Ⅱ"筋加强),加强筋采用Φ40圆钢;吊攀吊耳采用Φ40圆钢,所有吊点上部的一根水平筋进行加粗,采用⎯28钢筋。

(3) 异形钢筋笼加强

异形拐角幅钢筋笼除设置纵、横向起吊桁架、吊点及剪刀撑外,另要增设钢筋笼内侧斜撑杆和外侧斜撑杆进行加强,斜撑杆沿纵向每4m设置一道,以防止钢筋笼在空中翻转角度时发生变形,具体加强措施见图3.2-18。

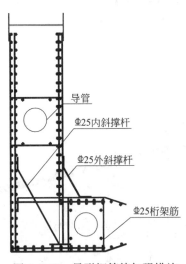

图3.2-18 异形钢筋笼加强措施

(4) 玻璃纤维筋区域加强

考虑到玻璃纤维筋材料的特殊性,该部位势必成为钢筋笼起吊安全的薄弱环节,因此该部位的桁架设置至关重要。玻璃纤维筋区段,纵、横桁架筋设置均采用普通钢筋,布置形式与间距同非玻璃纤维筋区域。为满足盾构穿越需要,钢筋笼入槽时需拆除该部位的桁架筋,桁架筋拆除采用分段截断拿出的方案,即钢筋笼下放入槽时,需在现场配备2套气割设备及操作人员,钢筋笼边下放边分段割除,直至将玻璃纤维筋区域桁架钢筋全部清除。

玻璃纤维筋区域内的吊点需进行加固,加固方式为在吊点两侧15cm处各设置一道长度6m(同钢筋笼幅宽)、宽度10cm、厚2cm的钢板,钢板与纵向桁架筋焊接牢固。

3. 吊装步骤

指挥主、副起重机移动至起吊位置,起重工分别安装吊点的卸扣。

(1) 检查两起重机钢丝绳的安装情况及受力重心后,开始同时平吊。如图3.2-19所示。

(2) 钢筋笼吊离地面300~500mm后悬停3~5min,检查钢筋笼是否平稳,无异常情况后主起重机起钩,根据钢筋笼尾部距地面的距离,随时指挥副起重机配合起钩。如图3.2-20所示。

(3) 指挥主起重机向左(或向右)侧旋转、副起重机顺转至合适位置,让钢筋笼垂直于地面。副起重机放下吊具,起重工卸下钢筋笼上最下端副起重机的起吊点卸扣及副起重机吊钩钢丝绳,然后指挥副起重机远离主起重机作业范围。如图3.2-21所示。

(4) 指挥主起重机行走至施工槽段,旋转大臂使钢筋笼转移至下放槽段导墙处,对准

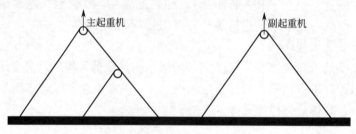

图 3.2-19　钢筋笼平吊示意图

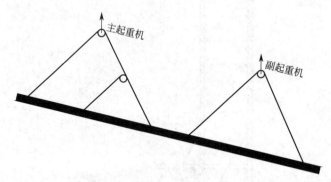

图 3.2-20　双机抬吊钢筋笼转化示意图

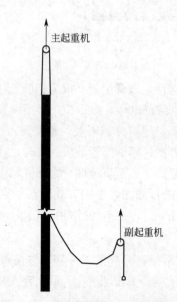

图 3.2-21　主起重机完全吊起钢筋笼示意图

分幅线，开始下放。在此过程中，专人牵拉副起重机的钢丝绳，每下放到一个副起重机吊点处，主起重机停止下放，专人卸除卡扣，直至副起重机钢丝绳全部卸除。主起重机继续下放，至主起重机转换钢丝绳搁置点时，用扁担卡住钢筋笼穿扁担处，主起重机放下钢筋笼，使钢筋笼的重量承担在扁担上。安装好主起重机的起吊绳和连接绳，主起重机收钩，使主起重机的钢丝绳受力，吊起钢筋笼，抽出扁担。主起重机继续下放钢筋笼。主起重机倒换钢丝绳如图 3.2-22 所示。

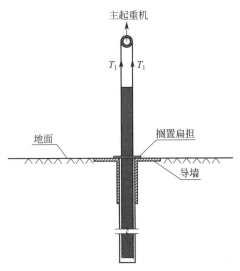

图 3.2-22　主起重机倒换钢丝绳示意图

（5）在钢筋笼下放至笼顶下第一根水平筋时，再次用扁担卡住钢筋笼头吊点处。转换主起重机的钢丝绳。把主起重机的钢丝绳安装在吊筋上，主起重机起钩，直至提起钢筋笼10～20cm，抽出扁担。继续下放钢筋笼至设计标高，调整扁担下垫高度使钢筋笼的吊筋完全搁置在扁担上，最后卸除钢丝绳的卸扣，钢筋笼的整个吊放过程完毕。如图 3.2-23 所示。

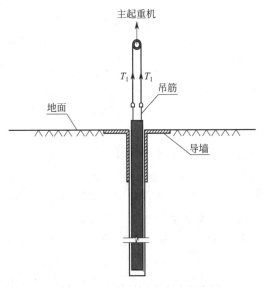

图 3.2-23　钢筋笼下放完成示意图

3.3　止水帷幕施工

基坑止水帷幕是深基坑开挖隔水的重要措施之一，对于基坑开挖的安全与顺利进行具有至关重要的作用，常见的深基坑止水帷幕设计有高压旋喷桩、水泥土搅拌桩、地下连续墙等。止水结构的选择应综合考虑开挖深度、地层渗透系数及经济性等因素。不同渗透系数和开挖深度下止水结构选择权重如图 3.3-1 所示。

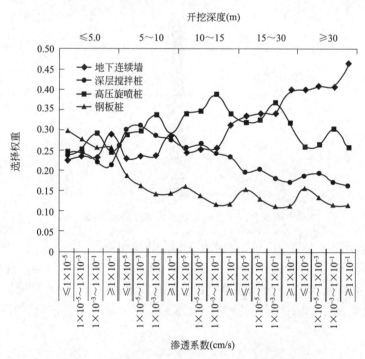

图 3.3-1　不同渗透系数和开挖深度下止水结构选择权重

CSM 是 Cutter Soil Mixing（铣削深层搅拌技术）的缩写，它是应用原有的液压铣槽机的设备结合深层搅拌技术进行创新的地下连续墙或防渗墙施工设备，结合了液压铣槽机的设备技术特点和深层搅拌技术的应用领域，主要用于止水帷幕及端头加固。

CSM 工法具有以下特点：（1）设备成桩深度最大，远大于常规设备；（2）设备成桩尺寸、深度、注浆量、垂直度等参数控制精度高，可保证施工质量，工艺没有"冷缝"概念，可实现无缝连接，形成无缝墙体；（3）设备功效高，原材料（水泥等）利用率高；（4）设备对地层的适应性强，从土层到软岩地层均可实施切削搅拌。

本工程 8 号竖井位于长江 I 级阶地，地下水丰富且与长江水系连通，补给、径流条件好，承压水头压力大，含水层渗透系数高，桩间渗流通道大，基底突涌风险高。基坑范围内岩面起伏大，CSM 工法搅拌墙止水帷幕落底难保证完全入岩，且 CSM 工法搅拌墙在岩层中施工效果并不理想，在高承压水的作用下，存在较大渗水通道的可能性。基坑地下水含水层主要为砾卵石混中细砂层、砂、砾、卵石混杂，含量不一，颗粒级配不均匀，分选性差。另外，含水层下部为强风化含钙泥质粉砂岩，止水帷幕施工时难度大，质量难保证，易形成止水薄弱点。同时，由于含水层悬挂于基坑的中部，降水井难以完全将地下水抽排至基坑开挖面以下。综上所述，依靠单一的止水方法，难以保证较好的止水效果，需通过一套综合止水方法实现基坑的顺利止水。

3.3.1 富水砂层悬挂超深支护桩基坑综合止水技术

针对8号竖井复杂的水文地质条件,为确保止水效果,提出一套CSM工法搅拌墙+高压旋喷桩+基坑外降水+基坑内设置侧墙+局部注浆加固的综合止水方法,平面示意如图3.3-2所示。

(1) 首先,在基坑外侧设置一道800mm厚CSM工法搅拌墙,搅拌墙入岩层2m,形成一道闭合式止水帷幕。入岩2m是为了增加土岩交界面的止水效果,避免岩面起伏,造成部分位置形成止水薄弱点。但现场实际表明,CSM工法搅拌墙在土岩交界面、砾卵石层施工质量难保障,易成为基坑的渗流通道,施工过程中,应考虑增加搅拌次数,提高水泥浆浆液浓度,保证施工质量。

(2) 由于该基坑围护结构为钻孔灌注桩,且CSM工法搅拌墙与桩间存在40cm间距,桩间为止水的薄弱点,易形成渗流通道,在CSM工法搅拌墙内支护桩间设置$\phi 800$mm高压旋喷桩进行加强。高压旋喷桩与钻孔灌注桩进行咬合,有条件时可采用成桩质量更好的MJS工法桩。

(3) 针对地下水丰富且与长江水系连通,承压水头大的情况,在基坑四周增设管井降水,降低承压水水头。降水过程中,应实时根据基坑内地下水观测井所测地下水压力,判断基坑降水是否满足条件,以判定开挖是否安全。

(4) 针对富水层位于基坑中部位置,水头压力大的情况,此部分位置若采用常见的桩间喷射混凝土难以承受桩间的水土压力,应采用钢筋混凝土侧墙结构,侧墙厚度及配筋设计应按照计算承压水头压力计算。同时为防止地下水长期积累形成超高压水头将侧墙冲破,在渗漏水位置设置直径2cm的引流管,将引流管导流至环框梁上离壁沟。侧墙施工时,其与顶部环框梁间隙不易填充饱满而产生漏水,可考虑在侧墙角部焊接钢板,下部设置地梁进行补强,并注水泥浆完成封堵。

图3.3-2 8号竖井基坑止水设计平面图

3.3.2 CSM止水帷幕概况及总体工艺

本工程基坑止水帷幕主要包含CSM工法搅拌墙、高压旋喷桩、袖阀管注浆三种。其中CSM工法搅拌墙应用于1号竖井止水帷幕及端头加固,3号竖井、8号竖井止水帷幕,概况如表3.3-1所示。

止水帷幕概况　　表 3.3-1

序号	竖井	类型	墙长(m)	厚度(咬合)(m)	每幅宽度(m)	间距(咬合)(m)	幅数(幅)
1	1号竖井	止水帷幕	34	0.8(0)	2.8	2.5(0.3)	32
2		端头加固(实桩)	20.5	0.8(0.3)	2.8	2.5(0.3)	92
3		端头加固(空桩)	12.9	0.8(0.3)	2.8	2.5(0.3)	92
4	3号竖井	止水帷幕	26	0.8(0)	2.8	2.5(0.3)	60
5	8号竖井	止水帷幕	31	0.8(0)	2.8	2.5(0.3)	60

　　CSM 工法搅拌墙施工主要分为下钻成槽和上提成墙两个主要部分。在下钻成槽的过程中，两个铣轮相对旋转，铣削地层。同时通过凯式方形导杆施加向下的推进力，向下深入切削，并通过注浆管路系统同时向槽内注入膨润土泥浆浆液，直至要求的深度。在上提成墙的过程中，两个铣轮依然旋转，通过导杆向上慢慢提起铣轮。在上提过程中，通过注浆管路系统向槽内注入水泥浆液，并与槽内的渣土混合。

　　CSM 工法搅拌墙的施工工艺流程如图 3.3-3 所示。

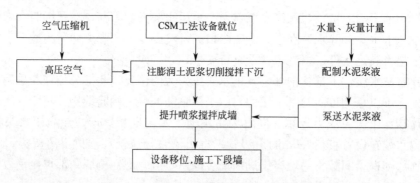

图 3.3-3　CSM 工法搅拌墙施工工艺流程图

3.3.3　CSM 工法搅拌墙施工工艺

1. 场地清理

　　该围护要求连续施工，施工前需对施工区域内地下障碍物进行清理，以保证施工的顺利进行。

2. CSM 工法搅拌墙定位放样

　　以业主提供的水准点及测量控制网进行引测，按图放出围护结构轴线和高程引测，在施工过程中每天对控制点进行校核，并做好有效保护。测量放线后，用白灰对桩位进行标记，便于沟槽开挖。

3. 沟槽开挖

　　止水帷幕中心线放样后，先破除原有的地连墙导墙位置的钢筋混凝土，用小挖机开挖沟槽，开挖横断面为深 1m、宽 1m 的储留沟，以解决钻进过程中的余浆储放和回浆补给，并清理地下障碍物，开挖沟槽土体应及时清理，以保证双轮铣搅拌墙的顺利施工。

4. 工法机就位

　　将双轮铣搅拌机铣头定位于墙体中心线和每幅标线上，偏差控制在±2cm 以内，对矩形钻杆的垂直度采用经纬仪作三支点桩架垂直度的初始零点校准，操作员通过触摸屏控制调整铣头姿态。

具体施工平面布置如图 3.3-4 所示。

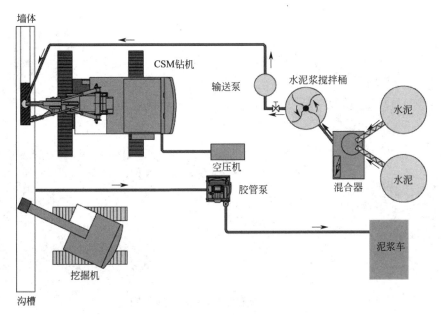

图 3.3-4　CSM 工法搅拌墙施工平面布置示意图

5. 双轮铣施工

主要分为下钻成槽和上提成墙两个主要部分。

在下钻成槽的过程中，两个铣轮相对旋转，铣削地层。同时通过凯式方形导杆施加向下的推进力，向下深入切削。在这个过程中，通过注浆管路系统同时向槽内注入膨润土泥浆浆液，直至要求的深度。成槽的过程到此完成，如图 3.3-5 所示。

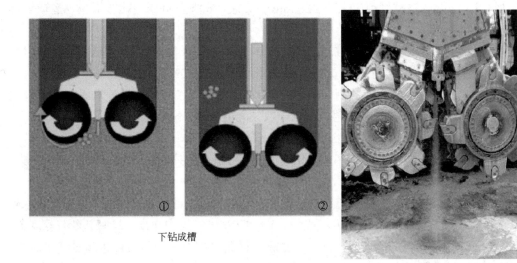

图 3.3-5　铣轮注浆下钻成槽示意图

在上提成墙的过程中，两个铣轮依然旋转，通过凯式方形导杆向上慢慢提起铣轮。在上提过程中，通过注浆管路系统向槽内注入水泥浆液，并与槽内的渣土混合，如图 3.3-6 所示。

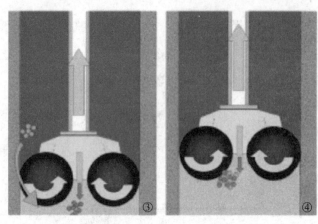

上提成墙

图 3.3-6　铣轮注浆上提成墙示意图

铣削施工具体内容如下：

（1）铣削深度：控制铣削深度应不小于设计值，通过在导杆上标示刻度来控制深度，通过桩中心线和桩边线两根固定线来控制桩轴线。

（2）铣削速度：开动主机掘进搅拌，并缓慢下降铣头与基土接触，按规定要求注浆、供气，控制铣进速度在 0.5～1m/min。铣进达到设计深度时，延续 10s 左右，对墙体深度以上 2～3m 范围重复提升一次。此后，慢速提升动力头，提升速度不应太快，实桩段不应大于 1m/min，空桩段不应大于 2m/min，以免形成真空负压，孔壁坍塌，造成墙体空隙。

（3）注浆：下沉成槽时每立方米被搅拌土体掺入 50～100kg 膨润土（黏土层取小值，砂土层取大值），泥浆密度约为 $1.05kg/cm^3$，黏度要超过 40s（马氏漏斗黏度）。

提升成墙搅拌时，固化液拌制采用 P·O 42.5 级普通硅酸盐水泥，水泥浆液水胶比一般为 1.2～1.5（砂性土取较小值，黏性土取较大值），在不减少水泥用量的前提下，尽可能地将水灰比控制到最小；施工过程中按每 1200～1500kg 水、掺入 1000kg 水泥拌制浆液。固化液使用于成墙搅拌工序。固化液水泥浆液流量宜控制在 260～500L/min，对应的提升速度应与之相匹配。

注浆量由装在操作台的无级电机调速器和自动瞬时流速计及累计流量计监控，止水帷幕水泥掺量不小于 20%。注浆压力一般为 2.0～3.0MPa。若中途出现堵管、断浆等现象，应立即停泵，查找原因进行修理，待故障排除后再掘进搅拌。当因故停机超过半小时时，应对泵体和输浆管路妥善清洗。

（4）供气：由装在移动车尾部的空气压缩机制成的气体经管路压至钻头，其量大小由手动阀和流量表配给,全程气体不得间断,气压控制在 0.5~0.8MPa。

(5) 废浆排放

CSM 工法搅拌墙成槽设备在下钻成槽过程中,注入的膨润土泥浆和槽内的渣土相混合会产生一定的废浆,废浆方量约为成槽方量的 50%,在施工过程中应采用水泵对该部分的废浆进行抽出,排入废浆池中沉淀,废浆池内泥浆底部沉渣采用挖机挖出,堆放在泥浆池周边翻晒 2~3d 后用渣土车外运,废弃浆液由潜水泵抽放至泥浆车外运。

废浆池按照储存 4 幅搅拌墙废浆量设计,$V=2.8\times0.8\times26\times4\times0.5=116.5m^3$,渣土池直接使用黏土堆砌,面积 10m×15m,高 1m,随 CSM 成槽设备移动。

(6) 清洗移位

将集料斗中加入适量清水,开启灰浆泵,清洗压浆管道及其他所有机具,然后移位再进行下幅墙的施工。

(7) 设备移位

设备清洗完成后,设备移位,重复以上步骤,进行下一幅墙施工。围护结构区域为确保墙段之间的铣削搭接效果,避免顺幅施工两个铣轮铣削强度(一侧铣削水泥土墙体,一侧铣削原位土体)不同造成墙体偏位的情形,铣削式水泥土搅拌墙作业应采用跳幅施工方式,且相邻墙幅之间应有足够的搭接长度,如图 3.3-7 所示。

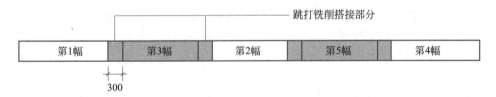

图 3.3-7 跳打与搭接示意

CSM 工法搅拌墙施工至转角部位应形成十字搭接形式,对已成型墙体充分切割,再次进行成墙搅拌,确保冷接缝施工质量。十字搭接两边各延伸长度应控制在 500mm 以上为宜,具体情况如图 3.3-8 所示。

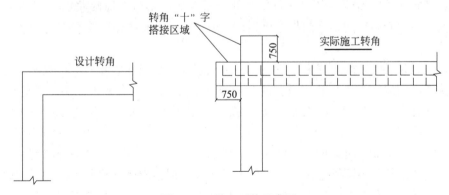

图 3.3-8 转角延伸示意图

3.3.4 CSM工法搅拌墙试验检测

(1) CSM工法搅拌墙正式施工前应先试成墙，进行成墙工艺可行性及墙身强度检测。墙身强度检测试验合格后方可正式施工搅拌墙。试成墙位置根据现场情况进行确定，数量为每个工作井基坑2幅。搅拌墙水泥掺量360kg/m³，试成墙养护7d后进行钻芯取样，对样品进行无侧限抗压强度检测，检测结果要求无侧限抗压强度不低于0.2~0.5MPa。

(2) 墙体的竣工检验应在施工28d后进行，检测墙体的分布应均匀、随机、合理。桩身强度和均匀性检测，采用双管单动取样器钻取芯样进行无侧限抗压强度试验，检测槽段数应不少于总槽段数的20%，且不少于6幅。每个槽段的取芯数量不宜少于3组，每组不宜少于3件试块。钻孔取芯完成后的空隙应注浆填充。止水帷幕搅拌墙28d龄期的无侧限抗压强度平均值需不小于0.8MPa，渗透系数小于10^{-7}cm/s。

3.3.5 CSM工法搅拌墙施工注意事项

(1) 施工时，每幅墙体注浆量应该严格按照每幅墙体的搅拌土体的体积和水泥掺量相匹配，不应根据是否为首开幅、连接幅或闭合幅而有所区别。

(2) 施工现场增加水泥用量登记台账，包括水泥进货单，随时备查。

(3) 采用铣削式设备施工的等厚度水泥土搅拌墙墙体的垂直度不应大于1/300，随着深度的增加需对墙体垂直度进行更严格控制，防止因下部垂直度偏差过大造成的墙体搭接处"开叉""踢脚"等。施工时应根据施工深度的不同和搭接长度的要求，对垂直度进行相应调整。

(4) 为确保搅拌墙成墙的质量，向上铣削喷浆时供浆必须连续。如出现浆罐内水泥浆已用尽，或水泥浆泵出浆量较少，操作人员根据LCD监视器显示的注浆流量和注浆总量，采取减小钻速或原位铣削，等供浆正常后，下放铣轮到原喷浆面下1m深度，再注水泥浆向上铣削；若向上铣削喷浆时中途出现堵管、断浆等现象，应立即停泵，上提铣轮过喷浆面以上。查找原因进行维修，待故障排除后供浆正常时，下放铣轮到原喷浆面下1m深度，再进行向上铣削喷浆。必须注意供浆故障排除后，不可在原喷浆面位置向上铣削喷浆，避免出现"断墙"问题。因故停机大于30min，应对泵体和输浆管路妥善清洗，防止发生堵管。

(5) 供泥浆（水）和空气向下铣削，一旦泥浆（水）或气中断，应将双轮铣削头提至地面，待恢复供泥浆（水）和空气正常后再向下铣削施工。恢复施工后，铣轮应重新下沉，并应下沉至中断前停止注浆的界面下方0.5m的位置后重新开始搅拌并喷浆提升，以免造成施工冷缝。

(6) 向下铣削成槽时，如相邻的搅拌墙成墙时间较长，可采取减慢铣削钻速，降低转数，即采用"吊打"向下铣削施工。操作人员应及时观察成槽过程监视器显示的偏斜量即垂直度（包括前后和左右的偏差）的情况，并及时进行调整，通过控制向下铣削钻速和转数，确保成墙的垂直度偏差不大于1/300。

3.4 竖井支护及土方开挖施工

竖井开挖是一个综合性工程，涉及开挖机械选型、基坑布置、开挖方法、爆破控制、支护结构施工、周边环境影响控制等一系列过程，每一环节的失效均会对基坑顺利安全的开挖造成不利影响。

3.4.1 组合式土方开挖工艺

1. 始发井第一阶段土方开挖（深度 0～10m）

采用 2 台 PC120 小型挖机配合 2 台长臂挖机出土，小挖机在基坑内将土转运至基坑边，再由位于基坑边的 PC220 大挖机将土卸至渣土车上直接外运或转至竖井旁渣土池内，如图 3.4-1 所示。

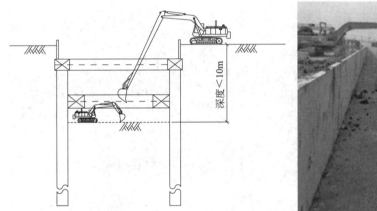 

图 3.4-1 第一阶段土方开挖断面图

2. 始发井第二阶段土方开挖（深度 10m 以上）

采用 1～2 台 PC120 小型挖机在基坑内将土方翻运至竖井内两处土方集中点，然后由 1～2 台液压抓斗将竖井内土方抓取至渣土车上直接外运或转至竖井旁渣土池内，土方挖至每道支撑底后及时施工混凝土环框梁或支撑，待环框梁或支撑达到设计强度后，方可开挖下一层土方，如图 3.4-2 所示。

针对盾构始发井，在门式起重机安装到位后，可采用门式起重机进行二阶段土方垂直运输。以 4 号竖井为例，采用定制 45t 门式起重机吊装 9m³ 土斗出土，1～2 台 PC120 小型挖机在基坑内将土方转至吊斗内，然后由门式起重机吊出基坑卸在基坑边渣土池内，土方挖至每道支撑底后及时施工混凝土环框梁或支撑，如图 3.4-3 所示。

3. 接收井土方开挖

1 号、5 号、6A 号、7 号竖井作为接收井，开挖 5m 以下深度土方时，采用 80t 汽车起重机吊装 5m³ 土斗出土（土方斗尺寸 2.5m×1.5m×1m，采用 10mm 厚钢板加工制作而成），如图 3.4-4 所示。

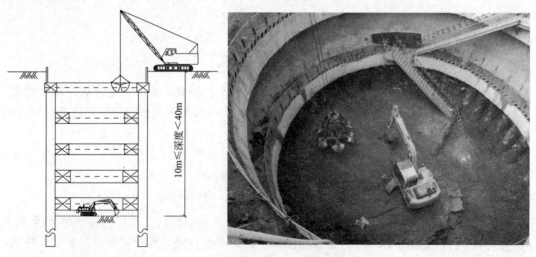

图 3.4-2　第二阶段土方开挖断面图（抓斗）

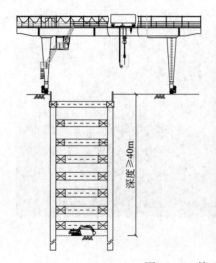

图 3.4-3　第二阶段土方开挖断面图（门式起重机）

3.4.2　微扰动控制爆破工艺

1. 爆破孔位设计

狭小超深竖井内的爆破施工，需做好爆破振动控制，尽量控制爆破对围护结构影响，使得既能达到最好的爆破效果又不会影响桩墙和环框梁的完整性，同时需做好爆破与竖井内支撑施工相互衔接工作，避免影响施工进度，增加成本。

（1）深井微扰动控制爆破技术宜采用以深孔松动爆破为主、浅孔爆破为辅的爆破方案。每次爆破的深度不宜超过5m。当爆破高度达到3.5m时，采用深孔松动爆破，隔离爆破区域，减弱爆破振动对围护结构影响；当环框梁与岩石层的垂直高度不足3.5m时，采用浅孔爆破，不需要打预裂孔；如若竖井内侧岩壁有悬浮的岩石，则用浅孔爆破或者机械方法剥离，使其岩壁光滑平整。

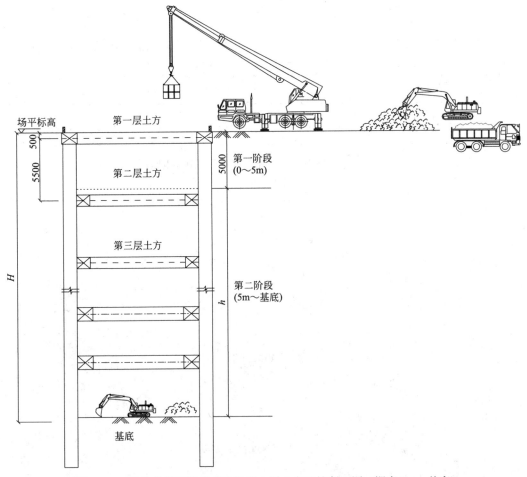

图 3.4-4 接收井采用汽车起重机出土时土方开挖断面图（深度 5m～基底）

（2）深井微扰动控制爆破技术应采用平面分仓、分段，竖向分层进行。单仓采取中间的掏槽孔（9段）先响，周边的光面孔（11段）再响的毫秒延时微差起爆网络，9段先响可为 11 段提供中心临空面，起爆网路采用单孔单响的非电起爆方式。竖向则根据每相邻两层环框梁高度进行分层，且每层爆破都需进行超爆（环框梁以下 2～3m），为下层爆破环框梁底部爆破钻眼提供工作高度，减少爆破次数；最后一层爆破至底板垫层的高度即可。

（3）深井微扰动控制爆破技术应在开工后首先进行试验爆区，其规模尽可能小，在基坑岩石较软且离地面被保护建筑物相对较远的最小一个仓，根据其爆破效果，把孔网参数调整到最优。因被爆岩石随着竖井加深越来越硬，孔网参数也必须跟着岩石性质不断优化。

（4）爆破孔位布置

爆破孔位布置是控制爆破的关键点，应严格遵循爆破总体方案，特别注重与桩/墙的间距宜大于 2.0m。本工程 49m×11m 矩形井及 ϕ20.4m 圆形井爆破孔位布置如图 3.4-5 和图 3.4-6 所示。

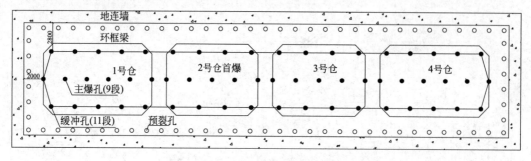

图 3.4-5 爆破孔位及分仓布置平面图（矩形）

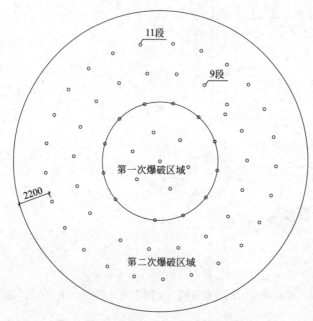

图 3.4-6 爆破孔位布置平面图（圆形）

2. 爆破主要参数

深井微扰动控制爆破技术爆破参数在设计时主要参考行业相关规程和手册，同时根据工程爆破区域及周围建构筑物实际情况进行优化，实现爆破过程的微扰动，保证整个施工过程安全、高效进行。以本工程3号竖井为例进行介绍说明。

(1) 浅孔台阶爆破设计

孔径 $D=42$mm；底盘抵抗线 $W_1=(25\sim30)\times D$ 或 $W_1=(0.4\sim1.0)\times H$；台阶高度 H：根据现场情况选取；超深 $\Delta h=(0.15\sim0.35)\times W_1$；孔间距 $a=m_1\times W_1=(1.0\sim1.5)W_1$；排间距 $b=(0.8\sim1)\times a$；单耗 q：根据地质条件取 $q=0.3$kg/m³；单孔装药量 $Q_{前}=qaW_1H$，$Q_{后}=qabH$；填塞长度 $h_0\geq1.2W_1$；布孔方式：梅花形布孔；装药结构：线性连续装药；起爆方式：非电毫秒微差起爆。

(2) 深孔台阶爆破参数

孔径 $D=90$mm；孔距 2.5m，排距 $2\sim2.5$m，孔深 $4.5\sim5.5$m；采用梅花形布置，每次爆破布置 $2\sim5$ 排，每个爆区炮孔总数控制在 $10\sim60$ 个，从内到外，依次为主爆孔

(9段)、缓冲孔（11段）、预裂孔（3段）；底盘抵抗线 $W=2.2\sim2.5$m；炸药单耗 $q=0.3$kg/m³，装药长度 $2\sim2.5$m，孔口堵塞长度 $2.5\sim3$m，孔内用导爆管雷管起爆；单孔药量（kg）根据公式：$Q=qabL$。深孔爆破参数见表3.4-1。

深孔爆破参数汇总 表3.4-1

控制项	开挖深度 H(m)	孔径 D (mm)	孔深 L (m)	孔距 a (m)	排距 b (m)	炸药单耗 q (kg/m³)	单孔装药量 (kg)	堵塞长度 (m)	钻孔倾角度(°)
参数	4～5	90	4.5～5.5	2.5	2～2.5	0.3	6.8～10	2.5～3	90

（3）起爆网络和顺序

深井微扰动控制爆破技术应采用较安全，且适用于多段微差爆破非电起爆网络，起爆流程为预裂孔→主爆孔→缓冲孔，预裂孔2～3个孔一响，用3段非电导爆管雷管接力，主爆孔和缓冲孔采用单孔单响，起爆网络及顺序示意图如图3.4-7所示。

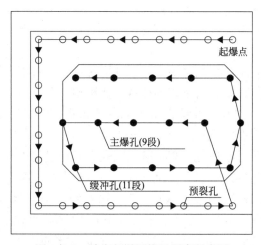

图3.4-7 单仓起爆网络及顺序示意图

3. 爆破监测

爆破过程中的监测是对爆破方案和爆破参数设计的进一步验证，可有效实现对爆破效果的控制。本工程在爆破期间采用测振仪从振速和振动频率两方面进行监测。

深井爆破安全允许振速应根据环框梁及支撑的浇筑间隔时间确定，龄期12～24h，振速限值6.25mm/s；龄期24～48h，振速限值12.5mm/s；龄期48～120h，振速限值25mm/s；根据施工过程爆破等强要求，本工程取振速限值25mm/s进行控制。调节起爆网络可以达到最大程度降低爆破振动速度的效果，常用方法有靠近围护结构边设置预裂孔、用缓冲孔代替外围主爆孔、采用分段雷管毫秒延迟起爆三种。通过试爆和爆破监测发现，在同单孔药量、同距离情况下，三种不同的减振措施，监测点位处的爆破振动速度峰值明显降低，且优化起爆网络设计即采用分段雷管毫秒延迟起爆是最有效降低速度峰值的措施。本工程实践中，爆破振速控制在10～13mm/s，满足限值25mm/s的要求。

3.4.3 引孔式非爆破开挖工艺

随着城市建设的高速发展，基坑周边环境复杂程度大幅提升，各类建（构）筑之间相互影响程度逐渐加大，不少岩质基坑由于临近重要的建（构）筑物、处于敏感区等原因，无法采用爆破法进行岩层开挖。如本工程5号竖井，竖井南侧为武鄂高速高架桥，桥墩与基坑最小水平净距为7.68m，高速产权单位要求不得采用爆破法进行开挖，需采用非爆破开挖技术。

非爆破开挖技术的核心是如何有效地松动岩层，降低常规开挖机械的施工难度，目前常用的方法有直接破碎锤破碎，使用圆盘锯切割、矿山切割机等进行切割，化学膨胀剂等静态破碎剂法，液压岩石分裂机等。但针对基坑断面尺寸较小、入岩较深的情况，以上方法存在较多的限制，工效情况不理想，将严重影响施工工期。

针对以上情况，项目团队提出引孔式非爆破开挖技术，其限制条件少，工艺简单，破碎岩层效果明显，可有效解决本工程5号竖井紧邻武鄂高速桥墩无法采用爆破开挖岩层的问题。

引孔式非爆破开挖技术即先在基坑范围内采用大功率旋挖钻引孔若干至基底，回填中粗砂再开挖，岩层中采用破碎锤配合开挖的技术。

本技术主要由引孔孔位设计、大功率旋挖引孔、基坑上部土层开挖、基坑下部岩层开挖四大部分组成。

引孔的数量和布置是本技术的关键点，引孔数量过少，对于岩层开挖作用有限，引孔数量过多，易造成土体过扰动，对紧邻的桥桩造成影响。孔直径宜取1000~1200mm，孔距控制在$2D$~$3D$之间。引孔的孔位宜采用梅花形布置，以实现较少的引孔数量达到更好的破碎岩层的效果。引孔的孔位设计，应通过Midas-GTS等有限元分析软件对基坑引孔过程及引孔后基坑开挖过程进行计算，确保引孔后开挖过程中基坑本身的安全。

以本工程5号竖井为例进行引孔孔位设计分析。5号竖井基坑深度51.5m，平面尺寸为15.6m×11m，支护结构采用ϕ1.5m@1.7m钻孔灌注桩+11道环框梁+1道临时支撑。5号竖井引孔孔位设计如图3.4-8所示，共引孔12个，直径1.2m，孔深51.7m。除X1、X4外，均以竖向间距2.2m、横向间距2.6m梅花形布置。X1、X4圆心距基坑长边1.5m，短边1.7m。引孔布点平面图如图3.4-8所示。施工顺序为X1-X2-X3-⋯-X11-X12。

1. 大功率旋挖引孔

因引孔深度较深，入岩深度大，引孔机械宜采用大功率旋挖钻，以保证引孔的工效。引孔时，引孔深度宜超出基坑底标高100~200mm，避免开挖至底部时，底部岩层未有效破碎，导致超挖。

引孔完成后，及时采用中粗砂对孔位进行回填，避免开挖过程中，孔位坍塌严重引起基坑失稳。孔位回填宜用中粗砂，以保证深孔回填的密实度。

基坑上部土层开挖：每开挖一层，应及时在引孔处铺设防坠安全网，避免孔位回填不密实造成人员陷落。

2. 基坑下部岩层开挖

开挖至岩层后，采用挖掘机+破碎锤+人工配合风镐进行开挖，如图3.4-9和图3.4-10所示。岩层中破碎锤施工，应从中间向四周，且从引孔的孔身位置向四周扩散，为开挖制造临空面。风镐主要对基坑边角部位进行修整，以保证边线的平顺，避免局部欠挖。因每层高度较高，每大层中亦可分小层呈阶梯式开挖，方便渣土的转运。

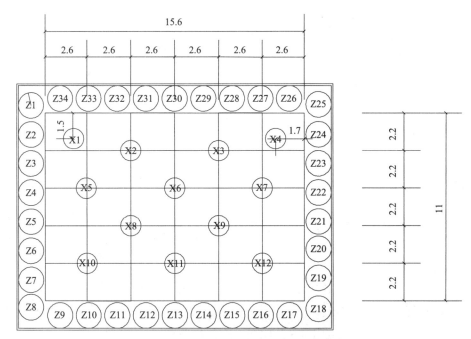

图 3.4-8　5号竖井引孔布点平面图

图 3.4-9　岩层开挖过程实景图

3. 施工注意事项

(1) 单孔引孔完成且回填完成后,才可进行下一孔位引孔施工。

(2) 引孔及开挖过程中,应做好对基坑及桥墩的监测工作,实现信息化施工,确保安全。

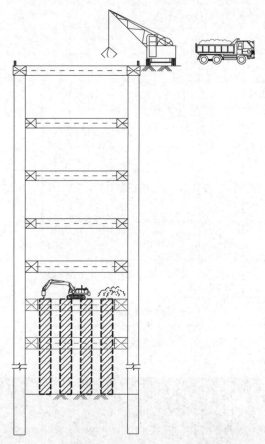

图 3.4-10　岩层开挖立面示意图

（3）考虑旋挖钻引孔的经济性问题，本技术适用于入岩深度超过基坑深度 20% 以上的情况。

3.4.4　混凝土环框梁快速支模工艺

在竖井混凝土环框梁的施工中，由于环框梁模板搭设主要为单侧支模，无法按照传统的双面支模方式进行施工，而传统单侧支模施工时主要采用的方法有对拉螺杆方法和满堂脚手架对撑方法。

采用对拉螺杆施工方法时，如图 3.4-11 所示，涉及围护结构表层混凝土凿除、模板穿孔、埋地钢筋基础施工、钢管斜撑体系焊接搭设等诸多工序，十分烦琐，工程量大，周转材料多，支模速度慢，且埋地钢筋基础数量多、质量受人为操作影响大，较难保证所有基础均牢固，从而发生模板变形，出现跑模、胀模等质量缺陷，造成工程进度和质量达不到要求。

采用满堂脚手架对撑方法时，脚手架的搭设和拆除工作量大，吊装次数多，且由于杆件全部为扣件连接，较难保证所有节点均扣接紧密，同样带来的问题是支模速度慢、易发生模板变形而出现质量缺陷，造成工程进度和质量达不到要求。

针对以上方法存在的问题，项目提出了一种适用于超深竖井混凝土环框梁快速支模的技术。

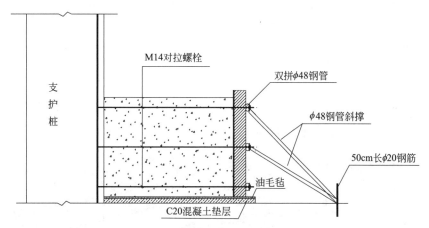

图 3.4-11 环框梁对拉螺杆法施工示意图

1. 施工工艺流程

施工工艺流程如图 3.4-12 所示。

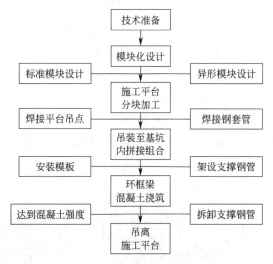

图 3.4-12 施工工艺流程图

2. 定型化施工平台模块加工

根据矩形基坑内环框梁及支撑的位置、圆形竖井基坑内环框梁的位置确定施工平台设置，然后根据该位置断面尺寸，进行定型化施工平台图纸设计，确定其整体及分块与模块所需数量。平台外边缘与相邻环框梁及混凝土支撑（圆形基坑为环框梁）的距离为1000～1500mm，平台加工时，整体尺寸按这一要求控制。

定型化施工平台的拼接设计为模块化组装工艺，分为标准模块和异形模块两种类型。本工程矩形竖井标准模块分为两种类型，第一种为3.6m×3.6m矩形标准模块，第二种为3.6m×1.8m矩形标准模块。圆形竖井采用3.6m×3.6m三角形标准模块。模块采用12号工字钢进行搭设，型钢间采用双面焊接，最外侧型钢垂直间距一般取500～

800mm，层数根据环框梁高度确定。

根据各类型基坑的不同断面形状，除标准模块外，有时尚需设置异形模块。以圆形基坑为例，标准模块均为三角形，组装后无法满足单侧支模要求。因此，圆形基坑定型化施工平台除标准模块外，还需设置扇形异形模块。本工程圆形竖井施工平台所使用的扇形异形模块效果示意图如图 3.4-13 所示。

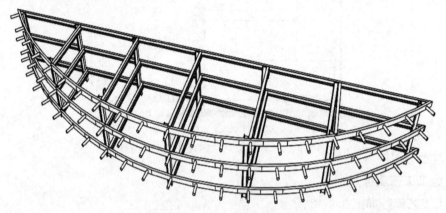

图 3.4-13　扇形异形模块示意图

利用标准模块＋异形模块进行组装，通过插销或者螺栓连接，即可拼接成适应基坑环框梁内净空尺寸的模板支撑平台，平台略小于环框梁内净空尺寸，为模板及支撑钢管预留空间。

3. 定型化施工平台组装

（1）在矩形竖井基坑，基坑内第 1、4 仓施工平台的整体结构形式为标准模块 1 与标准模块 2 拼接组装，最后加上矩形异形模块 4 拼装而成，模块之间用插销或螺栓连接。其大样图如图 3.4-14 所示。

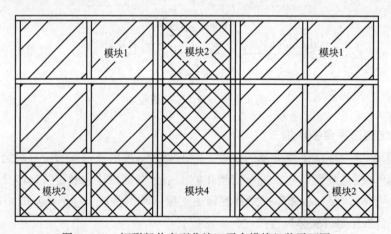

图 3.4-14　矩形竖井定型化施工平台模块组装平面图

（2）在圆形竖井基坑中，施工平台运用标准模块 3 与扇形异形模块 5 进行拼接组装，模块之间用插销或螺栓连接。其大样图如图 3.4-15 所示。

（3）平台模块除支架搭设外，尚应在平台外边缘模块外侧各层型钢上焊接长 200mm

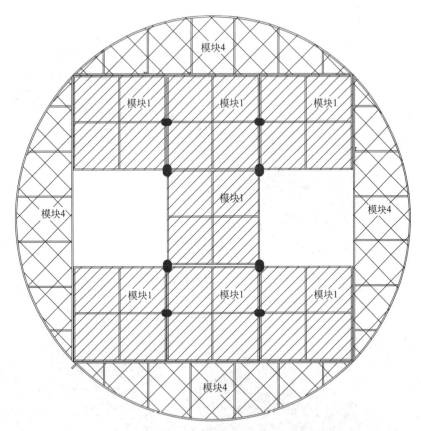

图 3.4-15 圆形竖井基坑定型化施工平台模块组装平面图

的 D60 钢套管,钢管间距随工程单侧支模施工要求确定,本工程平台 D60 钢管布设间距取为 0.6m。

(4) 钢套管焊接完成后在平台各模块上焊接 $\phi 20$ 圆钢吊点,并在起吊处用剪力撑进行加固。加固完成后,在平台顶铺设钢筋网片用于施工人员行走作业、堆放物品。待基坑施工进入环框梁施工工序,将平台各模块吊装至基坑内待施工位置进行组装即形成定型化单侧支模施工平台。以矩形基坑为例,加工安装完成的平台效果如图 3.4-16 所示。

4. 单侧支模体系布设

(1) 选择尺寸合适的竹胶板与木楞采用钉接制作成规格相同的模板结构。本工法的定型化施工平台能与多层板、竹胶板、定型钢模等不同系列的模板组合使用,不局限于竹胶板与木楞的模板组合。

(2) 待基坑进入环框梁浇筑施工工序,吊装施工平台至各模块待施工环框梁中心位置拼接组装,然后进行单侧支模体系布设。

(3) 采用长度 800~1200mm 的 $\phi 48$ 支撑钢管,一端连接可伸缩 U 形底托,所述 U 形底托长度可调节范围为 100~600mm,另一端插入型钢支架上的 D60 钢套管内。采用横向双拼钢管约束木楞,U 形底托扣住横向双拼钢管,调节 U 形底托的伸出长度,使模板固定牢靠满足混凝土浇筑时模板受力要求。支模体系布设效果如图 3.4-17 所示。

(4) 浇筑混凝土。本工程矩形竖井与圆形竖井基坑环框梁浇筑施工整体单侧支模体系

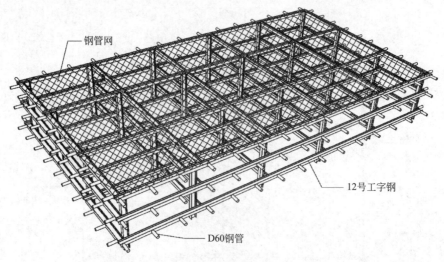

图 3.4-16　矩形竖井基坑定型化施工平台

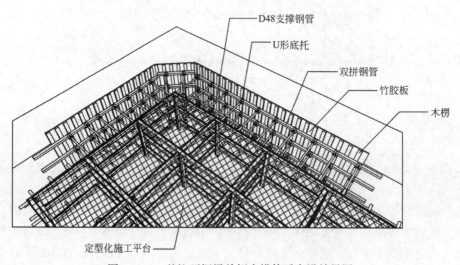

图 3.4-17　基坑环框梁单侧支模体系布设效果图

如图 3.4-18～图 3.4-20 所示。

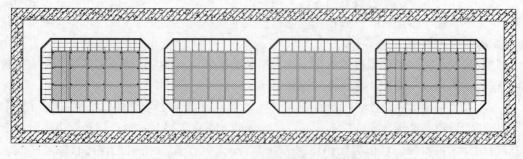

图 3.4-18　矩形竖井基坑环框梁单侧支模布置图

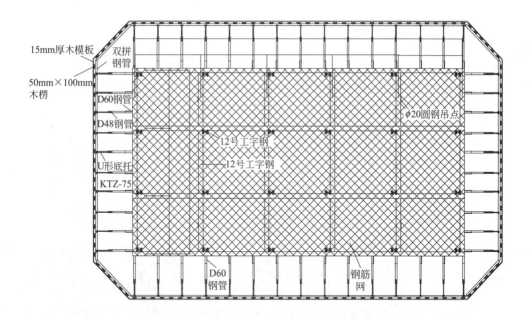

图 3.4-19 矩形竖井基坑环框梁单侧支模细部图

5. 单侧支模体系拆除

当环框梁及支撑混凝土浇筑完成且混凝土强度达到模板拆除要求后,即可进行模板拆除。首先松开调节 U 形底托,使环框梁及支撑整体与定型化施工平台脱离,然后依次拆除 D48 钢管,拆下模板及钢管杆件,各类材料吊离后按标识及编号分类堆放,便于下一

57

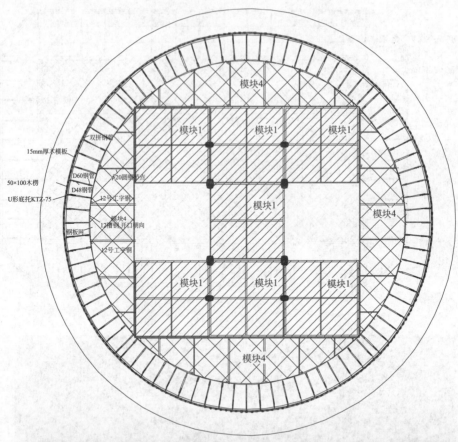

图 3.4-20 圆形竖井基坑环框梁单侧支模布置图

层环框梁继续拼装施工。待所有杂物吊离完毕后，将定型化施工平台各模块吊离即可，吊离前应检查平台是否松动或者焊接处脱离连接，检查无误后方可吊离至地面空置处，待土方开挖完成后进行下一阶段施工。

3.5 竖井人员上下方案

人员上下是竖井施工过程中必不可少的部分，本工程3号、4号、6号、8号盾构始发井均采取楼梯＋电梯双通道方案，其中3号、4号、6号竖井采用常规落底式电梯，8号竖井采用悬挂式电梯，其他盾构接收井采用楼梯单通道方案。

3.5.1 钢楼梯＋常规电梯方案

土方开挖阶段人员上下竖井采用钢楼梯的方式搭设，楼梯宽1.2m，采用型钢、钢板及钢管加工制作，钢板采用4mm厚花纹钢板，梯梁采用18b、20b及22b槽钢制作。

3号、4号、6号竖井施工完成后，再进行常规电梯安装。

（1）大竖井（4仓）

3号、6号、8号大竖井，电梯及楼梯均布置于中间第2仓内，避开主要吊装区第1仓及第4仓，降低安全风险，如图3.5-1所示。

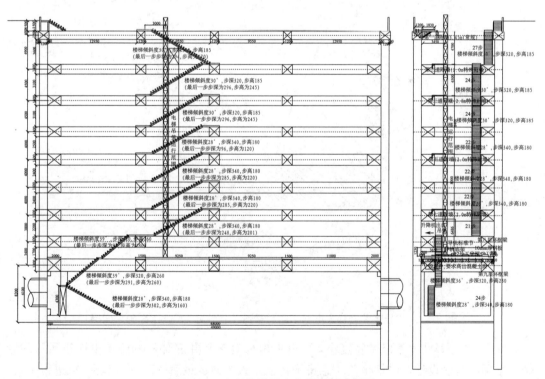

图3.5-1 大竖井楼梯＋电梯设置示意图

（2）小竖井（单仓）

针对其他小竖井（矩形＋圆形），由于仅单仓，楼梯及电梯布置时，将楼梯及电梯布置于隧道走向的某一侧，避开中间吊装核心区，如图3.5-2所示。楼梯布置后的效果图和实景图如图3.5-3和图3.5-4所示。

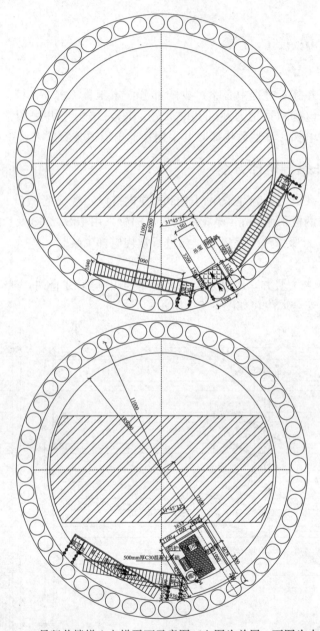

图3.5-2　4号竖井楼梯＋电梯平面示意图（上图为首层，下图为中间层）

3号、6号竖井由于竖井宽度小，为降低电梯对于竖井底部盾构施工电瓶车通行的影响，采用不落底设计，电梯坐落于悬挑平台上，人员通过最后一道/两道环框梁进行中转。不落底平台设计如图3.5-5和图3.5-6所示。

图 3.5-3　3 号竖井上下楼梯布置效果图

图 3.5-4　4 号竖井上下楼梯布置实景图

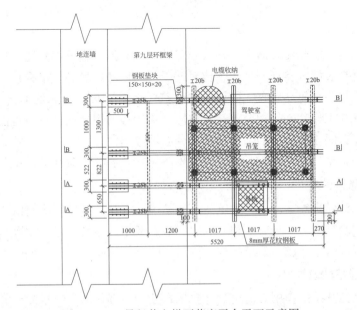

图 3.5-5　6 号竖井电梯不落底平台平面示意图

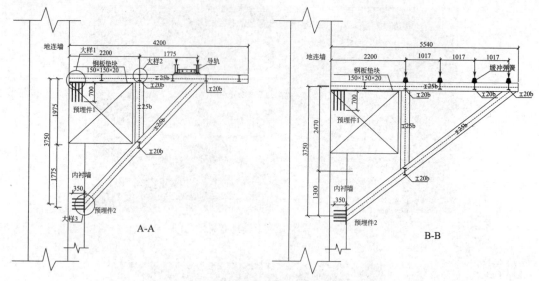

图 3.5-6　6号竖井电梯不落底平台断面示意图

3.5.2　悬挂式施工升降机研发及应用

施工升降机作为建筑中常用的载人载物施工机械，被广泛用于各领域的垂直运输。常规的施工升降机采用底部支承于地面，从下向上安装，应用比较成熟。本工程施工过程中，竖井深度大，采用常规施工升降机需开挖至基底，底板施作后才可安装，面临基坑开挖阶段长达4～5个月人员上下困难的问题。

针对上述问题，项目团队研发了顶部加节向下延伸式施工升降机（简称"悬挂式施工升降机"）并于8号竖井进行了试用。该升降机悬挂于基坑顶部，从顶部加节向下延伸安装，导轨架的加节在基坑顶部完成，每开挖一定深度，升降机同步向下延伸，使作业人员可以直达作业面。

和常规施工升降机相比，研发悬挂式施工升降机必然面临三大问题，一是需要设计一套安全可靠的悬挂装置，实现升降机整体悬挂于竖井顶部，且满足吊笼正常运行的各种荷载；二是需要设计一套驱动装置，确保导轨架整体受控下移，并保证下移过程中的安全，实现导轨架系统在工作状态、加节状态及整体下移状态的快速切换；三是需要设计一套滑动附墙装置，可以限制导轨架的水平位移，释放其竖向位移，以实现导轨架在顶部加节完成后在整机驱动系统作用下向下延伸。项目团队对此开展了针对性的研发及应用。

1. 施工升降机构成

悬挂式施工升降机除常规吊笼、电力信号系统、安全装置外，主要由受拉型加强导轨架、导轨驱动系统、安全拉杆、滑动附墙、底盘、基站、悬挂系统、顶部基础钢平台、特殊设计安全装置等部分组成。升降机整体构成如图3.5-7和图3.5-8所示。

2. 顶部悬挂基站设计

导轨顶部悬挂基站的作用是使整个导轨架悬挂于顶部基站上，承受升降机运行的各种荷载。其设计分为上、下悬挂两部分，上悬挂和导轨架最上端连接，下悬挂和标准节中框

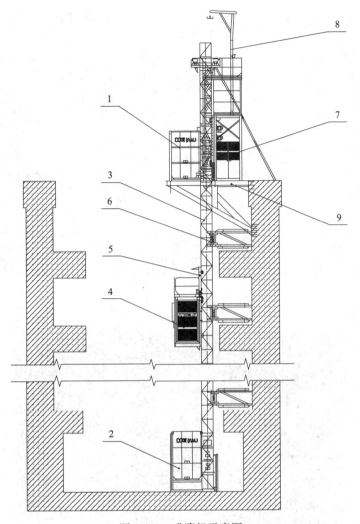

图 3.5-7 升降机示意图

1—地面护栏；2—地下护栏；3—导轨架；4—吊笼；5—小车架；6—滑动附墙；7—悬挂基站；8—吊臂；9—支撑平台

连接，当标准节加节时上悬挂拆除，下悬挂作用。同时，原导轨承压体系改为受拉体系，受力结构创新性地采用标准节螺栓和安全拉杆二道传力路径的冗余设计。如图 3.5-9 所示。

上悬挂系统与标准节上框连接，并与设置于导轨节中的安全拉杆连接。如图 3.5-10 所示。

下悬挂系统从框架下部将整个导轨节担起，与基站驱动系统电气联锁，处于锁止状态时，基站驱动系统禁止导轨下行（可点动轨道上移）。如图 3.5-11 所示。

3. 导轨架悬挂装置设计

导轨架悬挂装置作为导轨架与基站平台受力传递的重要装置，是整个悬挂式施工升降机的关键点之一，关系着整个升降机的安全。同时，因升降机采用顶部加节，悬挂装置必须方便拆装，使整个顶部加节过程更加顺畅。

图 3.5-8　升降机三维效果图

图 3.5-9　顶部悬挂基站示意图

图 3.5-10　上悬挂系统（示意）

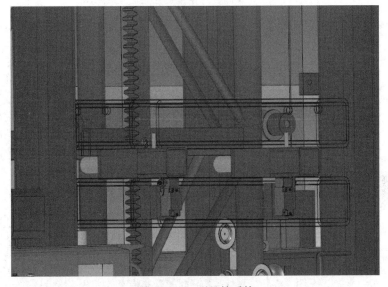

图 3.5-11　下悬挂系统

易拆装的导轨架悬挂装置采用两根横担作为导轨架悬挂的受力承重梁，每根横担下安装有两组滑轮支座，作为导轨架悬挂装置的移动装置，支座安放在滑轮轮轨上，其内的高强度弹簧作为悬挂装置移动时导轨梁的支撑装置，轮轨固定在顶部基站平台上。每根横担侧面开有两个固定槽，导轨架拉杆插入固定槽并穿过焊接在导轨梁上的承压钢板后采用拉杆螺母紧固，拉杆侧面安装有螺母螺杆套件将横担与导轨架上端横向钢梁紧固连接。螺母螺杆套件和导轨架拉杆作为导轨架与导轨梁的连接装置，实现两道传力冗余设计，将导轨架运荷载和静荷载通过横担和滑动支座分散到悬挂的基站平台上。横担的两端插入两侧的保护架中，并设置限位装置，使横担的移动范围控制在允许的安全范围内。本创新设计方便了导轨架上端水平的调整，同时方便了导轨架的上下移动及加节，提高了导轨架的安全性和可操作性。悬挂装置如图 3.5-12 和图 3.5-13 所示。

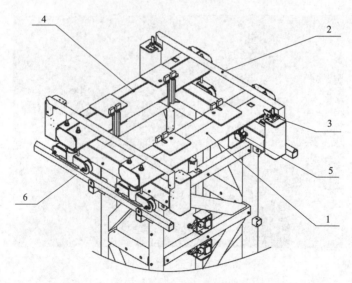

图 3.5-12　易拆装的导轨架悬挂装置效果图
1—横担；2—保护架；3—机械锁；4—横担位置限位；5—横担受力限位；6—导轨

图 3.5-13　易拆装的导轨架悬挂装置实拍图

安装过程如下：

（1）将4组导轨架拉杆分别插入固定槽后，用拉杆螺母紧固连接，保证拉杆与横担的连接有效且稳固。

（2）将4组螺母螺杆套件中螺杆穿过导轨架上端横向钢梁并旋紧螺母进行有效连接，压紧滑轮支座内高强度弹簧，保证导轨架和横担的连接稳固可靠。

（3）将导轨梁通过滑轮支座放置并固定在滑轮轮轨上，调节4组滑轮支座使横担保持水平。

（4）加节过程中，松开4组螺母螺杆套件以及拉杆螺母，滑轮支座内高强度弹簧支撑导轨梁弹起，将悬挂装置整体移至升降机加节操作空间之外，然后导轨架在减速机的作用下上下移动操作。

4. 导轨驱动系统设计

驱动系统由驱动板、减速电机、背轮和驱动齿轮组成。减速电机采用3套诺德减速机，单机功率3kW，设计导轨向下驱动承载7t，运行速度控制在6m/min，为导轨架系统工作状态、加节状态及整体下移状态提供动力，实现导轨架承载情况下的上下受控移动。导轨驱动系统如图3.5-14和图3.5-15所示。

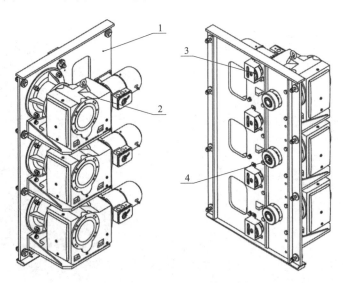

图3.5-14 导轨驱动系统示意图
1—驱动板；2—减速电机；3—背轮；4—驱动齿轮

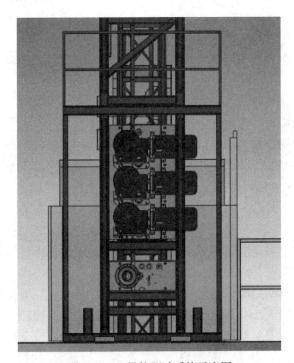

图3.5-15 导轨驱动系统示意图

5. 滑动附墙装置设计

因升降机导轨架需随基坑开挖向下延伸，传统附墙无法使用，需设计一套滑动附墙装置，限制导轨架的水平位移，释放其竖向位移，以实现导轨架在顶部加节完成后在整机驱动系统作用下向下延伸。本升降机设计一组双层滑动附墙架，该附墙架设计 4 组导向轮，与安装在基坑环框梁上的预埋件连接，附墙竖向间距控制在 3.5～4.4m，如图 3.5-16 所示。

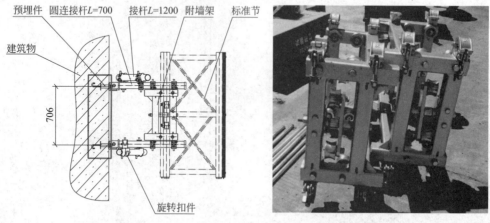

图 3.5-16　双层滑动附墙

6. 特殊安全装置设计

因悬挂式施工升降机受力和使用的特殊性，其对安全系数的要求更高，需全方位考虑各种安全装置的设置。

（1）离心限速装置

在吊笼每套减速电机上安装离心限速装置，防止电机制动和安全器失效后吊笼失控坠落。

（2）限位及防脱轨装置

新增吊笼防冲顶限位、防墩底限位、防脱轨装置。

（3）导轨架防坠安全器

升降机在吊笼和基站上都设有防坠安全器，吊笼上的安全器安装在吊笼安全板上，用于防止吊笼超速坠落，基站上的安全器安装在基站安全板上，用于防止导轨架超速下坠。防坠安全器由齿轮轴、外毂、制动锥鼓、拉力弹簧、离心块、离心块座、蝶形弹簧、铜螺母、机电联锁开关等组成，安装在笼内安全板上，通过齿轮轴上的齿轮与导轨架齿条啮合，随笼运行，保证吊笼出现不正常超速运行时及时动作，将吊笼制停。当吊笼在安全器额定动作速度内运行时，离心块在拉力弹簧的作用下，与离心块座紧紧贴在一起。当吊笼运行速度超过安全器额定动作速度时，离心力加大，离心块克服拉力弹簧的作用向外甩出，其尖端与制动锥鼓的凸缘相顶，连为一体，带动制动锥鼓旋转。此时铜螺母向内作轴向移动，并压紧蝶形弹簧，蝶形弹簧反向带动制动锥鼓，制动锥鼓与外锥鼓逐渐接触，摩擦制动力矩也渐渐加大，直至吊笼平缓制动。在螺母旋进的同时，带动电气联锁开关动作，使电机断电，安全制动，保证乘员生命安全和设备完好无损。导轨架防坠安全器如图

3.5-17 所示。

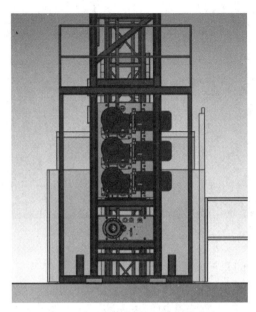

图 3.5-17　导轨架防坠安全器示意

(4) 导轨架限位

在悬挂系统上设置下悬挂限位，限位控制导轨架和吊笼不同时运行；在基站顶部设置防脱轨限位，当导轨架向下运行超过基站顶部安全行程时，限位脱离齿条发生动作，禁止导轨架运行。导轨架限位如图 3.5-18 所示。

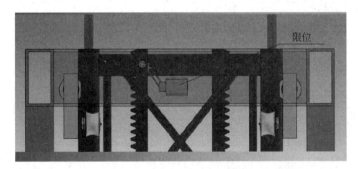

图 3.5-18　导轨架限位示意

(5) 吊笼托架

基站上设置吊笼托架，在导轨加节操作前，将吊笼停放至基站位置，伸出吊笼托架托住吊笼，减轻驱动及防坠安全器的负载，大大提高加节过程的防坠安全系数。同时，打开吊笼的刹车，加节时导轨架向下移动，吊笼可以在导轨架上滑动而不随导轨架向下移动，吊笼荷载仍由吊笼承担。吊笼托架如图 3.5-19 所示。

7. 防松动安全拉杆设计

安全拉杆安装于标准节立杆内部，作为导轨架悬挂装置中的两道传力系统之一。拉杆之间通过高强度螺纹套筒连接，顶部拉杆通过高强度螺栓与悬挂系统连接。安全拉杆主要

图 3.5-19 吊笼托架实物图

由上、下拉杆和中间连接的套筒及弹簧销组成。上、下拉杆及套筒上均设置横向贯穿的插孔，插孔数量需经受力计算确定；上、下拉杆及套筒采用正反丝设计，拉杆车丝长度不少于10cm；防松动弹簧销，采用高合金钢加工而成，在上下拉杆与套筒对接到位后，依次插入插孔作为抗剪杆，提高上下拉杆套筒连接的安全系数。本设计能够避免拉杆采用套筒连接时，拉杆中套筒滑脱的风险，提高拉杆连接的安全性。安全拉杆如图 3.5-20 和图 3.5-21 所示。

8. 吊笼防倾覆底座设计

悬挂式升降机导轨架底部处于悬空状态，吊笼下降过程中若发生墩底，易产生倾覆现象，有坠落风险。项目设计了吊笼防倾覆底座，解决此问题。

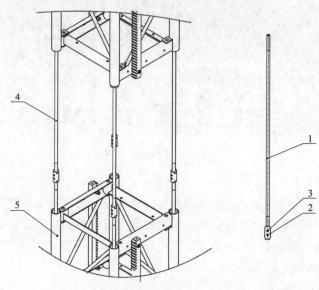

图 3.5-20 安全拉杆示意图
1—拉杆；2—连接套筒；3—弹簧销；4—安全拉杆；5—标准节

图 3.5-21 安全拉杆实物图

吊笼防倾覆底座设置于导轨架底部，从导轨架上延伸出两根框架梁，设置成悬挑平台，平台上设置一个插头、两个限位卡、两个圆筒。插头与吊笼底部的 U 形槽相匹配，当吊笼下移到底时 U 形槽与下部支撑架上的插头包络在一起，与限位卡一起相互作用限制吊笼的水平位移及转角。两个圆筒与设置于吊笼底部的两个弹簧阻尼器相匹配，当吊笼下移到底时，弹簧阻尼器受到冲击，在圆筒的限制下避免阻尼器发生过大侧向位移造成破坏。U 形槽与插头背部保持 5~10mm 的间隙，以避免两者之间的磨损，顶部保持 2~3cm 间距，确保阻尼弹簧在受到冲击荷载时起到缓冲、减震效果。两者之间的立面搭接长度不小于 8cm，以确保防倾覆的效果。本设计可在吊笼发生蹲底时，起到良好的缓降、减震、限位的作用时，避免倾覆，保证结构的安全。如图 3.5-22 所示。

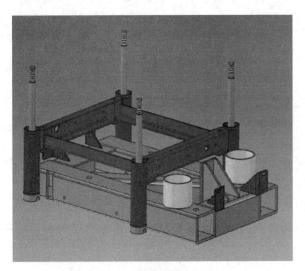

图 3.5-22 吊笼防倾覆底座示意图

9. 升降机安装应用

本项目中的顶部加节向下延伸式施工升降机，可广泛应用于市政、公路、水利、采矿领域的超深基坑和竖井施工。经试验，当基坑深度大于 25m 后，安装此升降机效果更加显著,能有效提高人员上下效率。

本工程 8 号竖井悬挂式施工升降机使用过程中情况和立面布置图如图 3.5-23 和图 3.5-24 所示。

图 3.5-23 悬挂式施工升降机使用过程中

悬挂式施工升降机安装过程:

(1) 安装支撑平台

浇筑竖井混凝土结构时,按要求设置预埋件。待混凝土达到强度要求后,现场安装支撑平台。安装完成后注意平台上孔的防坠问题,可临时封堵或设置护栏。

(2) 安装基站

安装基站主机部分,按要求现场定位,并固定好基站主机部分。安装栏杆,安装完成后,检查各安装螺栓并紧固。基站通电,检查基站驱动部分及各限位功能。

(3) 安装标准节(首次)

将 6 节标准节、安全拉杆和底盘在地面连接完成后整体吊装进基站,基站驱动电机刹车抱死,然后标准节固定在基站上,调整各导向滚轮,基站下悬挂插杆伸入标准节。

(4) 安装吊笼

将基站的吊笼托架伸出,吊笼从导轨架顶部装入导轨架,缓慢下放至托架,安装小车架。通电调试,检查各限位开关及功能。

(5) 安装基站(顶部)

安装基站上面部分,将基站下悬挂插杆抽出,再将导轨架向上运行至上悬挂位置,并安装上悬挂。安装完成后,检查各安装螺栓并紧固。

(6) 安装地面护栏

安装地面护栏,调整位置,保证护栏门与吊笼的位置关系,护栏门极限限位能正常工作。

(7) 导轨架加节

1)将吊笼托架伸出,托住吊笼,利用外部操作,将吊笼刹车打开,吊笼缓慢滑动到托架上。

2)将基站上悬挂装置拆除,下悬挂装置保证处于作用状态。

3)在导轨架顶部安装安全拉杆、标准节,重复安装至单次加节长度。

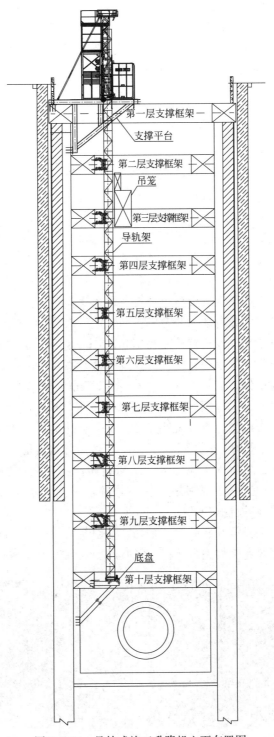

图 3.5-24 悬挂式施工升降机立面布置图

4）松开基站下悬挂装置，用基站驱动装置将导轨向下运行到下一道附墙安装位置，停止运行。

5）下悬挂装置插杆伸出，安装滑动附墙。

6）重复上述步骤，直到导轨架安装到需要的高度。

随着竖井开挖深度加深，导轨架在顶部加节，升降机向下延伸，直至竖井开挖见底，升降机加节至最后一层环框梁高度，完成升降机安装。

3.6 本章小结

武汉大东湖深隧工程主隧 9 个小断面超深竖井，施工工期紧、断面小、开挖深，止水、支护、开挖安全风险大，工期压力大。项目团队开展针对性的研究与创新，研发了国际首台顶部加节向下延伸式施工升降机，创新性地提出了一种方便拆装的导轨架悬挂装置、一种用于升降机缓降平台的防倾覆装置、一种防松动拉杆连接套筒、两道传力系统"冗余设计"，实现土方开挖阶段升降机直达作业面，并随作业面加深而向下延伸，有效解决了基坑土方开挖阶段人员上下难题，有效降低了开挖阶段人员的劳动强度，大大改善施工人员作业条件；研发了超深竖井混凝土环框梁快速支模技术，设计一种模块化组装式的定型化单侧施工平台，整体或分块吊装至基坑内快速完成环框梁的单侧支模，显著提高施工工效，平均每层环框梁支模及浇筑控制在 1.5d/层；研发了高入岩率基坑引孔式非爆破开挖技术，通过孔位设计、旋挖引孔施工、孔位中粗砂回填、凿岩炮机开挖等工序，大幅节约 5 号竖井岩层开挖工期，仅用时 4 个月完成 51.5m 深竖井开挖，并有效地保护了武鄂高速桥墩；提出了高入岩率超深地连墙多机成槽技术，采用铣槽机、成槽机、旋挖钻、冲击钻多种机械进行组合成槽，有效提高工效，1 号竖井地连墙施工平均工效达到 1 幅/2d，3 号竖井地连墙施工平均工效达到 1 幅/3d，6 号竖井地连墙施工平均工效达到 1 幅/(3～4)d；提出了 44.8m 高承压水头富水砂层悬挂超深支护桩基坑综合止水技术，采用 CSM 封闭式止水帷幕＋桩间高压旋喷桩＋基坑外降水＋基坑内补强侧墙＋基坑外注浆加固的综合止水方法，保障基坑顺利开挖。

实践表明，基于本工程竖井开展的一系列技术创新、装置装备创新，是本工程竖井施工得以安全、顺利、高效完工的关键所在。竖井成型效果如图 3.6-1 和图 3.6-2 所示。

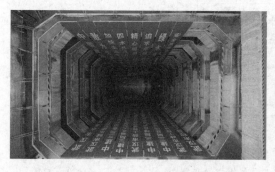

图 3.6-1 竖井成型效果（矩形井）

图 3.6-2 竖井成型效果（圆形井）

第 4 章 区间盾构施工

近年来，随着盾构法的不断普及和广泛应用，盾构法成为城市深隧工程区间隧洞施工的首选，由于深隧工程地质、环境的复杂性，盾构施工面临的常见问题将被进一步放大。武汉大东湖深隧工程主隧共有 9 个盾构区间，均为深埋小直径盾构隧道。本章重点从盾构选型设计、盾构施工场地布置、分体始发、物料运输、穿越岩溶区、砾卵石层、空推过矿山法及盾构水下接收八个部分介绍了盾构施工中的核心工艺、针对性措施及创新技术。

4.1 盾构区间设计概况

本工程 9 个隧道区间采用 7 台土压平衡盾构机进行施工，共设置 4 个始发井，1 个过站井，其中 3 号、6 号、8 号竖井为双向始发井，4 号竖井为单向始发井，后设 35m 后导洞，7 号竖井为过站始发井，盾构总体施工部署图如图 4.1-1 所示。

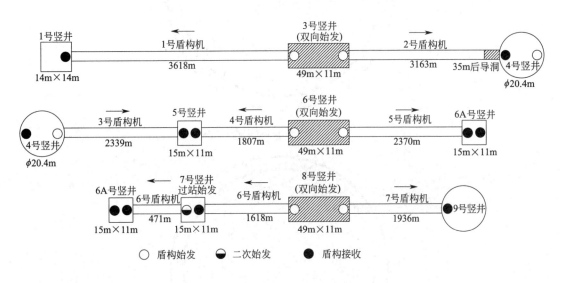

图 4.1-1 工程盾构总体部署图

1 号～4 号区间采用环宽 1.2m 五分块管片，管片分块如图 4.1-2 所示。
4 号～6 号区间采用环宽 1.0m 六分块管片，管片分块如图 4.1-3 所示。
6 号～9 号区间采用环宽 1.2m 五分块管片，管片分块如图 4.1-4 所示。

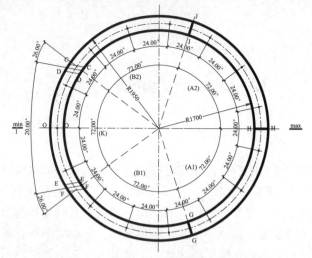

图 4.1-2 1号~4号区间管片分块图

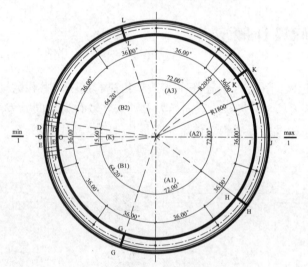

图 4.1-3 4号~6号区间管片分块图

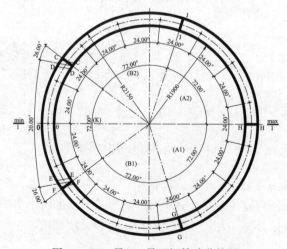

图 4.1-4 6号~9号区间管片分块图

4.2 盾构机选型及针对性设计

盾构法因其具有安全、快速、机械化程度高、质量稳定等优点，在地下工程中得到了广泛的应用。盾构选型是保障盾构施工安全、高效，影响工程施工成败的关键点之一。对城市深隧工程而言，盾构选型及针对性设计的重要性更加突出。

4.2.1 水文地质条件及特征地层风险分析

本工程跨度广，区间首尾2号～1号区间及8号～9号区间位于长江Ⅰ级阶地，不良地质以砾卵石层、富水砂层为主，中间区间位于长江Ⅲ级阶地，不良地质以6号～6A号～7号区间湖底岩溶、碎石土、3号～4号～5号区间挤压破碎带为主。

区间特征地层及风险分析如表4.2-1所示。

特征地层及风险分析一览表　　　　　　表 4.2-1

序号	特征地层	地层特征	主要风险及问题
1	中风化灰岩	岩体较完整，岩体基本质量等级为Ⅱ～Ⅲ级，最大饱和单轴抗压强度125MPa；岩溶极其发育，见洞率近50%；揭露溶洞最大高度16m，岩溶形态以溶隙型溶洞为主，半填充数量达70%，透水性较好，富水性较好，与严西湖存在水力联系	刀具磨损、冲击剧烈，刀具正常磨损或异常损坏严重，掘进效率低，刀具频繁更换；盾构机栽头、姿态难控制、岩溶突水顶板陷落，或差异沉降大而导致隧道结构破坏等事故
2	砾卵石	中密偏密实状态，低压缩性，为长江古河道河床底部沉积形成，该层物质组分不均，以砾卵石为主，不均匀含30%～45%的粉细砂和黏性土，卵石揭露最大粒径超过11cm，成分多为石英砂岩等，石英含量最高可达100%。另外，砾卵石地层中孔隙承压水水量丰富，且与长江存在水力联系	高水头压力，对盾构主驱动、密封、保压要求高，同时掘进过程中易发生喷渣；高石英含量极易造成盾构刀盘、刀具、螺机磨损、刀盘卡死等现象；砾卵石易扰动特性则面临着地面沉降超限的问题
3	中风化泥质白云岩	岩体较完整，岩体基本质量等级为Ⅲ类，单轴抗压强度最大可达63MPa	刀具磨损、冲击剧烈，刀具正常磨损或异常损坏严重，掘进效率低，刀具频繁更换
4	中风化粗砂岩	石英含量局部偏高，最大约62%，属较硬岩，单轴抗压强度最大可达44.6MPa	刀具磨损、冲击剧烈，刀具正常磨损或异常损坏严重，掘进效率低，刀具频繁更换
5	挤压破碎带	岩芯极破碎，呈岩屑、角砾状，属极破碎岩体，裂隙水极其发育，与严西湖水系在一定联系	掘进过程易发生喷渣，喷渣量大时可能引起地面塌陷、隧道透水事故
6	粉细砂	中密—密实状态，局部夹有少量粗砾砂，黏粒含量较少，孔隙承压水水量丰富，与长江有密切的水力联系	高水头压力，对盾构主驱动、密封、保压要求高，同时掘进过程中易发生喷渣

4.2.2 盾构选型分析

主要从渗透系数、颗粒级配、水土压力、施工效率、安全风险及工程成本六个方面展开分析，然后得出综合结论。

1. 渗透系数分析

各地层渗透系数从 $1.0\times10^{-8}\sim1.6\times10^{-2}\mathrm{m/s}$，就渗透系数而言，大部分区间采用土压平衡盾构较优，但3号~1号、8号~9号区间位于长江Ⅰ级阶地，地层渗透系数大，与长江存在水力联系，因此3号~1号、8号~9号区间选用泥水平衡盾构较优，但曹智在成都地铁盾构选型设计及实用性比较中指出土压平衡盾构在全断面富水砂卵石地层长距离持续掘进，安全优质高效可控，具有更强的适应性和更高的可靠性，仅需对土压平衡盾构做好针对性设计即可。

2. 颗粒配级分析

隧道主要穿越地层为粉细砂、强风化粉细砂岩、中风化泥质粉细砂岩、中风化细砂岩、中风化灰岩，地层中细颗粒含量较多，泥水分离设备处理效果差，从以往施工案例来看，会影响设备的掘进效率。因此从地层颗粒级配研究，土压平衡盾构较优。

3. 水土压力分析

根据隧道埋深及地下水水力联系，3号~1号、6号~6A号、8号~9号区间理论水土压力约0.5MPa，其余区间由于洞身及上下均属弱透水性岩体，可视为隔水层，地下水对隧道施工影响不大。因此土压平衡盾构通过提高主驱动密封、铰接密封、盾尾密封等，同时对螺旋输送机进行特殊防喷渣设计，可满足本工程施工要求。

4. 施工效率分析

泥水盾构需要泥水分离装置，占用场地较大，规划竖井处场地有限，不利于泥水盾构施工，且地层中细颗粒含量高，分离效率低，大大影响施工效率。因此土压平衡盾构更优。

5. 安全风险分析

本工程盾构掘进主要安全风险在于地下水防治及地表沉降控制；在水压高、水量大的情况下，泥水平衡盾构在保持掌子面稳定和控制地表沉降上较有优势。但本工程大部分区间洞身及上下均属弱透水性岩体，选用土压平衡盾构可通过采取有效措施提高密封，防止喷渣，来降低安全风险。

6. 工程成本分析

泥水盾构需要投入泥水分离设备，所需场地面积大、成本增加；且施工过程中产生的废浆较多，增加渣土外运成本；硬岩掘进过程中，为调整泥浆的密封和黏度，需持续注入膨润土，施工成本较高。就成本控制而言，土压平衡盾构更优。

据此，本工程所有区间均选用复合式土压平衡盾构机掘进，并有针对性地对盾构主驱动及刀盘设计开口率、渣土改良、螺旋输送机系统等进行优化设计研究。

4.2.3 针对性设计

1. 刀盘刀具设计

为满足在风化岩和卵石圆砾层掘进，刀盘为复合式刀盘设计。基本结构为辐条面板式，采用四牛腿，四主梁＋四副梁形式，提高刀盘支撑刚度、强度，满足复合地层下对刀盘的高冲击要求；开口率为32%，开口在整个盘面均匀分布，中心部位设有面积足够的开口，并设置两道筋梁，减少结泥饼的概率，同时在刀盘面板布置3路单管单泵单泡沫喷口，2路膨润土喷口，其中中心区域布置3路及周边区域布置2路改良剂注入口，土仓中心配置1路高压水冲刷，刀盘背部设计2根搅拌棒，进一步提升渣土搅拌效率。

刀盘布置双刃中心滚刀4把，单刃滚刀22把，刀高155mm；刮刀26把，边刮刀8把，刮刀刀高120mm，背部焊接保护块；超挖刀1把；中心双联滚刀刀间距82mm，单刃滚刀刀间距88mm；滚刀根据地层不同分别选用了光圆滚刀及镶齿合金滚刀，其中光圆滚刀主要用于强—中风化含钙泥质细粉砂岩，镶齿合金滚刀主要用于中风化灰岩、中风化粗砂岩等硬岩及石英含量高，且换刀条件差的粉细砂及砾卵石层。滚刀刀箱可实现滚刀与撕裂刀更换，若在滚刀刀箱上安装撕裂刀，辅以合理的渣土改良，可满足在黏土、砂层等软土地层的施工要求；若在刀盘上安装滚刀，可满足在硬岩地层的施工要求。刀盘设计如图4.2-1~图4.2-3所示。

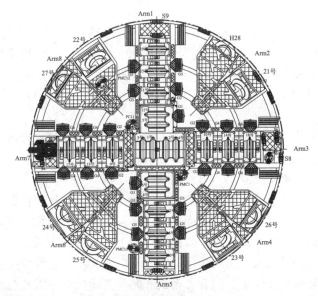

图4.2-1 盾构机刀盘设计

图4.2-2 盾构刀盘实拍图

图 4.2-3　镶齿合金刀具

2. 主驱动设计

盾构推进系统及刀盘主驱动配置应满足掘进过程中各地层的需求。一般来说，盾构推进千斤顶数量越多、分布及分组越合理，其推力可调整性、均匀性、可操控性及适应性越强。

本工程盾构采用 15 组双缸均匀布置，根据隧道直径不同，盾构机最大总推力为 1995～2179t，推力储备充足；额定扭矩为 2350～3500kN·m（扭矩系数 32.8～37），脱困扭矩为 2820～4200kN·m，扭矩储备充足。最高转速 3r/min，可满足软岩、硬岩、复合等复杂地层的掘进要求。另外考虑本工程中盾构均需进行分体始发，故采用 6 组电机进行驱动，减少流体管路，提高始发效率。

由于设备直径较小，为满足掘进速度和主机空间要求，主轴承与齿圈分离，主轴承与齿圈轴向前后布置，减小主驱动径向尺寸；在满足大扭矩高转速及洞内空间的前提下，还可实现洞内更换更大齿圈的要求。

主驱动密封材质应具有耐压性、耐磨损性、耐油性、耐热性等特性，目前较常见的密封材料主要橡胶和聚氨酯两种。按照截面形状的不同分为唇形密封、指形密封和 VD 密封三种，其中唇形密封和 VD 密封多为丁腈橡胶，指形密封多为聚氨酯材料。不同截面的密封其材料特性各有不同，橡胶本身材质耐高温-30℃到 100℃，耐磨性好，润滑良好的条件下一般不会对回转轴产生磨损，降低了密封和轴的更换次数，因此应用范围更广，而聚氨酯密封压缩量较大，单道承压能力较高，在高水压地层也有较广泛的应用。

主驱动密封选用国产优泰科密封，承压能力可达 1MPa，使用寿命可满足掘进 5km 或使用一万小时的要求；主驱动外密封采用了 1 道迷宫密封、2 道 4 指形密封（耐压能力达 1MPa）、1 道单唇口密封设计，内密封采用 2 道唇形密封设计，密封材料均为聚氨酯材料，实测性能均满足要求。在第 1 道指形密封外侧、第 1 和第 2 指形密封之间、第 2 指形密封和唇形密封之间注入 EP2，利用水套的循环冷却水进行冷却，配置温度报警器，保障密封材料的工作寿命。主驱动密封如图 4.2-4 所示。

3. 螺旋输送机设计

螺旋机均采用轴式螺旋输送机，根据盾构机大小，螺旋机直径设计为 500～600mm，最大通过粒径为 $\phi 195\times 380$mm～$\phi 220\times 410$mm；最大扭矩均为 90kN·m，最高转速为 25r/min，出渣能力为 187m³/h。

由于地层石英含量高，出渣过程中，对螺旋输送机磨损较大，故对螺旋输送机进行

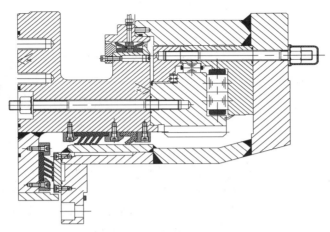

图 4.2-4　主驱动密封示意图

针对性耐磨设计，螺旋轴叶片通过采用高锰铸铁耐磨材料设计，提高螺旋轴的耐磨性；螺旋机前端筒体、第一、二节筒体通过内表面堆焊耐磨复合钢板，提高螺旋机筒体的耐磨性。

考虑富水地层掘进极易发生喷渣现象，本工程盾构机均进行了预防喷渣设计。系统预留注入接口，必要时可向土仓壁和螺旋机内注入膨润土和高分子聚合物，也可外接泄压管进行泄压；设置保压泵接口，必要时可连接泥浆泵或泥浆管；螺机筒壁设计高精度土压传感器，可实时监测螺机内渣土的压力；螺旋输送机设置一道前闸门、一道后闸门和伸缩装置，一旦发生喷渣可及时关闭后闸门，通过保压泵出渣；在设备桥前部布置螺机闸门蓄能器，当发生突然断电或者紧急事故时，螺旋输送机可依靠蓄能器的能量迅速自动关闭螺旋输送机后闸门保证安全。

4. 铰接设计

由于隧道埋深大，盾体直径小，主机长度近10m，整体成细长结构，长细比大于2，灵活性差；另外部分地段岩层石英高，刀具更换频繁；为提高盾体灵活性，适应隧道埋深及曲线半径，防止卡盾，同时也为更方便更换刀具，采用双铰接大推力比梭形盾体，前大后小，分步推进，其中主动铰接最大伸长量120mm，可适应最小转弯半径150m。

5. 保压密封设计

富水长距离地层中掘进必须确保设备的密封性能，防止发生涌水涌泥事故。为避免高水压或其他情况下盾体密封失效引发的施工问题，应对盾体密封性进行加强设计。

一般3道尾刷结构承压能力可达到1MPa，满足施工要求，本工程为提高盾构密封可靠性，特采用4道尾刷＋1道止浆板，较常规盾构机多一道密封，承压能力大于1MPa，同时配置3×5根油脂管注入油脂进行密封，保证密封效果。盾尾密封如图4.2-5所示。

铰接密封采用2道多唇聚氨酯进行密封。

6. 小直径针对性设计

由于空间小，人员舒适性设计显得极其重要，为提高人员作业舒适性，后配套台车所有设备均单侧布置，提高人员通行舒适性。

针对操作手设置独立主控室，前部为控制仓，后部为操作室，提升操作手舒适性及

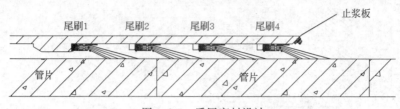

图 4.2-5 盾尾密封设计

效率。

针对小直径设备内人员操作安全问题,所有控制盒及遥控装置均设置有紧急停止按钮,紧急情况下按下,相应系统将自动断开电源,保证人员的安全,此外,在主控制室和每节拖车人行走道侧都配备主紧急停止按钮,紧急情况下按下该紧急停止按钮,低压总开关将断开,除照明和工控机外,其余电气设备将全部断电。

针对长区间小直径通风及散热问题,一是在后配套位置设置二次风机,保证洞内风压,形成循环通风,降低温度,二是空压机采用水冷设计,减少洞内热空气,提高舒适性。

7. 刀具磨损带压实时检测研究及应用

针对大埋深环境下掘进时仓内水土压大、检查刀具风险极高的问题,本工程开展了刀具磨损带压实时检测装置及系统的研究与应用。利用电涡流原理,研发埋入式检测装置,开发了同时传输水、液压油与多路采集信号的回转接头,实现了滚刀磨损在线实时检测功能。

刀盘配置的磨损检测为油压式磨损检测,其原理为在刀具或者检测块中内嵌一定高度的油孔,在油孔中注入高压油,当刀具或者检测块磨损到指定高度时,高压油泄压再通过压力传感器传到主控室引发报警信号。刀盘共配置 2 个刮刀磨损检测和 1 个带状磨损检测,其中刮刀磨损检测用来检测刮刀合金磨损极限,而带状磨损检测用来检测刀盘结构磨损,带状磨损检测可覆盖刀盘中心到周边的区域,能够检测的范围更大。

传感器信号经暗埋线路统计集中到刀盘法兰后的采集盒内,经中心回转接头内的特制电滑环将信号传输至主控室上位机内,对磨损情况进行实时检测和反映。

该套装置及系统在本工程 8 号~7 号~6A 号区间进行了应用,可以及时发现滚刀的超量磨损,进而及时换刀,避免了刀具失效后仍强行推进引发的刀盘、刀座局部变形等问题。如图 4.2-6 和图 4.2-7 所示。

8. 盾构机关键参数

综合上述盾构针对性设计,本工程选用盾构机的关键参数如表 4.2-2 所示。

盾构机关键参数 表 4.2-2

项目	主要参数		
用于区间	1号~4号	4号~6号	6号~9号
品牌	中铁装备	海瑞克	中铁装备
开挖直径	$\phi 4250mm$	$\phi 4450mm$	$\phi 4650mm$
开口率	32%	32%	32%
刀盘转速	0~3r/min	0~6.5r/min	0~3r/min

续表

项目	主要参数		
主驱动功率	330kW	400kW	450kW
最大扭矩	2350kN·m	1200kN·m	3500kN·m
脱困扭矩	2820kN·m	1600kN·m	4200kN·m
最大推力	1995t	1596t	2179t
最大推进速度	80mm/min	80mm/min	80mm/min
装机功率	857kW	850kW	1034kW

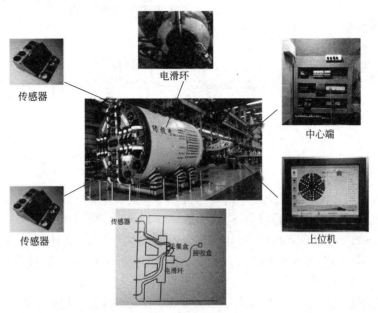

图 4.2-6 带压磨损检测信号采集系统

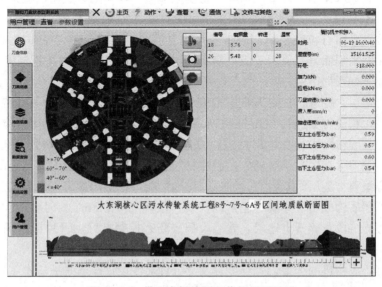

图 4.2-7 带压磨损检测上位机界面显示

盾构机主机如图 4.2-8 所示（以 1 号～4 号区间为例）。

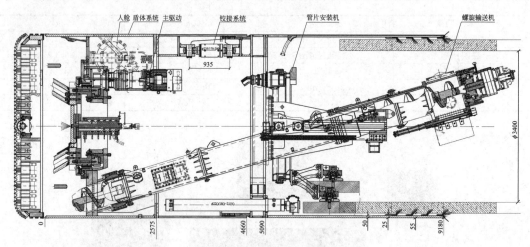

图 4.2-8　盾构机主机简图

4.2.4　盾构机应用效果

本工程共投入 7 台复合式土压平衡盾构机，均安全、顺利完成各区间掘进，强～中风化含钙泥质细粉砂岩一类软岩地层掘进效率 8～12 环/班不等，中风化灰岩一类硬岩地层掘进效率 0.8～2.1 环/班不等，其他地层掘进效率基本上在 6～8 环/班。3 号～1 号区间长达 3.6km 且需穿越 1.3km 砾卵石地层，仅用时 13 个月完成掘进，单月最高掘进达 450m。

在掘进喷渣控制方面，本工程除挤压破碎带及部分粉细砂地层掘进存在喷渣现象之外，其余各地层掘进无严重喷渣现象。挤压破碎带喷渣主要是由于岩体呈岩屑、角砾状，在丰富的基岩裂隙水作用下，难以粘结，易发生喷渣。在粉细砂层中当掘进不连续，土仓水量过多时，不易进行渣土改良，掘进过程中存在一定喷渣现象。砾卵石地层由于有 30% 左右黏粒且砾卵石粒径较小，通过渣土改良后，可形成土塞，基本上未发生喷渣现象。对城市深隧工程而言，采用土压平衡盾构进行区间施工时，应特别注意掘进喷涌/渣的问题，提前做好系列措施。

对于硬岩地层，掘进过程中刀具磨损较为严重，其中灰岩掘进约 50m 需更换一次合金刀具，中风化粗砂岩掘进约 80m 需更换一次合金刀具，且刀具存在崩刀圈现象；对于强～中风化泥质细粉砂岩复合地层掘进，刀盘结泥饼现象较少，刀具使用寿命可达 1km 以上，但中心滚刀存在轻微偏磨现象，需注意加强渣土改良或在滚刀刀圈上间隔堆焊耐磨层，提高中心滚刀与地层间摩阻力，加强"抓地"能力，避免滚刀不易启动及转动。

另外本工程盾构成功下穿既有运营地铁线，最大沉降 2mm；6 号～6A 号～7 号区间顺利下穿湖底岩溶段及碎石土地层，岩溶段掘进姿态控制良好，管片错台满足规范要求，管片基本无渗漏。

总体而言，盾构机的选型、刀具配置及部分针对性设计改造是适应本工程的，应用效果良好。

本工程选用盾构机整机如图 4.2-9 所示。

图 4.2-9　盾构机整机图

4.3　基于 BIM 技术的盾构施工场地布置研究

根据项目施工总体工艺要求，本工程部分竖井亦是盾构施工阶段始发井，故在进行竖井平面布置研究时，综合基坑开挖及支护结构施工、盾构施工两阶段的要求，进行通盘考虑，根据两大阶段施工的不同要求，针对性地进行场地及功能区平面布置 BIM 建模及可视化施工模拟。如基坑开挖阶段的渣土堆场、钢筋加工场地、模板支架堆场；盾构施工阶段的渣土池、管片堆场、搅拌站、冷却塔等；各阶段临水临电、排水设施的布置、车辆通行区等布置均进行综合考虑、统一部署。充分利用 BIM 技术的三维可视化功能对不同的阶段进行整体规划、全局考虑，可减少不必要的功能区调整、多次搬运的情况，从而有效节约征借地面积和施工成本。

为提高场地布置的通用性，竖井开挖阶段同步考虑盾构施工，盾构施工渣土池沿用土方开挖阶段渣土池，办公区、临水临电均沿用土方开挖阶段，原钢筋加工场地设置成砂浆搅拌站，模板支架堆场设置成盾构物资堆场，基本实现土方开挖阶段与盾构施工阶段场地布置的无缝衔接。盾构阶段场地平面布置如图 4.3-1 所示。

1. 井口布置

本工程竖井均为小断面超深竖井，面临空间小、竖井深，支撑密集，交叉作业频繁等诸多问题，井口及竖井内的布置是竖井施工过程中的关键，对施工工效的提升、安全文明施工的管控、施工成本的节约、对外形象宣传均有着重要的促进作用。

竖井井口布置需综合考虑竖井开挖阶段与盾构施工阶段，做好有限的空间布置，做好吊装区、人行区的分区及楼梯、电梯、管线、临边防护及门禁通道的布置。采用 BIM 三维模拟进行可视化布置，将人行楼梯、施工电梯与通风管集中至一仓内，减小对吊装的影响，扩大吊装区域，减弱人行区的安全风险；将双跑楼梯优化为单跑楼梯，将空间利用达到最大化、最优化。通过模拟，为门式起重机的选型提供参考，确保出土时门式起重机覆盖到整个渣土池区域。竖井井口布置如图 4.3-2 和图 4.3-3 所示。

图 4.3-1　盾构阶段场地平面布置 BIM 效果图

图 4.3-2　竖井井口布置 BIM 效果图

图 4.3-3　竖井井口布置 BIM 效果图

2. 整体场地布置

盾构施工场地布置以竖井为中心，主要包括临时建筑（办公室、监控室、门禁房、工人休息棚、卫生间等）、临时设施（砂浆搅拌站、渣土池、管片堆场、充电池、水管钢轨堆场、循环水池、安全宣讲台、车辆冲洗设备、沉淀池、排水沟等)、机械设备(门式起重机等)、临时道路、供水排水供电系统(配电室、电路、电箱、照明、供水管路、排水管路等)、消防、标识标语及宣传等内容。

盾构阶段场地布置应合理规划人员、土方运输及材料运输、门式起重机行走路线,降低交叉影响及安全风险,避免影响运输效率。

盾构阶段场地布置围绕盾构井及出土孔按照就近原则展开,以保证渣土池容量、管片堆放量及地面运输系统通畅为重点。

盾构施工场地布置图如图4.3-4所示。

图4.3-4　盾构施工场地布置图(3号竖井为例)

3号竖井盾构施工阶段场地平面布置实景如图4.3-5所示。

图4.3-5　盾构施工场地布置实景图(3号竖井为例)

4.4 小盾构双向分体始发技术

始发是盾构施工的关键工序之一,亦是盾构施工的难点与风险点所在。受始发环境限制,不少盾构工程工作井无法满足盾构整编长度始发需求,需采用分体始发技术。随着盾构法的广泛应用,盾构分体始发技术的应用也越来越频繁。与盾构整机始发相比,分体始发技术具有节约始发井空间及盾构相关配套资源,降低工程总造价的优点,但也存在对现场施工组织要求高,始发效率低等缺点。

就本工程而言,9个区间共投入7台土压平衡盾构机进行施工,均需进行分体始发。3号、6号、8号竖井为双向始发井,竖井尺寸仅49m×11m,受环框梁及支撑影响,可利用空间十分有限,盾构机主机长度约为9.9m,由于隧道断面小,共设置18节后配套台车,整机长度约128m(1号~4号区间、6号~9号区间)。后配套台车长度及功能如表4.4-1所示。盾构机主要构成如图4.4-1所示。

后配套台车长度及功能一览表　　　　　表4.4-1

台车序号	长度	功能
1	4.61m	盾体控制柜
2	5.52m	操作室
3	4.52m	注浆泵
4	5.52m	砂浆罐
5	4.52m	注浆泵
6	5.52m	液压泵站
7	5.52m	液压泵站
8	5.52m	二次注浆系统及渣土出口
9	5.52m	油脂系统
10	6.52m	膨润土系统
11	5.52m	泡沫系统
12	5.52m	空压机
13	6.52m	内循环水系统
14	5.52m	变频柜
15	5.52m	低压控制柜
16	5.52m	变压器
17	5.52m	电缆箱、污水箱
18	5.02m	水管卷筒、储风筒

项目以3号、6号、8号竖井内6台盾构双向分体始发为对象研究狭小竖井小直径盾构双向分体始发技术,以解决狭小竖井内2台小盾构始发效率低、难度大、成本高的问题,取得了较好的应用效果。

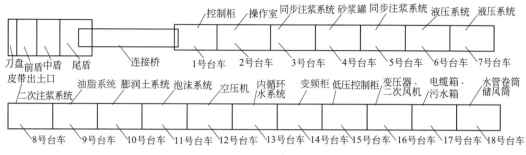

图 4.4-1　盾构机主要构成示意简图

1. 总体工艺流程

为保证施工安全，避免盾构长时间停机，提高盾构分体始发掘进效率，节约总体工期，根据竖井尺寸、后配套功能、长度，并按照及时实现同步注浆功能、尽早实现满编组掘进、第二台盾构机尽早插入始发及双编组掘进的原则，将两台盾构双向分体始发划分为七大阶段，分别为1号盾构机始发阶段、1号盾构机掘进至13m阶段、1号盾构机掘进至64m阶段、1号盾构机掘进至152m及2号盾构机始发阶段、2号盾构机掘进至13m阶段、2号盾构机掘进至64m阶段、2号盾构机掘进至152m阶段。七阶段施工工艺流程如图4.4-2所示。

2. 第一阶段：1号盾构下井组装始发

（1）依据现场总平面布置，安装井上台车与井下台车连接所需的分体始发管路。为方便双向分体始发，避免管路重复布置，管路宜布置在竖井中部靠边位置，并通过管夹固定在竖井内支撑上。同时布置搅拌站、冷却水塔等盾构配套功能设施。分体始发管路竖直段宜选用钢管，通过管卡与固定在竖井圈梁上的槽钢连接固定，水平及转弯段宜选用软管，软管及电缆通过绑扎带绑扎在管卡上，井底软管通过吊带与轮滑连接挂在滑槽管线支架上，方便移动，提高效率。竖井内分体始发管路和环框梁管线布置如图4.4-3和图4.4-4所示。

（2）采用门式起重机将始发托架吊装下井安装定位，待1号盾构机进场后，采用45t门式起重机将液压泵站、油脂系统台车（对应流程图中6号、7号、8号台车）吊装下井存放在一侧，避免存放在地面导致无法回油或增加中继泵站，然后采用起重机将螺旋机、中盾、前盾、刀盘、尾盾、反力架按顺序吊装下井，最后再将盾体控制柜及主控室台车（对应流程图中1号、2号台车）、连接桥吊装下井与盾体连接，剩余其他台车进场卸车按顺序摆放在地面并做好防护措施，通过布置好的分体始发管路与井下台车进行连接调试。

（3）完成其他准备工作后，进行调试验收。第一阶段掘进情况如图4.4-5～图4.4-7所示。

3. 第二阶段：1号盾构机掘进至13m

待1号盾构机掘进至13m，此时主机全部进入洞门，采用门式起重机将摆放在地面上的1号盾构机同步注浆系统台车（对应流程图中3号、4号、5号台车）吊装下井进行连接，始发掘进实现同步注浆功能。此时，盾构机在2号台车设置出土口，出土采用1×机头＋1×管片车＋1×小斗的编组列车进行出渣。第二阶段掘进情况如图4.4-8～图4.4-10所示。

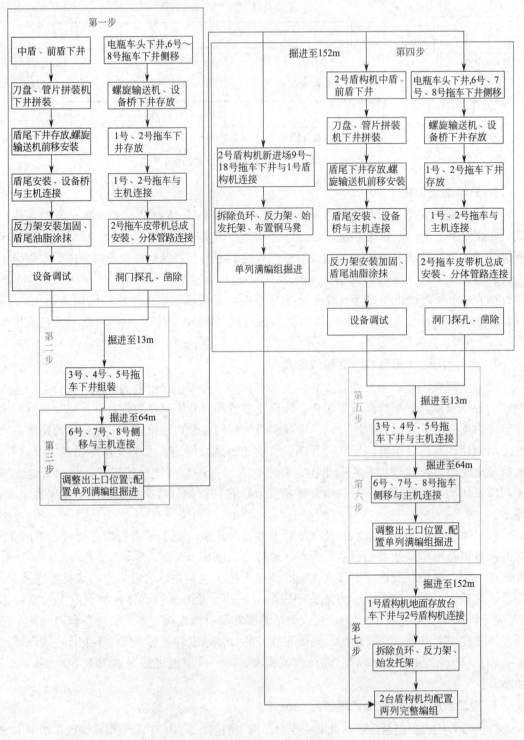

图 4.4-2 施工工艺流程图

图 4.4-3 竖井内分体始发管路布置图

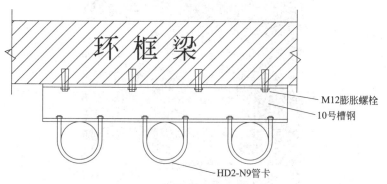

图 4.4-4 环框梁管线布置示意图

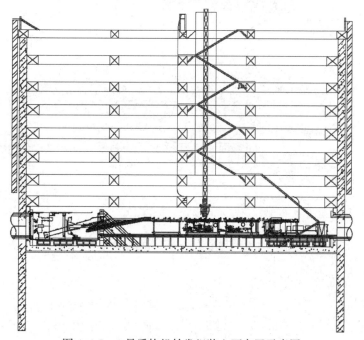

图 4.4-5 1号盾构机始发组装立面布置示意图

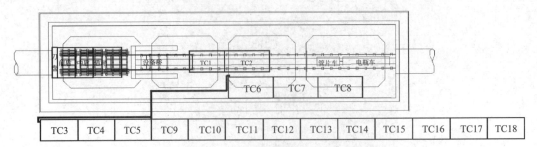

图 4.4-6　1 号盾构机始发组装平面布置示意图

图 4.4-7　分体始发井口夜拍

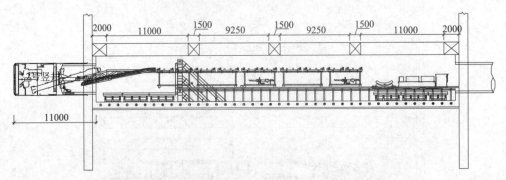

图 4.4-8　1 号盾构机始发掘进 13m 立面布置示意图

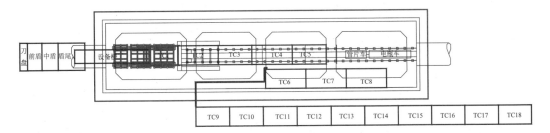

图 4.4-9　1号盾构机始发掘进13m平面布置示意图

图 4.4-10　第二阶段现场实景图

4. 第三阶段：1号盾构机掘进至64m

待1号盾构机掘进至64m，采用门式起重机将一侧存放的液压泵站、油脂系统台车（对应流程图中6号、7号、8号台车）移至同步注浆系统台车正后方连接。然后调整出土口位置，将出土口从2号台车移至8号台车，出土采用1×机头＋4×渣土车＋1×砂浆车＋2×管片车的编组列车进行出渣。此时实现单列满编组运输，即电瓶车一次可运输1环管片＋1环同步注浆浆液＋1环渣土。洞内分体管路通过分体管路小车自动拖拽，减少管线拖拽时间，提高施工效率。第三阶段掘进情况如图4.4-11和图4.4-12所示。

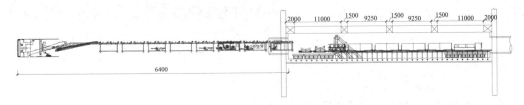

图 4.4-11　1号盾构机始发掘进64m立面布置示意图

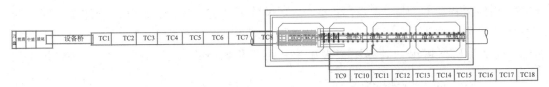

图 4.4-12　1号盾构机始发掘进64m平面布置示意图

5. 第四阶段：1号盾构机掘进至152m与2号盾构机始发

（1）1号盾构机掘进至152m，拆除与地面台车连接管路，进场2号盾构机的9号~18号台车。直接将2号盾构机台车吊装下井与1号盾构机连接调试，避免后配套台车重复吊装及布置，节约时间，提高效率。

（2）拆除1号盾构机负环、反力架、始发托架，并将反力架、始发托架用于2号盾构机，同步在洞口铺设不对称双开道岔，将1号盾构机电瓶车轨道偏移至一侧，出土采用1×机头+4×渣土车+1×砂浆车+2×管片车。确保2号盾构机始发阶段，1号盾构机单列满编组正常掘进。

（3）2号盾构机剩余部件进场，将液压泵站、油脂系统台车（对应流程图中6号、7号、8号台车）吊装下井存放在一侧，避免存放在地面导致无法回油或增加中继泵站。然后采用起重机将螺旋机、中盾、前盾、单盘、尾盾按顺序吊装下井，最后再采用门式起重机将盾体控制柜及主控室台车（对应流程图中1号、2号台车）、连接桥吊装下井与盾体连接，连接1号盾构机布置好的分体始发管路接口，与存放在地面的台车进行调试，避免管路重复布设，提高效率。

（4）2号盾构机调试验收完成进行始发掘进，1号盾构机保持单列满编组正常掘进。第四阶段掘进情况如图4.4-13和图4.4-14所示。

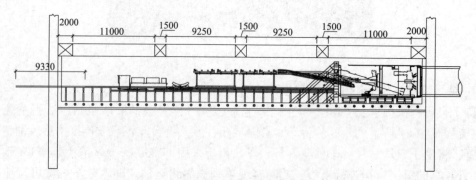

图4.4-13　2号盾构机始发组装立面布置示意图

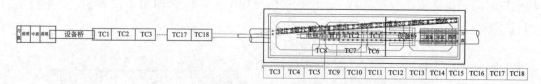

图4.4-14　2号盾构机始发组装平面布置示意图

6. 第五阶段：2号盾构机掘进至13m

2号盾构机掘进至13m，采用门式起重机将摆放在地面上的2号盾构机同步注浆系统台车（对应流程图中3号、4号、5号台车）吊装下井进行连接，保证同步注浆功能进行掘进。在2号盾构机2号台车上设置出土口，出土采用1×机头+1×管片车+1×小斗出渣。1号盾构机保持单列满编组正常掘进。第五阶段掘进情况如图4.4-15和图4.4-16所示。

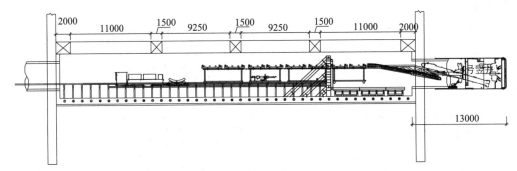

图 4.4-15　2 号盾构机始发掘进 13m 立面布置示意图

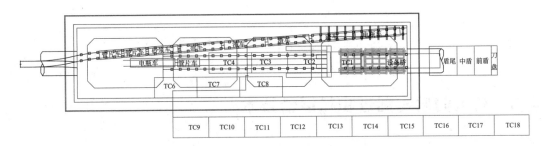

图 4.4-16　2 号盾构机始发掘进 13m 平面布置示意图

7. 第六阶段：2 号盾构机掘进至 64m

2 号盾构机掘进至 64m，采用门式起重机将一侧存放的液压泵站、油脂系统台车移至同步注浆系统台车正后方连接并调整出土口位置至 8 号台车，保证 2 号盾构机完成单列满编组（1×机头＋4×渣土车＋1×砂浆车＋2×管片车）掘进出渣。1 号盾构机保持单列满编组正常掘进。第六阶段掘进情况如图 4.4-17 和图 4.4-18 所示。

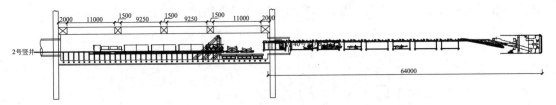

图 4.4-17　2 号盾构机始发掘进 64m 立面布置示意图

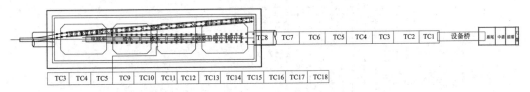

图 4.4-18　2 号盾构机始发掘进 64m 平面布置示意图

8. 第七阶段：完成双向分体始发

（1）2 号盾构机掘进至 152m，采用门式起重机将摆放在地面的后配套台车吊装下井进行连接。

（2）拆除 2 号盾构机负环、反力架、始发托架，同步在洞内铺设不对称双开道岔，设两组轨道，布置在 1 号盾构机电瓶车轨道对侧，同时安装 1 号盾构机另外一组电瓶车轨道，两台盾构机均采用双列满编组运输，完成双向分体始发。第七阶段掘进情况如图 4.4-19 所示。

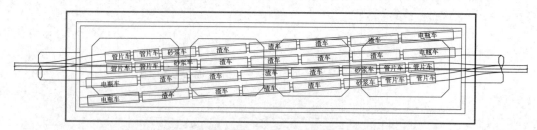

图 4.4-19　双向分体始发完成后竖井底部轨道设置示意图

4.5　长区间盾构掘进物料运输技术

深埋小直径盾构长距离施工，受盾构井深度、隧道净空、运输距离等因素的限制，施工工效较低。提高长区间物料运输的效率，是保障盾构掘进高效的关键点之一。项目建设过程中通过始发井设计优化、增设后导洞，做好竖井内布置、隧道内布置、增设中间道岔等措施，有效提高了盾构水平、垂直物料运输效率，保障了盾构的高效掘进。

4.5.1　后导洞设计

$\phi20.4$m 圆形接收井 4 号竖井为单向始发井，一侧始发一侧接收。井底供电瓶车编组布置有效长度仅 16.8m，只能采用 2 列短编组实现单环掘进，如图 4.5-1 所示。

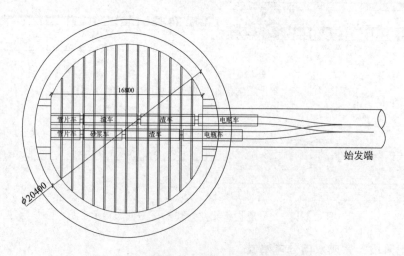

图 4.5-1　4 号竖井原设计电瓶车编组示意图

因 4 号竖井运营期作为支隧汇流井,后期需施作工艺结构,选择增大竖井尺寸带来的造价提升较大。对此,项目提出在竖井接收端增加 35m 长矿山法后导洞,如图 4.5-2 所示。变更设计后,竖井同样可实现区间双列整编组掘进,在洞口设置 Y 形道岔错车,如图 4.5-3 所示。

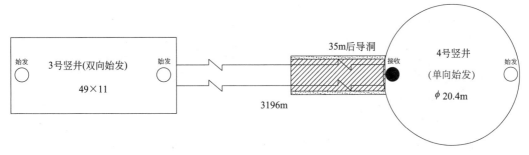

图 4.5-2 4 号竖井增加后导洞设置示意

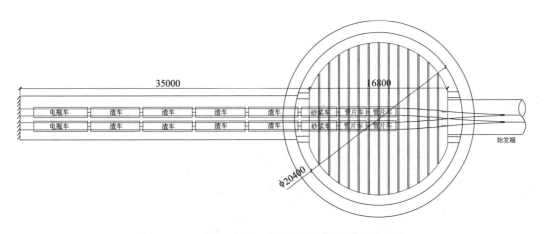

图 4.5-3 4 号竖井增加后导洞后电瓶车编组示意图

4 号竖井后导洞全长 35m,开挖直径 $D=5600\sim5767$mm,埋深约 40.5m,端头设置 500mm 厚 C35 混凝土墙,采用玻璃纤维筋设计。后导洞主要用于 4 号~5 号区间盾构施工长编组列车的停靠,使用期长约 11 个月。

3 号~4 号区间接收前,4 号~5 号区间洞通后,对后导洞进行水泥浆回填处理,然后再进行 3 号~4 号区间盾构接收。后导洞设计横纵断面图及投入实景图如图 4.5-4~图 4.5-6 所示。

4.5.2 隧道中部道岔设计

为缩短电瓶车运输时间,减少盾构掘进间隙时间,针对最长的 3 号~1 号区间在中部增设道岔。为满足电瓶车长度及错车要求,道岔及双轨段总长度约 108m,如图 4.5-7 所示。隧道内铺设单轨段轨面标高为 260mm,铺设道岔及双轨段轨面标高需抬升至 723mm,存在 463mm 高差,根据电瓶车爬坡能力,设置 18m 变坡段。洞内道岔平面布置图如图 4.5-7 所示。

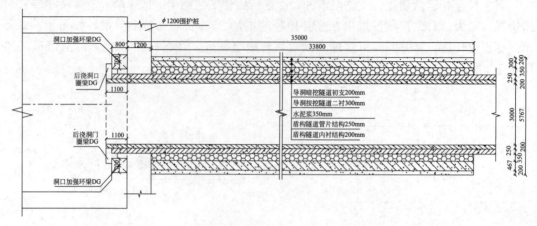

图 4.5-4 4号竖井后导洞纵断面图（盾构推进后）

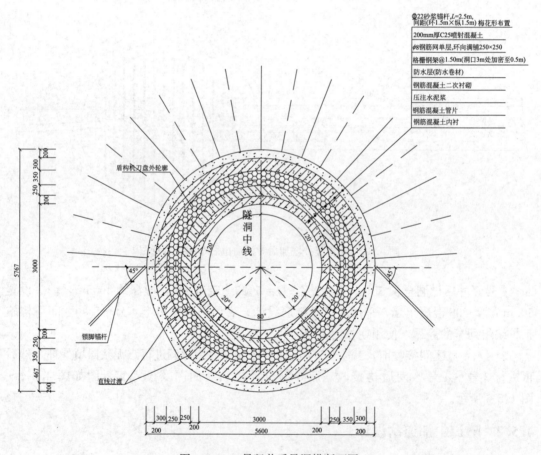

图 4.5-5 4号竖井后导洞横断面图

受限于小直径断面，人行区与车行区只能合一，电瓶车通行此段做好观察，严格限速，保证行人安全。洞内道岔实景如图 4.5-8 所示。

图 4.5-6　后导洞投入使用实景图

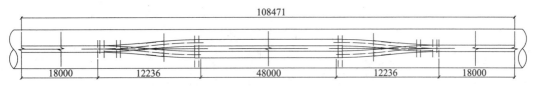

图 4.5-7　洞内道岔平面布置图

图 4.5-8　洞内道岔实景图

4.6　水下岩溶处理及岩溶区盾构掘进技术

岩溶作为盾构施工常见的不良地质，通常采用地表预注浆处理、洞内超前注浆处理等措施。本工程 6 号～6A 号～7 号区间穿越约 1km 岩溶发育段，其中 550m 位于严西湖底，水下岩溶难度大，处理质量难保证。

为保证岩溶处理的质量，项目团队对此提出了"钢板桩围堰填筑堰心土＋堰顶处理"

水下岩溶区预处理技术，即沿隧道轴线岩溶处理范围打设钢板桩围堰，回填堰心土，作为岩溶勘察、加固处理作业平台，总体工艺流程如图4.6-1所示。相比常规的浮箱平台作业方案，采用钢围堰作业平台，受力合理，稳定可靠，安全环保效益更好；钢板桩插入不透水层且捻缝到位，有效隔绝湖体水系，隧道下穿施工安全更有保障，若盾构施工造成沉降，无湖水灌入隧道风险，避免了水上封孔处理不当形成水系渗流通道，同时可有效避免施工污水外溢至湖体，污染湖体。同时，在适当位置架设钢栈桥，保持围堰两侧水系连通与水压平衡。该技术可以有效保障岩溶处理质量，保障岩溶处理与盾构掘进施工安全，且有效保护湖体水系，环保效益好。

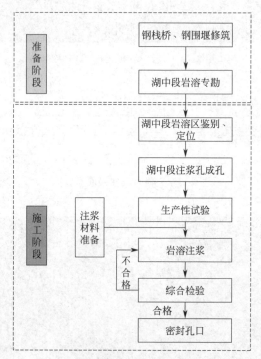

图4.6-1 总体工艺流程图

4.6.1 钢围堰处理平台设计

钢围堰处理平台设计需满足岩溶专项勘察及岩溶处理施工宽度需要，且满足施工防汛要求。岩溶处理范围为隧道结构轮廓线外3m，结构外径为4.3m，考虑施工机械作业空间的需要，岩溶处理便道沿隧道中心线两侧各距离7.5m修筑，便道土体宽15m，采用填筑法施工。围堰为双边钢板桩围堰，钢板桩围堰外轮廓线之间的距离为15.68m，堰芯采用黏性土及级配碎石填筑，钢板桩顶标高需高于湖体控制最高水位1m以上，围堰堰芯填筑标高低于钢板桩顶标高0.5m。钢板桩设计深度宜插入湖底不透水层，且满足受力要求。钢板桩顶部设置拉杆，拉杆采用钢筋，背楞采用槽钢，设置于钢板桩顶以下2m位置。围堰设计如图4.6-2和图4.6-3所示。

出于施工安全及水体保护需要，钢围堰需要在合适位置设置钢栈桥，作为水系联络通道。钢栈桥结构采用贝雷架+型钢组合形式，栈桥设计跨径9m/12m，设计桥面宽度9m。

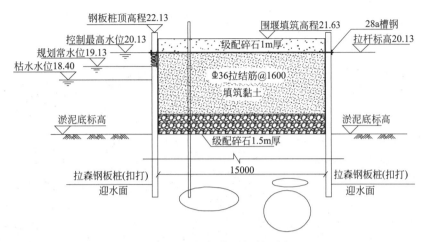

图 4.6-2　钢板桩围堰断面图

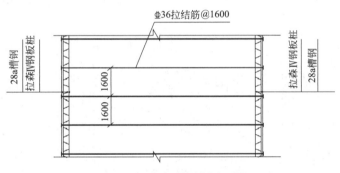

图 4.6-3　钢板桩围堰平面图

栈桥基础采用钢管桩，钢管桩在桩顶下采用双拼槽钢作为平联进行纵向连接，平联与钢管桩采用抱箍连接，抱箍采用钢板制作，上下两道平联采用角钢斜撑进行连接增强稳定性。管桩顶设置垫梁，且在垫梁的贝雷梁两侧边界处焊接角钢进行限位；垫梁上布置贝雷架作为纵梁，贝雷架间采用标准花架连接，贝雷梁与型钢之间连接采用U形螺栓；贝雷架上部均布横向分配梁，横向分配梁上设置纵向分配梁；桥面板采用花纹钢板，花纹钢板与纵向分配梁焊接成框架结构。为了行人安全，在桥的两侧采用工字钢立杆，横杆采用钢管作防护栏杆。同时，在两侧护栏下部设置工字钢作为挡板。栈桥上间隔50m设置一个救生圈。钢栈桥设计如图4.6-4和图4.6-5所示。

钢栈桥及钢围堰设置实物如图4.6-6所示。

4.6.2　土芯围堰填筑施工

堰芯填筑围堰由两端向中间顺序推进，施工时先采用大型土方自卸车将外购黏土及级配碎石运至施工现场堆场，然后采用农用自卸车沿已填筑堰顶将黏性土及级配碎石转运至待填筑位置进行填筑。堰体底部填筑1.5m厚级配碎石，填筑黏性土露出水面后立即进行压实，水面以上部分进行分层填筑后压实，分层厚度不大于30cm，压实系数不小于0.95。顶部填筑1m厚度级配碎石，并进行压实，以便行车。

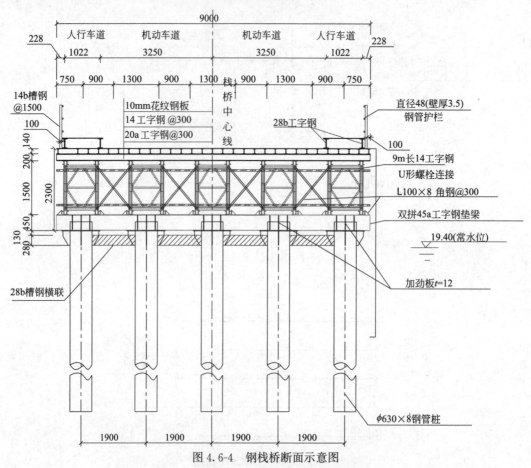

图 4.6-4 钢栈桥断面示意图

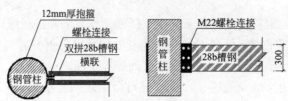

图 4.6-5 抱箍结构设计示意图

图 4.6-6 钢栈桥及钢围堰设置实物图

堰芯填筑平面布置及堰芯填筑施工如图 4.6-7 和图 4.6-8 所示。

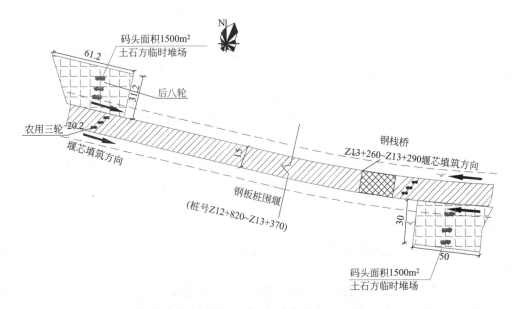

图 4.6-7　堰芯填筑平面布置图

图 4.6-8　堰芯填筑施工实景图

围堰填筑完成后，组织业主、监理及设计单位对围堰进行验收，验收合格后方可进行岩溶加固施工。

围堰施工完成后，在与岸边等相接的位置设置明显、可靠的禁行标志，并增设门卫岗亭，禁止社会车辆、人员等进入围堰上部，保证车辆的运行及行人安全。

4.6.3　岩溶注浆处理

1. 岩溶加固处理原则

（1）隧道结构轮廓线左右 3m，隧道结构底板以下 6m（底板位于土层）或 5m（底板位于可溶性岩层），隧道结构顶板以上 6m（底板位于土层）或 5m（底板位于可溶性岩层）范围内的溶洞进行注浆填充加固，且一并完成岩面注浆施工。

(2) 溶洞处理应遵循"先深后浅，先大后小"的顺序进行处理。

(3) 对于多层上下串通溶洞，应对串通溶洞进行全压浆填充处理。

(4) 对需要进行处理范围内详勘钻孔揭示溶洞进行加密钻孔验证。

(5) 隧道底板位于基岩中时，溶洞顶板距离结构底板厚度大于5m时非大型溶洞可不处理；隧道底板位于土层中时，溶洞顶板距离结构底板厚度大于6m时不处理，小于或等于6m需要处理；隧道结构底板以下完整基岩厚度不小于5m，用地质雷达分段对隧道底板以下地层进行扫描，发现底板以下基岩5m范围内的异常区，建议对其采取相应加固的措施。

(6) 对于多层上下串通溶洞，应对串通溶洞进行全压浆填充处理，对于体积特别巨大，灌浆量大于75m³时应停止灌浆，并立即召集各方现场共同协商处理。

2. 岩溶识别

(1) 开钻前：

1) 根据地勘资料进行初步统计，对勘察钻孔揭露溶洞根据物探成果分析，确定溶洞分布范围。

2) 对于CT异常点，运用地质钻孔来鉴别是否存在溶洞。岩溶专项勘察钻孔已经揭示有岩溶发育时进行加密钻孔，地质钻孔以揭露岩溶的钻孔为基准2m×2m梅花形布置，以探到溶洞边界为止，若发现新的溶洞，需继续布孔进行探测。探边孔布置如图4.6-9所示。

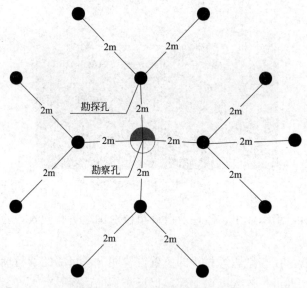

图4.6-9 探边孔布置平面示意图

(2) 钻进过程中：

1) 漏浆：孔内水位下降、井口钢丝绳异常松动。

2) 捞取渣样分析：根据渣样进行分析，看渣样是否出现异常变化，如入岩后出现黏土等填充物情况。

3) 钻进进尺速度：钻进过程中，漏浆之前钻进进尺发现异常，进尺快于正常钻进速度。

4）钻头偏斜：钻进过程中发现钻头、钢丝绳偏离中心位置，初步确定出现斜坡岩、小溶洞或裂隙。

3. 岩溶加固处理

岩溶注浆处理主要流程如图 4.6-10 所示。

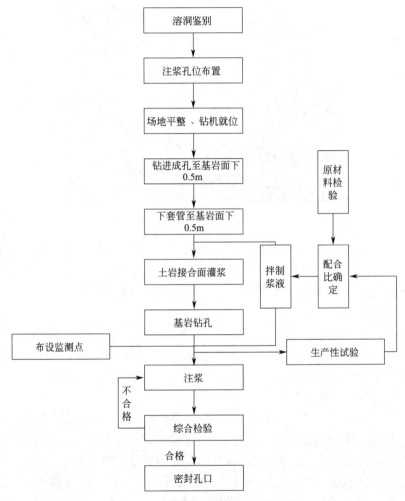

图 4.6-10　岩溶注浆处理主要流程图

（1）加固注浆方法选择

岩溶处理方法的选择主要根据溶洞的类别进行选择，如表 4.6-1 所示。

岩溶加固处理方法分类表　　　　表 4.6-1

序号	溶洞类别	加固方法	材料
1	高度大于 1m 且无填充和半填充溶洞	间歇式静压灌浆	纯水泥浆、速凝剂
2	全填充溶洞	静压灌浆	纯水泥浆
3	高度不大于 1m 溶洞	静压灌浆	纯水泥浆
4	高度大于 5m 溶洞	召开专题会议讨论	—
5	灌浆量大于 75m³ 溶洞	召集各方现场协商处理	—

（2）注浆工艺优化

1）岩溶加固注浆孔成孔过程中，通过在岩土接合面以及袖阀管与钻孔孔壁之间的环状空间进行注浆封闭，同时在注浆头上部1m设置膨胀橡胶密封塞，如图4.6-11所示，保证浆液能够有效流向需填充加固区，加固密实以后可以迅速起压，大大提高有效范围注浆加固工效。

图4.6-11　膨胀橡胶密封塞设置实物图

2）注浆时长优化：针对溶洞整体偏大的特点，为提升注浆工效，可根据溶洞高度调整单次注浆时长，对于特大型溶洞，单次加固时长扩大至4~6h，对于中型溶洞注浆，单次加固时长扩大至2~4h，对于小型溶洞，单次注浆加固时长为0.5~2h；为确保所注浆液达到初凝，注浆间隔时间6h。

3）水灰比以及注浆压力优化：根据探边孔揭露注浆充填效果及岩溶填充情况，适当优化注浆压力以及水灰比等参数；填充型溶洞水泥浆浓度适当增大，压力适当增大；非填充溶洞，水泥浆浓度适当减小，压力适当减小；扩散性较好时可保持注浆浓度不变，扩散性较差时，适当减小水泥浆浓度。

4）在岩溶注浆过程中通过在注浆孔口以及泵送端头两处设置压力监测表，测算出长距离管道泵送水泥浆单位长度的压力损耗，在泵送端调整压力输出，施加更合理的压力，并通过注浆孔口附近的压力监测表进行校准，保证注浆压力精准可控。

5）待岩溶加固的隧道区间总长550m，注浆后台至注浆孔口线路较长，终端泵送至孔口压力以及水泥浆质量均有所下降，在中间位置增设一中转搅拌装置，通过搅拌以及二次加压泵送确保注浆压力满足要求，中转搅拌装置加压如图4.6-12所示。

6）对于岩溶水较为发育的溶洞，可先处理周边溶洞，适当先行采用双液注浆，确保周边主要径流通道基本封堵以后再实施该溶洞的注浆加固，注浆加固过程中需预留1~2个排水孔，作为注浆填充挤压岩溶水外流的通道。

7）详细记录现场探边孔取芯情况结合岩溶勘察报告共同出具盾构穿越岩溶区间地质断面图，为盾构施工参数调整提供依据。

（3）质量检测

在探边孔实施过程中即可检测前期注浆加固效果，并根据加固情况适时补强，在完成所有注浆加固28d以后通过取芯检测注浆加固质量，注浆加固体28d无侧限抗压强度不小于 0.15MPa。

图 4.6-12 中转搅拌装置加压

4.6.4 围堰施工监测

围堰施工过程中以及施工完成以后均要进行监测，围堰工程监测的项目主要有：水位观测、拉杆钢筋内力监测、围堰结构变形监测（围堰内土方沉降、钢板桩桩顶沉降及钢板桩水平位移监测）等，前期监测频率 1 次/d，不同阶段适当调整，预警值需满足规范要求。

4.6.5 盾构穿越施工措施

1. 加强刀具管理

以勤开仓检查为原则，根据地质预报成果提前选择开仓换刀作业的里程，按计划开仓检查刀具和更换新刀，开仓前及过程中严格检查掌子面岩溶水情况，刀具配备以滚刀破岩为主。

2. 合理选择掘进模式，严格控制掘进参数

采取土压平衡模式掘进，为保护刀盘和刀具，宜低贯入度破岩，推进速度≤10mm/min，刀盘转速 1.7~1.9r/min，根据地层情况，土仓压力设定为 0.03~0.05MPa，保压情况下可增大土仓压力，并根据实际情况适时调整。

3. 盾构姿态的控制

（1）密切注意盾构表面与隧道间的不均匀摩擦阻力，以及切口环切削地层时的不同阻力，防止形成偏差，盾构姿态偏差控制在±50mm 以内。

（2）减缓掘进速度，使刀盘上下部位掘进的瞬间受力尽量相同，减少盾构机的仰俯现象。

4. 加强土改良与管理

（1）进入溶洞段前，认真检修注泡沫和加泥系统，确保系统正常。根据地层的特点，加入泡沫剂宜为 60~70L/环。

（2）溶洞段地层自稳性较差，应严格控制出渣量，维持掘进速度与出渣量的相对平衡。加强渣土成分和含水量的观察，出现异常，及时停机处理。

5. 确保铰接密封和盾尾密封的防水效果

（1）进入溶洞段前，对铰接密封和盾尾密封检查、维护和调整。

（2）掘进时，要严格控制各铰接油缸的行程差，确保铰接密封效果。

（3）加强对盾尾刷密封油脂的注入检查，确保其密封的防渗漏效果。

6. 做好溶洞段施工应急预案

区内岩溶、地下水与隧道工程关系密切，且溶洞段地下水具有承压性质，含水量丰富。区内隧道从岩溶区通过时，因溶洞发育部位与隧道位置关系的不同，存在岩溶地面塌陷、地基失稳、不均匀地基沉降以及突水涌泥等问题。为此，施工前须做好应急处理预案，准备必要的抢险物资和机具，如环氧树脂、反压沙袋、注浆设备、水泵等。

基于钢板桩围堰填筑堰心土＋岩溶堰顶处理技术及上述措施，本工程盾构穿越水下岩溶区实现了：

（1）盾构安全。盾构顺利穿越，未发生栽头现象。

（2）人员安全。穿越过程成功常压开仓200多次，更换刀具150多把，未发生掌子面透水现象。

（3）环境安全。钢围堰有效隔绝湖水，岩溶处理过程未发生水体污染。

4.7 富水砾卵石层盾构掘进技术

富水砾卵石层作为盾构施工常见不良地质，土压平衡盾构机在富水砾卵石层中掘进时，受高承压水头、砾卵石层石英含量高、易受扰动等因素影响，盾构施工过程中易面临螺旋机频繁喷涌、刀盘刀具磨损严重、刀盘卡死、地面沉降等问题，需在盾构选型及掘进过程中采取系列措施，降低富水砾卵石层的影响。

本工程2号～1号区间穿越长达1.3km富水砾卵石地层，该层物质组分不均，砂、砾、卵石混杂，含量不一，以砾卵石为主，不均匀含30％～45％的粉细砂和黏土，卵石一般粒径约为3cm，揭露最大粒径超过11cm，成分多为石英砂岩等，平均石英含量89.1％，渗透系数$1.6×10^{-2}$cm/s。掘进揭露砾卵石情况如图4.7-1所示。

4.7.1 穿越前针对性措施

1. 换刀背景分析

前期本盾构机在强、中风化岩层中不换刀连续掘进1.4km后，边缘滚刀已经基本达到磨损极限，中心滚刀存在偏磨情况。

盾构机在1.3km长砾卵石地层中掘进刀具更易磨损，该区域地面为港渠，无换刀点加固条件，无法常压换刀，而小尺寸盾构机带压换刀工效低、风险大，也应尽量避免。故在穿越前进行刀具调整及更换，保障掘进顺利，避免在砾卵石层换刀，且该区间近距离下穿地铁4号线，更换刀具可为顺利下穿提供保障。

图 4.7-1　掘进揭露砾卵石情况

2. 刀具配置调整

(1) 换刀点选取

在穿越前选取掌子面岩层风化程度低、渗透系数小，隧道上覆岩层较厚且地表无建构筑物的位置作为换刀点，采取补勘与抽水试验等措施进行验证。

(2) 刀具更换

砾卵石地层石英含量高，具有很强的磨粒性，刀具易磨损，且该类地层提供给滚刀类刀具摩擦力小，常规滚刀易出现无法启动而造成刀具偏磨。

针对该地层刀具的调整主要为滚刀的调整，如果将滚刀全部替换为合金类撕裂刀，会产生盾构掘进过程中刀盘扭矩增大、对地层扰动大等副作用，给近距离下穿的地铁 4 号线造成不利影响，故仅将极易偏磨的中心双联滚刀更换为撕裂刀。其他区域滚刀，更换为单刃镶齿敷焊滚刀，该刀具通过在常规光面滚刀上镶硬质合金齿提升耐磨性，既避免了撕裂刀存在的弊端，且由于镶齿和敷焊的存在，增加了滚刀的"抓地"能力。

刀具调整如图 4.7-2 所示，将原来 4 把 155mm 中心双联滚刀替换成 140mm 撕裂刀，20 把 155mm 单刃滚刀替换成 155mm 单刃镶齿敷焊滚刀（具备一定切削能力），其他刀具不变。

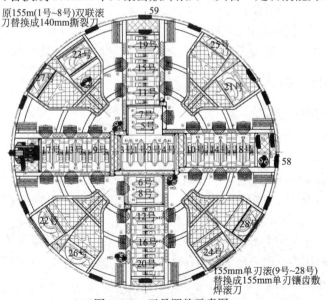

图 4.7-2　刀具调整示意图

其中单刃镶齿敷焊滚刀使用平头齿增加刀圈本体的厚度，提高本体的耐磨性。这种齿由于合金齿采用的全部埋入式，提高了合金与基体的固齿强度，能够抵抗小砾卵石带来的冲击。其次刀圈在两侧覆焊耐磨层及基础上，还在两侧各覆焊28道高度为3~5mm的耐磨条，耐磨条与直径方向有一定夹角，可有效提高耐磨合金覆盖率，干扰岩土对刀圈同一地方冲刷而造成基体磨损过快的问题。完成掘进后的单刃镶齿敷焊滚刀如图4.7-3所示。

图4.7-3 完成掘进后的单刃镶齿敷焊滚刀

（3）洞内尾刷更换

因尾刷已经使用2.3km，为保障盾尾密封性能，在刀具更换后至穿越前选择合适位置停机保压进行2道尾刷更换。在盾尾后方采用双液浆注3道止水环，封堵后方来水，在盾体上的径向孔注入聚氨酯，形成盾体外临时封闭环，封堵前方来水，防止更换过程中出现漏水、冒泥等情况。同时为了防止盾尾被双液浆包裹住，在盾尾注入一道盾尾油脂（$2m^3$）和一道聚氨酯（$2m^3$）。

在倒数第一环管片的吊装螺栓之间焊接支撑型钢，使该环管片保持原有椭圆度，选取四个伸缩度一致的千斤顶，采用同样长度的钢丝绳穿过管片螺栓孔与千斤顶连接，均匀缓慢地将倒数第1环管片拉至2道尾刷露出，尾刷更换完毕涂抹油脂，利用千斤顶将管片环向后推与倒数第2环管片连接。每推进200mm，测量前后两环管片螺栓孔的对准情况。

4.7.2 穿越中施工措施

1. 掘进参数及姿态控制

（1）盾构在砾卵石地层中应保障连续掘进，减少盾构机停顿时间，避免停机造成复推后喷涌及地表沉降增加。

（2）盾构采取保压模式掘进，利用气压辅助土压平衡，在土仓内保留1/3~1/2仓位左右的渣土，可在保证土体稳定的前提下实现快速掘进，盾构掘进速度控制在45~60mm/min。

（3）盾构掘进过程中主要是做好土仓压力按照土体埋深考虑静水压力以及适当的土体压力，以土压平衡状态下的土压力计算值为盾构掘进施工的土压设定值，根据出渣量进行微调，调整量为0.02MPa。

（4）增大砾卵石地层中掘进的贯入度，通过减少刀盘转动圈数，降低刀具磨损。贯入度设置为40mm/r。

(5) 出渣量采取重量与方量双控的原则进行控制,避免超挖,当出渣量过小时,在下一环适当减少土仓压力;当出渣量过大时,应加大土仓压力,并在盾尾通过该区域时增大同步注浆量,同时关注地表沉降,如果沉降预警,则继续加大土仓压力,直到地表沉降控制在允许范围内。

2. 渣土改良

为进行有效渣土改良,应充分分析砾卵石层的渗透系数,可综合使用泡沫、膨润土及高分子聚合物。其中泡沫具有润滑冷却和减摩的作用,可有效降低刀盘扭矩,减少刀具的磨损,稳定土压及提高出土效率,为主要使用的改良剂。经试验,本地层中泡沫浓度控制在2.5%,发泡倍率设置在10~12,流量控制在220~250L/min。

膨润土形成低渗透性的泥膜,有利于给工作面传递密封土仓压力,提高密封渣土和易性,减少喷涌的发生,在喷涌较频繁区段需搭配使用膨润土。若在掘进过程中发生严重喷涌,应立即采用高吸水性树脂类聚合物迅速吸收土层中的水分,稳定掌子面。

3. 注浆控制

砾卵石层为含水层,孔隙比大,易受施工扰动,造成地表沉降。在施工时应保证同步注浆量,并及时进行二次注浆避免发生较大的地面沉降。

(1) 同步注浆:从隧道顶部两侧注浆,注浆量主要取决于管片与土体之间的空隙体积,砾卵石层中注浆量按2.0倍扩散系数进行控制,浆液初凝时间控制在3~4h,配合比如表4.7-1所示。

同步注浆材料配合比　　　　表4.7-1

名称	水泥	砂	粉煤灰	膨润土	水
含量(kg)	200	600	500	100	450

(2) 二次注浆

二次注浆采用双液速凝浆液,初凝时间1min左右。双液浆采用水泥浆:水玻璃=1:1的体积比的混合浆,注浆压力为0.5~1MPa。

4.8 盾构空推过矿山法隧道技术

为提高4号~5号区间物料运输效率,3号~4号区间大里程侧设置有35m长矿山法后导洞,3号~4号区间盾构接收时需要空推过矿山法隧道,同时6A号~8号区间局部引入矿山法施工,也存在3处位置需空推过矿山法隧道。本工程空推采用的是拼装管片方式,为保障空推施工的质量及安全,空推前对后导洞采用水泥砂浆进行局部回填。

本工程盾构空推过矿山法隧道主要施工工艺流程如图4.8-1所示。

4.8.1 空推前准备措施

1. 测量复核

在盾构掘进至距离矿山法隧道掌子面100环时,需对矿山法隧道轮廓线及盾构掘进隧

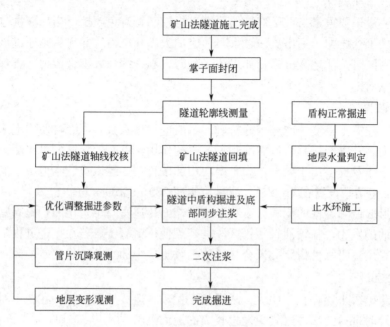

图 4.8-1 施工工艺流程图

道轴线进行复测,可提前对盾构进行姿态纠偏调整,减少盾构掘进隧道轴线误差,确保盾构能顺利通过矿山法隧道,避免盾构在矿山法隧道内过量纠偏。

2. 矿山法隧道内清理

盾构掘进至矿山法隧道前,拆除洞内全部设施,拆除完成后抽排洞内积水,清理洞内杂物,准备进行砂浆回填作业。

3. 矿山法隧道回填施工

矿山法隧道回填施工工艺如图 4.8-2 和图 4.8-3 所示,在洞门钢环外侧采用槽钢封模,用 M10 砂浆回填矿山法隧道 H 高度(不小于 2/3 隧道高度)。泵送方式为天泵将砂浆泵至井下 7MPa 地泵,通过地泵将砂浆水平泵送至矿山法隧道内进行填筑施工。若矿山法隧道距离较长,可采用分段回填方式,每段之间可采用砖砌挡墙等方式进行分隔。

通过盾构管片拼装所需推力,计算出盾构刀盘需要提供的反力,从而得到隧道回填高度 H,确保回填水泥砂浆总量经济合理,同时满足盾构推进要求,从而保证管片得到足够推力,能有效挤压止水胶条密贴,保证管片防水效果。

(1)泵管接设

浇筑泵管选用 $\phi 125mm$ 泵管,根据隧道回填纵向分段情况,从洞门往内布置泵管,采用以下方式将泵管固定于隧道拱顶。

固定方式:膨胀螺栓+U 形抱箍。每处固定采用 2 根 M16×150mm 膨胀螺栓+配套 U 形钢抱箍。严格控制钻孔深度满足该型号膨胀螺栓要求。

每根泵管首尾 2 处固定,洞中部最后一根出料处泵管加密至 3 处(中部加一处),泵管安装固定完毕后应进行气密性检查,避免后期浇筑时发生堵管。

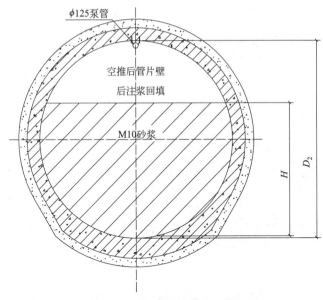

图 4.8-2 矿山法隧道砂浆回填正视图

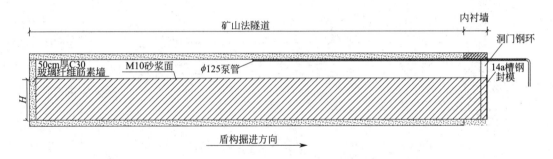

图 4.8-3 矿山法隧道砂浆回填侧视图

(2) 槽钢封模

利用 14a 槽钢拼装作端模封堵洞门，槽钢安装可用吊车辅助，横向利用槽钢密拼至 h 高于回填混凝土高度 100mm，上打孔与洞门钢环螺栓孔通过螺栓连接，局部螺栓眼位于槽钢翼缘边缘无法打孔的，与相邻槽钢及洞门钢环点焊。纵向设两根 14a 槽钢加强整体性，与横向槽钢点焊，顶部与洞门钢环通过钢筋帮焊。槽钢间拼缝采用泡沫胶封堵，避免漏浆。如图 4.8-4 所示。

(3) 砂浆浇筑

采用天泵＋拖泵的方式浇筑砂浆，砂浆型号采用 M10。天泵泵管可采用软管接长，砂浆自洞中部往两侧分流，浇筑前应用少量水润管，并进行气密性检测，浇筑高度 H_m。如图 4.8-5 所示。

(4) 砂浆养护、钢板及泵管拆除

砂浆浇筑完毕后养护，起重机辅助拆除槽钢、随后拆除泵管及固定设施。砂浆养护 7d 达到终凝强度后，盾构机方可进行矿山法隧道段的掘进。

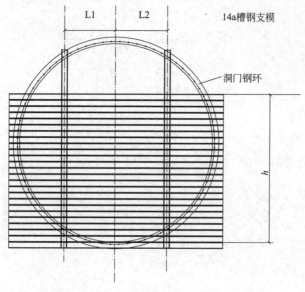

图 4.8-4 槽钢封模示意图

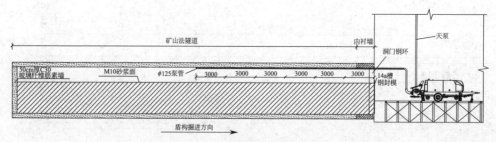

图 4.8-5 砂浆浇筑整体侧视图

4.8.2 盾构空推过矿山法隧道施工

1. 预注止水环

为避免空推时隧道后方的地层水沿地层裂隙进入刀盘前方，对矿山法隧道和接收竖井带来涌水险情，为降低风险，保证顺利施工，在盾构机掘进至隧道分界前5～10环的位置时，对盾尾到第一节台车的长度范围内具备注止水环条件区域进行止水环注浆施工。

2. 盾构空推过矿山法隧道

掘进过程中，严格控制盾构机姿态、控制好推进速度，盾构前方均匀受力。当盾构进入矿山法隧道后，需进行同步注浆，使砂浆完全将矿山法隧道衬砌回填区与管片之间的缝隙进行填充，管片脱出盾尾之后再通过管片底部吊装孔作为注浆孔注入双液浆，防止管片下沉出现错台，并根据地面沉降监测情况清空土仓里的渣土，同时稳定盾构姿态推进，空推段过程中注意加强同步注浆，在实际施工过程中根据实际情况对注浆参数进行及时调整。

盾构空推出洞后，应及时二次补注水泥砂浆回填剩余矿山法隧道空隙，确保管片背部注浆填充密实，保证管片成型姿态稳定。在进行同步注浆及二次注浆时，必须合理控制压力，避免出现注浆压力过大而管片破损或者从洞门处外溢的情况。

3. 盾构空推掘进控制及要求如下：

（1）盾构机掘进控制

1）盾构机在进入矿山法隧道的推进

盾构机在进入矿山法隧道前，对接触 M10 砂浆刀盘刀具进行查验，应对盾构各类型千斤顶进行调整，使盾构姿态符合要求。在推进时，推进速度不能过快，控制在 10～20mm/min 范围内，每推进 1 环，必须进行盾构轴线的测量，以便使盾构以良好姿态向前推进。推力控制在 300～500t 范围内，当推进速度达到要求，则此推力就为此时的推力。

2）盾构轴线控制

根据轴线设计半径计算盾构铰接千斤顶的行程差、推进千斤顶行程差，确保盾构机沿矿山隧道轴线行走，同时在盾构推进前复核矿山隧道与盾构机轴线误差，根据误差调整铰接千斤顶、推进千斤顶行程差，保证盾构与矿山隧道间的间隙，避免刀盘侵入矿山法隧道轮廓。在推进时，盾构推进操作必须严格控制推进千斤顶各区域油压差和每推进一环后的行程差。

3）管片拼装

管片的拼装使用拼装模式，考虑管片外周与盾尾间隙以及按轴线走向进行排列。主要考虑间隙问题，如无间隙将导致盾构机在推进过程中轴线发生偏离，即盾构机与矿山法隧道的间隙逐渐缩小而与矿山法隧道衬砌发生相碰，影响施工安全，因此管片拼装着重于管片的选型及封顶块安装的位置。

（2）盾构通过矿山法隧道或到达接收

盾构通过矿山法隧道后继续正常推进或盾构到达接收。

4.9 富水砂层盾构水下接收技术

盾构接收是盾构施工过程中最主要的风险点之一，而控制该风险的关键是选择合适的盾构接收方案。

工程首尾的 3 号～1 号区间、8 号～9 号区间隧道接收端位于长江Ⅰ级阶地粉细砂层，隧道承压水头最大达 35m，上覆砂层厚度最大达 28m。接收水文地质条件复杂。

基于盾构在大埋深、高承压水头、透水性强的地层中接收，采用传统旋喷桩/搅拌桩端头加固＋加固体内外降水＋盾构常规接收形式时，降水效果往往难以到位，需结合接收井内灌水或覆土灌水的盾构水下接收方法。

4.9.1 端头加固施工工艺

3 号～1 号区间由 3 号竖井始发、1 号竖井接收，全长 3.6km。接收竖井 1 号竖井围护结构采用 1.2m 厚 C30 钢筋混凝土地连墙支护形式，其洞门范围采用玻璃纤维筋。基底内衬墙内预埋直径 4.5m 洞门钢环。区间接收端地表标高为 21.5m，隧道中轴线标高为 －7.35m，隧道埋深约 27m。根据详勘报告，1 号竖井接收端头从上到下地层依次为：杂填土层、黏土层、粉质黏土层、粉砂层、粉细砂层、中风化含钙含泥质粉砂岩层。其中隧道穿越层位于粉细砂层与强风化含钙含泥质粉砂岩层交界面处，隧道上覆砂层厚度达18m，渗透系数$1.6×10^{-2}$cm/s。接收端承压水位标高18.9m，至土岩交界面承压水头近30m。1号竖井接收端头地质剖面图如图4.9-1所示。

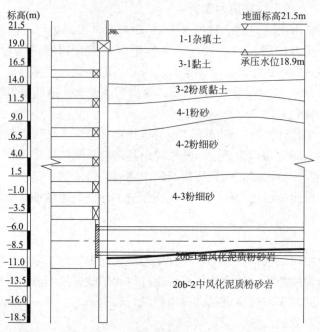

图4.9-1 1号竖井接收端头地质剖面图

1号竖井接收端采用CSM工法搅拌墙+竖井地连墙端三管高压旋喷桩的常规组合加固止水形式。CSM工法搅拌墙加固区长12.7m，宽10.3m，墙深34m。地连墙端高压旋喷桩$\phi 800@400$mm，桩深33.5m。接收井外侧共设降水井16口，井深34m。其中基坑开挖阶段保留降水井6口，端头加固区内外降水井10口，井深进入下部基岩2m。1号竖井端头加固及降水井布置如图4.9-2所示。

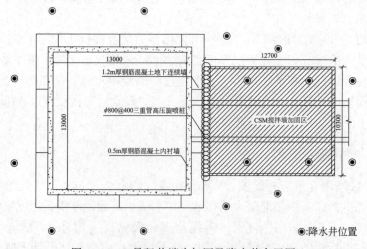

图4.9-2 1号竖井端头加固及降水井布置图

8号～9号区间由8号竖井始发、9号竖井接收，全长1.9km，埋深34～40m，接收井围护结构采用1.5m厚C30钢筋混凝土地连墙支护形式，区间接收端地表场平标高为19.2m，隧道中轴线标高为－18.75m，隧道埋深约36m。根据详勘报告，9号竖井接收端头从上到下地层依次为：杂填土层、粉质黏土层、淤泥质粉质黏土夹粉土层、粉砂粉土混粉质黏土层、粉细砂层、中风化含钙泥质粉砂岩层、中风化含钙泥质粉砂岩层。其中接收段隧道穿越层位于粉细砂层与强风化含钙含泥质粉砂岩层交界面处，隧道上覆砂层最厚达28m，渗透系数1.6×10^{-2}cm/s。接收端承压水位标高17.4m，至土岩交界面承压水头达35m，水量极为丰富，水文地质条件复杂程度更甚于1号竖井接收端。9号竖井接收端头地质剖面如图4.9-3所示。

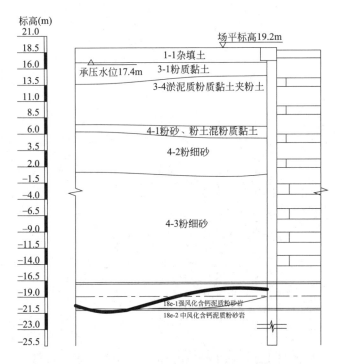

图4.9-3　9号竖井接收端头地质剖面图

9号竖井端头加固设计采用MJS工法桩＋竖井地连墙端三管高压旋喷桩补强的组合加固止水形式。MJS工法桩加固区长15.3m，宽10.3m，直径1.2m，间距1m，墙深43.3m；三管高压旋喷桩ϕ800@400mm，桩深37.6m。9号竖井端头加固及降水井布置如图4.9-4所示。

原设计盾构接收方案均为在端头加固体止水效果良好、承压水头降至岩面线以下1m条件下，在洞门钢环上设橡胶帘布作为出洞密封装置，进行常规盾构接收。端头加固施工工艺流程如图4.9-5所示。

下面重点阐述MJS工法施工方法。

1. 施工流程

MJS工法施工工艺流程如图4.9-6所示。

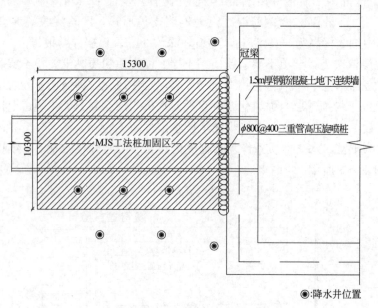

图 4.9-4 9 号竖井端头加固及降水井布置图

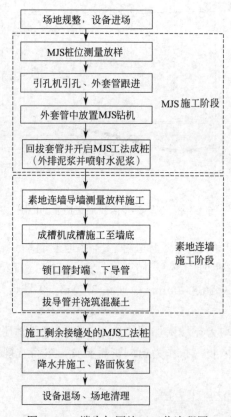

图 4.9-5 端头加固施工工艺流程图

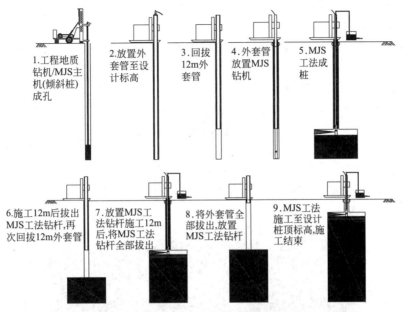

图 4.9-6　MJS 施工工艺流程图

2. 施工方法

(1) 工程地质钻机成孔

首先查明施工区域内地下管线图，根据施工图纸开挖沟槽，准确放样，并经监理复核后，采用 SGL-10 型钻机配备导向切削钻头进行预钻孔施工，钻进时采用膨润土做护壁泥浆。

(2) 放置外套管

钻机钻至设计标高后，用专用设备将外套管钻入孔内，钻进时采用膨润土做护壁泥浆，钻至设计标高后，回拔 12m 外套管，并在地面用抱箍将外套管固定。

(3) MJS 工法设备就位

MJS 工法设备就位，连接钻头和地内压力监测显示器，确认在钻头无荷载的情况下清零。对接钻杆和钻头，对接时认真检查密封圈情况，看是否缺失或损坏。地内压力是否显示正常。

(4) 钻头钻进

动力头 360°旋转，将钻头自外套管中钻至设计深度。

(5) MJS 工法施工

钻头到达预定深度后，先开回流气和回流高压泵，在确认排浆正常后，打开排泥阀门，开启高压水泥泵和主空压机。在达到指定压力并确认地内压力正常后，开始提升。

(6) 施工过程监控

施工时密切监测地内压力，压力不正常时，必须及时调整。

(7) 拆卸钻杆

当提升一根钻杆后，对钻杆进行拆卸，注意在拆卸钻杆的过程中，认真检查密封圈和数据线的情况，看是否损坏，地内压力显示是否正常。如有问题及时排除。拆卸钻杆后，需及时对钻杆进行冲洗及保养。

(8) 回拔外套管

当喷射 12m 后,将钻杆从外套管中全部拔出,拔出后用专用钻机连接外套管,再将外套管回拔 12m。

(9) 放置 MJS 工法钻杆并施工

重复(3)～(8)步骤,直至施工至地面以下 30m 时,将 MJS 钻杆全部拔出,拔出后再将外套管全部拔出。再次放置 MJS 工法钻杆施工,重复(3)～(7)步骤,施工至设计标高。

(10) 施工结束

施工至设计桩顶标高,将钻杆拔出,对设备进行冲洗和保养。

MJS 工法施工现场如图 4.9-7 所示。

图 4.9-7 MJS 工法施工现场

端头加固施工完成后,对加固区进行群井抽水试验。以 9 号竖井端头为例,经群井联动试验,测得端头加固区内的静水位标高为－6.3m,承压水头降幅达 23.7m,但距岩面线仍有 11.3m 水头。经洞门水平探孔,洞门上方孔存在涌水现象,伴少量砂。事实表明在高承压水头作用下,端头加固对降低端头的承压水头起到了一定作用,但止水效果未达预期,不满足常规盾构接收方案要求,故考虑采用水下接收技术。

传统水下接收技术多采用洞门帘布及折页压板作为出洞防水装置,在高承压水头、接收井注水深度较大时,无法准确监视其工作状态,存在出洞时帘布被刀盘损坏风险;亦无法保证钢丝绳对帘布包裹盾构或管片的拉紧效果。此外,在富水砂层接收中,因砂层瞬时沉降,隧道内注浆封堵效果较差,洞门封堵范围被局限在围护结构和洞门钢环附近。以上不足容易造成洞门封堵出现不到位现象,在水下接收完成后接收井抽水或洞门密封装置拆除过程中亦可能出现洞门二次渗漏风险。综上分析,采用传统水下接收方法因存在上述缺陷而无法确保 100% 安全接收,需针对传统水下接收技术,研究改良措施确保盾构接收的安全。

4.9.2 水下接收总体方案

本工程采用的盾构水下接收方式相较于传统盾构水下接收技术进行了改进，主要分为接收井端头预留注浆孔施工、井底砂浆接收基座施工、洞门砂浆挡墙施工、井内注水、盾构接收掘进、洞门注浆封堵、砂浆挡墙凿除、洞门钢板密封、砂浆基座凿除等各个工序。施工工艺流程如图4.9-8所示。

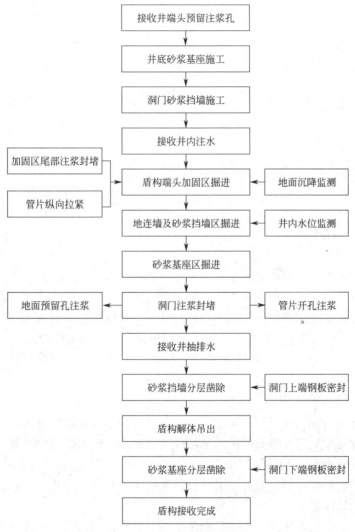

图4.9-8 盾构水下接收施工工艺流程图

1. 接收井端头准备

接收井端头在已加固的基础上，在地表钻设预留注浆孔，其中隧道轴线方向加固体尾部4个，洞门范围4个，钻至管片上方1.5m，钻设完成后安放φ48mm袖阀注浆管。端头注浆预留孔位布置如图4.9-9所示。

端头加固区地表预留注浆孔基于两方面考虑，第一，盾构切削掘进至加固体内部后，加固体内外渗水通道被打开，待盾尾完全进入加固体后且未开始切削地连墙前，需注浆封堵加固体尾部渗漏通道；第二，高承压水头条件下，洞门封堵困难，在盾构接收掘进完成后，利用地面注浆封堵配合洞内开孔注浆，快速有效地进行洞门封堵；同时可用于发生洞门涌砂时的应急注浆封堵。

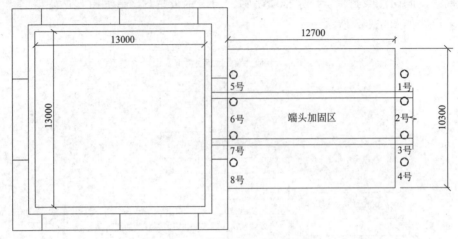

图4.9-9　端头注浆预留孔位布置图

2. 接收井内准备

（1）盾构接收基座施工

考虑本次水下接收在端头高承压水头条件下进行，在使用常规钢制托架进行接收时，其一，盾构出洞后的掘进过程前方无法提供反力，管片无法保证充分顶紧，管片接缝渗漏风险较大；其二，在注水高度大的水下接收环境下，常规钢托架对盾构接收掘进的控制精度要求较高。故本次接收选用M10水泥砂浆基座替代常规钢制托架。接收井尺寸较小，故选择砂浆完全填充竖井底板结构及洞门。基座顶面高度低于隧道设计中轴线0.45m，便于盾构吊出。

（2）洞门砂浆挡墙施工

盾构水下接收，如何规避洞门渗漏风险、及对洞门进行有效的封堵是其关键所在。传统水下接收多使用常规橡胶帘布作为水下接收条件下的盾构出洞密封装置，其存在的弊端是：在接收井内注水后，尤其是注水高度较大时，难以有效监视其在盾构出洞时工作状态，从而可能发生盾构出洞时被刀盘破坏或其未有效裹紧盾构或管片，进而增加洞门渗漏风险，且后期封堵困难。

本工程洞门处保留预埋钢环用于后期分块钢板封堵止水，其上不再设置橡胶帘布，取而代之在洞门位置设置一道砂浆挡墙。墙身厚度2.4m（2环管片宽度），高度至洞门上层环框梁底，宽度与接收井宽度一致。其与砂浆基座完全填充了洞门，第一，有效缩小了洞门间隙，使间隙由洞门钢环内径减去管片外径缩小为盾构刀盘开挖直径减去管片外径，有效减小洞门处水流速度，进而减小洞门渗漏风险；第二，有效延长了注浆封堵距离，使洞门封堵范围从围护结构和洞门钢环附近延长至砂浆挡墙端部，可有效降低洞门封堵的难度、保障封堵效果，为后续抽排水和洞门钢板密封创造条件。洞门挡墙采用加气砖胎模单侧支模，M10砂浆浇筑。图4.9-10为砂浆基座及洞门砂浆挡墙布置图，图4.9-11为实物图。

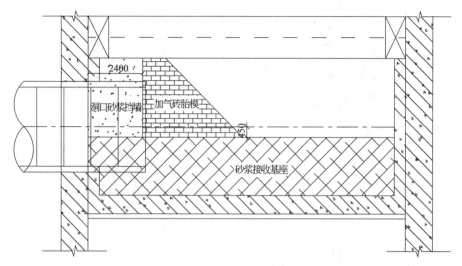

图 4.9-10　砂浆基座及洞门砂浆挡墙布置图

图 4.9-11　砂浆基座及洞门砂浆挡墙实物图

（3）接收井内注水

在砂浆基座及洞门砂浆挡墙施工完成后，盾构机破除围护结构地下连续墙之前，在接收井内注水，以平衡接收阶段的内外水压。注水深度高于降水后的观测井水位 2m，9 号竖井井内水深达 18m，图 4.9-12 为接收井注水后实景图。

（4）应急准备工作

施工中要严格进行沉降及水位动态监测，且应在地表提前准备多台大功率水泵接入市政供水管网，随时准备水位上涨速度异常时取水回灌应急处置；提前准备应急注浆机，足量砂、聚氨酯、水泥、水玻璃材料，随时准备进行端头沉降数据异常时注浆加固封堵应急处置，必要时接收井内灌砂回填。

在隧道内提前准备多台应急注浆机、足量聚氨酯、水泥、水玻璃、棉纱等材料，随时准备进行管片渗漏应急处置。

图 4.9-12 接收井注水后实景图

4.9.3 水下接收控制措施

1. 盾构掘进施工控制

（1）端头加固区掘进

盾构在该范围掘进时，遵循"低推力、低刀盘转速，减小扰动"的原则进行控制，推力控制在 5000kN 以内，刀盘转速控制在 1r/min 以内，掘进速度控制在 10~20mm/min，保证盾构推进不对接收井端墙造成影响。

盾尾完全进入加固区约 1m 后，通过地面预留的加固体外 1 号~4 号孔注双液浆，将盾尾管片与加固体之间的空隙填充密实，防止形成水流通道。注浆前先通过盾尾注入聚氨酯，规避双液浆包裹盾尾风险。注浆材料采用水泥-水玻璃双液浆，水泥浆水灰比为 1：1，水泥浆与水玻璃体积比为 1：1。

为避免盾构出洞后管片纵向松弛，造成隧道渗漏风险，采用[14b 槽钢及扁钢提前制作管片拉紧装置，纵向锁紧出洞 15 环管片，并进行管片螺栓复紧不少于 3 次，保证管片无渗漏。管片拉紧装置及点位示意如图 4.9-13 所示。

（2）地连墙及洞门砂浆挡墙区掘进

盾构刀盘抵达竖井围护结构地下连续墙后，在切削地连墙及洞门砂浆挡墙的过程中，盾构机应遵循"低推力，低扭矩，低穿透力"的原则，提前降低盾构推力、推进速度和刀盘转速，规避其变形甚至破坏风险。开始磨墙后，推力仍控制在 5000kN 以内，刀盘转速控制在 1r/min 以内，掘进速度控制在 3~5mm/min。当掘进至地连墙剩余 1/3 厚度时，进一步减小推力至 3000kN，直至完成接收。

盾构在掘进过程中，在盾尾脱出挡墙前，均严格控制同步注浆质量，封堵管片与加固区、管片与地连墙、管片与砂浆挡墙之间的孔隙。同步注浆采用水泥砂浆，胶凝时间控制为 4~6h，注浆压力不大于 0.3MPa，注浆量控制为构筑空隙的 2~2.5 倍，根据实际施工情况，必要时应考虑加入适量早强剂。

（3）砂浆基座区掘进

盾构机在砂浆基座区采取封闭掘进模式，关闭螺旋输送机，防止喷涌。同时严格控制

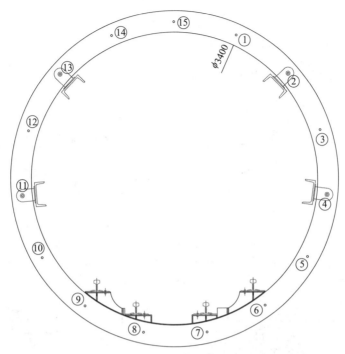

图 4.9-13 管片拉紧装置及点位示意图

千斤顶压力分布，根据盾构机姿态动态调整各组千斤顶压力，保证盾构机不出现"上漂"现象。

2. 洞门注浆封堵

盾构机推进至盾尾脱出砂浆挡墙后，停止掘进，然后进行洞门注浆封堵。洞门封堵注浆分为洞内管片开孔注浆和地面预留孔注浆。管片开孔注浆封堵首先对洞门范围到砂浆挡墙端部的5环管片进行，单环注浆由下往上进行，保证浆液填充密实。同时开启地面洞门范围5号~8号预留孔注浆。注浆材料采用水泥-水玻璃双浆液，注浆压力为0.3~0.4MPa。

本工程洞门注浆封堵与常规盾构接收洞门注浆封堵方法相较，其优势在于，第一，增加地面预留孔注浆，与洞内注浆封堵同步进行；第二，洞内注浆封堵范围延伸至接收井内砂浆挡墙端部，且其范围内管片外部注浆环境较接收井外更加缓和，注浆封堵效果更佳。二者配合实现了快速有效封堵洞门。

两种注浆方式同步进行，实际开启地面预留孔注浆后，仅耗时6h井内水位便已稳定，此时停止地面预留孔注浆，继续洞门范围管片开孔注浆，确保注浆密实。注浆完成后打开管片顶部球阀，观察无明水流出后停止注浆。

3. 地表沉降及井内水位监测

盾构水下接收全过程做好端头地表沉降及井内水位监测。尤其是盾构开始磨墙后到洞门注浆封堵完成，要严格进行动态监测。以扣除盾构排水体积后的水位变化可计算涌入竖井内的水、砂总量，结合端头地表沉降观测，可判断是否有大量泥砂进入井内，进而及时采取相应应急措施。以9号竖井接收为例，水下接收过程中的地表最大沉降断面监测记录及竖井水位监测记录如图4.9-14和图4.9-15所示。

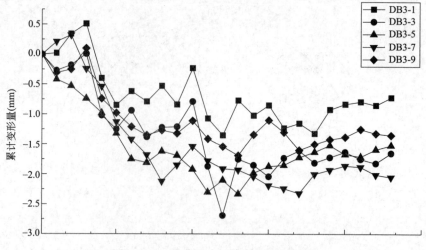

图 4.9-14　地表最大沉降断面监测记录

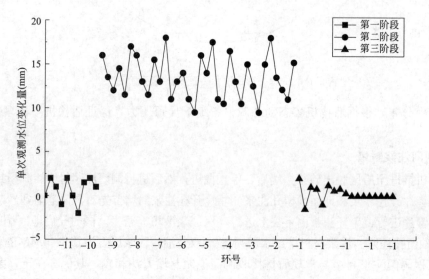

图 4.9-15　竖井水位监测记录

由图 4.9-14 可知，整个水下接收过程，地表沉降最大值仅为 −2.69mm，反映未发生明显涌砂现象。由图 4.9-15 可知，接收井内水位变化可分为三个阶段：第一阶段，地连墙及砂浆挡墙区掘进，接收井内外未连通，水位无明显变化。第二阶段，刀盘穿出砂浆挡墙，接收井内外连通，水位开始上升。第 −8、−7 环完成掘进，扣除盾构排水体积后，井内折算水位上涨仅 6.5mm、3.5mm，反映出井内外水压平衡良好、未发生明显涌水现象。而后继续缓慢推进直至盾尾脱出砂浆挡墙，盾构掘进完成。第三阶段，开始地面预留孔注浆及洞内注浆封堵洞门，随着洞门间隙完成封堵，水位逐渐停止变化。

4. 接收井抽排水

在确定洞门注浆封堵效果后，开始进行井内抽排水，抽排水缓慢进行，边抽排边观察。液面每下降 3m 暂停抽排，观察 1～2h，如液面未发生上涨，同时观察洞门处管片顶部注浆球阀开启状态无水流出，则继续抽排；如有异常情况，应停止抽排，继续进行洞门注浆，必要时应取水回灌，再次确认注浆效果后继续抽排水。反复以上过程直至抽水完成。实际在遵循本原则进行接收井抽排水时，暂停观察期未发生液面变化、洞内注浆球阀开启状态无水流出，也反映出洞门注浆封堵效果良好。盾构接收效果实物如图4.9-16所示。

图4.9-16 盾构接收效果实物图

4.9.4 水下接收后续措施

在后期洞门永久钢筋混凝土环梁施作完成前，洞门在高承压水头作用下仍存在二次渗漏风险。本工程采用分块钢板在砂浆挡墙、砂浆基座分层凿除时进行洞门临时密封，采用随破随封形式，规避洞门二次渗漏风险。

1. 砂浆挡墙凿除与洞门上端钢板密封

排水完成后，再次确认洞门注浆封堵效果，而后立即组织进行洞门砂浆挡墙的破除作业。挡墙破除分层进行，每次凿除后接缝露出高度在50cm左右。破除过程应先破除洞门范围及两侧80cm，破除完成后立即进行钢板封堵，封堵完成后再破除该层剩余部分。封堵采用圆心角为20°的分块环形钢板，一端与洞门钢环焊接，一端与管片外表面钢板焊接，管片外表面钢板与管片表面采用M16膨胀螺栓固定，弧形钢板与管片接触面提前塞垫一层棉布保证接触面连接紧密无缝隙。焊接需满焊，焊缝饱满不留缝隙，不得随意点焊。每块分块钢板临时密封完成后，该块钢板区域洞门与管片间的缝隙即被完全封堵，潜在二次渗漏风险得以消除。

2. 砂浆基座凿除与洞门下端钢板密封

砂浆挡墙凿除完成后进行盾构吊拆，而后分层凿除砂浆基座，同上述要求进行钢板密封。第六层凿除及分块钢板封堵完成后，需拆除砂浆挡墙范围拼装的第-1、-2环管片，然后依次进行第七~九层砂浆基座破除与分块钢板封堵。图4.9-17为砂浆结构分层凿除洞门钢板临时密封示意图，图4.9-18为钢板临时密封完成后实物图。

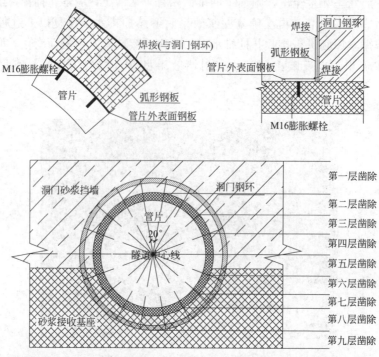

图 4.9-17 砂浆结构分层凿除与洞门钢板临时密封示意图

图 4.9-18 洞门钢板密封实物图

4.10 本章小结

大东湖深隧工程主隧 9 个盾构区间埋深大、直径小、距离长，同时隧道穿越地层涉及长江Ⅰ级阶地富水砂层与砾卵石层，湖底岩溶段，长距离硬岩段等，水文地质情况复杂，安全风险高,施工效率低,施工难度大。

项目团队开展针对性的研究与创新,进行针对性盾构选型研究,定制7台复合式土压平衡盾构机,均顺利完成掘进任务;基于BIM技术开展场地平面布置研究,减弱交叉施工影响;针对狭小竖井内小直径盾构双向始发过程,提出七步始发法,同时两台盾构地面台车对调,台车及管线一次布置两阶段使用,有效提升分体始发效率,2台128m长小盾构双向分体始发耗时110d,较常规工艺方法节约20~30d;针对长区间掘进,通过后导洞设计、中部道岔设计,提升物料运输效率;针对长距离富水砾卵石层掘进,采用盾构长距离穿富水砾卵石层掘进技术,提出穿越前针对性的刀具选型更换、洞内尾刷更换,穿越过程中土仓压力设定、贯入度设置、渣土改良措施,保障了土压平衡盾构连续掘进2.3km后,一次性穿越长达1.3km富水砾卵石层掘进的安全与高效;针对下穿湖底岩溶区,提出"钢板桩围堰填筑堰心土+岩溶堰顶处理"技术,保障了盾构穿越550m湖底岩溶区的安全,避免了施工过程中的环境风险,盾构下穿过程中常压开仓200多次,更换刀具150余把,岩溶加固质量好,安全环保效益明显;针对盾构空推过矿山法,通过回填水泥砂浆等系列措施,保障顺利通过矿山法后导洞;针对高承压水头富水砂层,掌子面半岩半砂盾构接收,在灌水平衡内外水压差的基础上,设置洞门砂浆挡墙,延长洞门处注浆封堵距离,再配合地面预埋管注浆及洞内管片开孔注浆,实现了洞门有效封堵,在盾构接收之后砂浆挡墙凿除过程中,采用边凿除边用钢板封堵的措施,进一步规避了渗漏的风险,充分保障了土压平衡盾构机在35m高承压水头富水砂层的安全接收,周期短,成本低。基于本工程盾构区间施工开展的一系列技术、装备研究与创新,保障了17.5km隧道9个盾构区间施工的安全与高效,顺利穿越了1.3km富水砾卵石层、既有地铁、高架、550m湖底岩溶发育区等,3.6km长区间历时12个月顺利贯通,盾构日掘进10~16环。盾构隧道成型效果如图4.10-1所示。

图4.10-1 盾构隧道成型效果

第5章 区间二衬施工

城市排水深隧工程区间盾构法隧道内设置二次衬砌可以改善结构受力状态,提高工程耐久性,同时有利于介质传输。武汉大东湖深隧工程主隧共17.5km长现浇钢筋混凝土二次衬砌,二衬于成型盾构隧道内施工,作业空间极其受限。本章重点从二衬混凝土配置、二衬总体方案、成套设备研究、混凝土长距离输送及入模、长距离供配电、隧道健康监测及除腐涂料七个部分介绍了二衬施工中的核心工艺、特制材料、定制装备及创新技术。

5.1 二衬设计概况

5.1.1 结构设计概况

现浇钢筋混凝土二衬厚200mm,采用C40P12高性能自密实早强补偿收缩混凝土+双层钢筋结构,钢筋外侧保护层厚度25mm,内侧保护层厚度45mm。二衬结构配筋如图5.1-1所示。

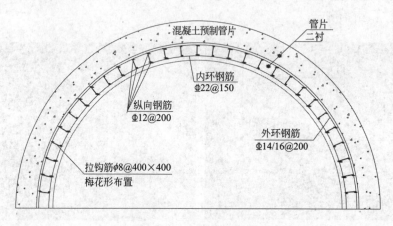

图5.1-1 二衬结构配筋图

隧道现浇钢筋混凝土二衬与管片初衬形成叠合式双层衬砌结构体系,二者叠合方式为采用衬砌之间进行钢筋连接。考虑存在隧道外部水体从管片接缝进入内衬及管片之间的可能性,内衬采用双层钢筋设计,内侧环向钢筋主要承受运营期的内水压,外侧环向钢筋主要预防外水压力。管片预制时预埋与内衬钢筋连接的钢筋接驳器,连接钢筋一端车丝与接驳器连接,一端与内衬钢筋绑扎;同时管片螺栓孔处设置连接钢筋,连接钢筋一端与螺栓垫片焊接,一端与内衬钢筋绑扎。充分保障内衬结构与盾构管片之间的受力传递,实现两者共同受力。管片初衬与内衬结构连接如图 5.1-2 所示。

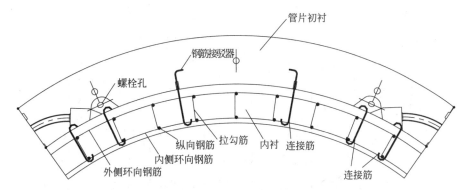

图 5.1-2　管片初衬与内衬结构连接示意图

同时，为保障管片初衬与内衬现浇结构更好地结合，管片内弧面粗糙面占比不宜小于 70%。由于管片强度高，为避免管片内弧面进行直接凿毛的低效率高成本施工方法，也可以采用在管片模具上焊接钢板，管片脱模后内弧面直接形成多条凹槽，以实现凿毛效果，凹槽宽度不宜大于 4cm，深度不得小于 4mm。管片凿毛成型如图 5.1-3 所示，管片内弧面凹槽设置如图 5.1-4 所示。

图 5.1-3　管片凿毛成型实物图

5.1.2　防水设计概况

叠合式双层衬砌管片结构和内衬结构之间不宜设防水层，避免影响衬砌之间的受力传递，本工程隧道结构防水体系主要由管片自防水＋管片接缝防水＋二衬自防水＋二衬接缝防水＋二衬表面 1.5mm 水泥基渗透结晶型防水涂料 5 部分组成。

二衬变形缝每 14.4m（12 环管片）设置 1 道，本工程中由于内衬厚度仅 20cm，除去钢筋及保护层厚度，实际有效空间仅 9cm，常规中埋式钢边止水带安装困难且质量难保证。为保障防水质量的前提下降低施工难度，保障施工效率。变形缝设计创新采用二衬施工前中后处理三步骤设计。内衬施工前先在管片内侧粘贴一圈外贴式橡胶止水带，内衬施工时利用闭孔型聚乙烯泡沫板预留环向断面及内弧面"凹"形槽口，内衬施工后拆除部分

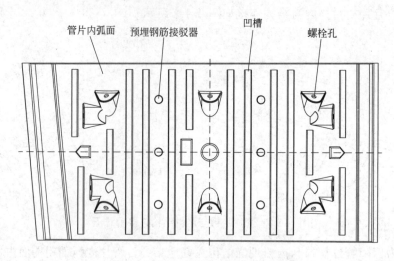

图 5.1-4 管片内弧面凹槽设置示意图

泡沫板,在槽口内施工改性聚硫密封胶、第一层丁基橡胶防水密封胶带、Ω 橡胶止水带、第二层丁基橡胶防水密封胶带、不锈钢金属压板、膨胀型扭矩控制式机械锚栓等,最后采用聚合物水泥砂浆抹面,保持内衬内弧面的平顺,避免污水传输过程中的淤积。变形缝防水设计如图 5.1-5 所示。

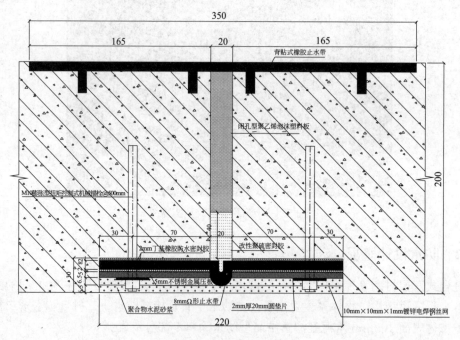

图 5.1-5 变形缝防水设计

隧道二衬下 126°仰拱与上 234°拱墙分开施工,仰拱拱墙纵向施工缝位置设置背贴式止水带。纵向施工缝隧道通长设置,环向变形缝每 14.4m 设置 1 道。施工缝防水设计如图 5.1-6 所示。

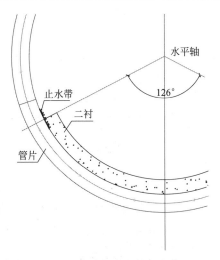

图 5.1-6 施工缝防水设计

5.2 二衬混凝土配置研究

二次衬砌混凝土是本工程二衬能否成功的首要条件之一,既需满足 100 年长久运营、带压传输的需要,又需满足长距离输送、薄壁工况(厚度 200mm)浇筑的施工需要。

本工程二次衬砌混凝土采用 C40P12 早强微膨胀混凝土,混凝土需满足良好的保坍、自密实性能及耐久性能,施工前项目团队开展了一系列针对性的研究及试验工作。

5.2.1 高保坍自密实高性能混凝土配制研究

1. 原材料性能及要求

(1)水泥

水泥技术要求如表 5.2-1 所示,还应符合现行国家标准《通用硅酸盐水泥》GB 175 的规定。

水泥技术要求   表 5.2-1

	检验项目		性能要求
胶砂强度	抗折强度(MPa)	3d	≥3.5
		28d	≥6.5
	抗压强度(MPa)	3d	≥26.0
		28d	≥48.0
物理性能指标	烧失量(%)	—	≤5.0
	凝结时间	初凝(min)	≥45
		终凝(min)	≤600
	安定性	雷氏法(mm)	≤5.0
	三氧化硫(%)	—	≤3.5
	氯离子含量(%)	—	≤0.06

（2）粉煤灰

粉煤灰技术要求如表5.2-2所示，还应符合现行国家标准《用于水泥和混凝土中的粉煤灰》GB/T 1596的规定。

粉煤灰技术要求　　　　　　　　表5.2-2

检验项目	细度(%)	碱含量(%)	氯离子含量(%)	需水量比(%)	烧失量(%)	含水率(%)
性能要求	≤12.0	—	—	≤95	≤5.0	≤1.0

（3）矿粉

矿渣粉采用醚类聚季铵盐系分散剂改性处理。矿粉技术要求如表5.2-3所示，还应符合现行国家标准《用于水泥、砂浆和混凝土中的粒化高炉矿渣粉》GB/T 18046的规定。

矿粉技术要求　　　　　　　　表5.2-3

检验项目	7天活性(%)	28天活性(%)	比表面积(m^2/kg)	密度(g/cm^3)
性能要求	≥75	≥95	≥600	≥2.8

（4）硅灰

硅灰技术要求如表5.2-4所示，还应符合现行国家标准《砂浆和混凝土用硅灰》GB/T 27690的规定。

硅灰技术要求　　　　　　　　表5.2-4

检验项目	7d活性(%)	28d活性(%)	比表面积(m^2/g)	SiO_2(%)
性能要求	≥90	≥100	≥15	≥90

（5）粗细骨料

细骨料选用级配Ⅱ区的中砂，碎石最大公称粒径不大于16mm。河砂技术要求及碎石技术要求如表5.2-5和表5.2-6所示。

河砂技术要求　　　　　　　　表5.2-5

检验项目	细度模数	含泥量(%)	泥块含量(%)	吸水率(%)
性能要求	2.5～3.0	≤2.0	≤1.0	≤2.5

碎石技术要求　　　　　　　　表5.2-6

检验项目	颗粒级配	含泥量(%)	泥块含量(%)	针片状含量(%)	压碎指标(%)	吸水率(%)
性能要求	5～16mm连续级配	≤1.0	≤0.50	≤8	≤20	≤2.5

自密实混凝土所用原材料均应满足普通混凝土所用原材料的相关标准要求。

2. 测试方法

（1）坍落扩展度

用坍落度筒测量混凝土坍落度之后，随即测量混凝土拌合物坍落扩展终止后扩展面相互垂直的两个直径，其两直径的平均值为最终结果（mm）。

(2) 扩展时间

用坍落度筒测量混凝土坍落度时,自坍落度筒提起开始计时至坍落扩展度达到500mm 的时间(s)。

(3) U形箱高度

采用规定的 U 形箱,检测混凝土拌合物通过钢筋间隙,并自行填充至箱内的高度(mm)。

(4) 抗压强度

按标准方法制作和养护的边长为 150mm 的立方体试件,在 28d 龄期测试抗压强度值(MPa)。

3. 低黏不分散胶凝体系设计

(1) 粉煤灰-矿粉-硅灰三元体系对水泥净浆工作性能的影响

表 5.2-7 为粉煤灰、硅灰和矿粉复掺时净浆的初始及 2h 后流动度。由表可知,当粉煤灰占比增加,减少了胶凝材料的用量,流动度随着掺量的增加而增加,胶材占比为 26%时流动度最低为 161mm,胶材占比为 32%时流动度达到 185mm,增幅达 13%,对于超细粉煤灰而言,增大其水泥取代量有助于形成更为紧密的固体颗粒堆积状态。这说明超细粉煤灰矿物掺合料取代一部分水泥时可以填充于水泥颗粒之间的孔隙,从而改善流动性。综合考虑本试验粉煤灰最佳胶材占比为 29%。硅灰掺量对净浆工作性能有一定影响,最大流动度和最小流动度时胶材占比分别为 4%和 3%,两者流动度相差 11%,当硅灰含量≤20%时,由于硅灰颗粒粒径小,且颗粒形态为球状,具有填充和"滚珠"效应,由此所释放的矿渣和粉煤灰堆积空隙中的激发剂增大了固体颗粒表面的实际液膜厚度,显著降低了浆体塑性黏度和屈服应力,触变环的面积和斜率减小,浆体流动性能得到提高,这一机制与超细粉煤灰微珠改善地聚物浆体流变性相似。浆体流动性能综合考虑本试验硅灰最佳胶材占比为 4%。矿粉掺量增加,净浆流动性能变差,由于矿粉颗粒比表面积大,表面润湿需液量提高,使得屈服应力突然增大,反而降低了改善浆体流动性能的效果,综合考虑本试验矿粉最佳胶凝占比为 15%。第 13 组粉煤灰:矿粉:硅灰=29:15:4,初始流动度为 179mm,工作性能最好。经过 2h 后第 13 组的流动度损失最少,只有 5mm,这充分说明粉煤灰:矿粉:硅灰=29:15:4 的流动性最好,并且最为稳定。

粉煤灰、硅灰和矿粉复掺时净浆的初始及 2h 后流动度　　　　表 5.2-7

序号	水泥(%)	粉煤灰(%)	矿粉(%)	硅灰(%)	初始流动度(mm)	2h 流动度(mm)
1	57	26	13	4	172	157
2	51	32	13	4	185	172
3	53	26	17	4	168	164
4	48	32	17	4	176	166
5	56	26	15	3	164	149
6	50	32	15	3	172	160
7	54	26	15	5	161	153
8	49	32	15	5	165	155
9	55	29	13	3	174	162

续表

序号	水泥(%)	粉煤灰(%)	矿粉(%)	硅灰(%)	初始流动度(mm)	2h流动度(mm)
10	51	29	17	3	170	157
11	53	29	13	5	166	153
12	50	29	17	5	161	147
13	52	29	15	4	179	174

（2）粉煤灰-矿粉-硅灰三元体系对水泥净浆流变性能的影响

对粉煤灰、矿粉、硅灰工艺参数进行三因素三水平的响应面试验设计，如表5.2-8所示。试验方案及响应值见表5.2-9。

响应面试验因素和水平 表5.2-8

因素	水平		
	−1	0	1
粉煤灰	32	29	26
矿粉	25	20	15
硅灰	3	4	5

采用DesignExpert8.0对表中数据进行统计分析，获得零时屈服应力（Y_1）对试验参数 A（粉煤灰）、B（矿粉）、C（硅灰）的多元回归模型：

$$Y_1 = 12.73 + 2.17A + 0.7175B - 0.1888C + 1.43AB - 0.8375AC - 0.5050BC + 2.86A^2 + 5.61B^2 + 4.51C^2$$

响应面试验方案及响应值 表5.2-9

序号	A:粉煤灰(g)	B:矿粉(g)	C:硅灰(g)	屈服应力Y_1(Pa)
1	0	0	0	12.73
2	0	0	0	12.73
3	−1	1	0	17.82
4	0	1	−1	24.5
5	−1	−1	0	20.46
6	0	1	1	23.85
7	1	1	0	24.8
8	0	0	0	12.73
9	0	0	0	12.73
10	1	0	1	20.98
11	−1	0	−1	17.55
12	0	−1	−1	20.84
13	1	0	−1	23.77
14	0	−1	1	18.11
15	−1	0	1	21.72
16	0	0	0	12.73

为了检验多元回归模型的可靠性，对各影响因素进行方差分析，结果如表5.2-10所示。P值小于0.05时，表明该项在95%置信区间内影响显著，小于0.01时，影响极显著。回归模型Y_1的$F=6.71$，$P=0.0032<0.01$，说明该模型极显著，可以较好地与实际试验结果拟合；一次项中$A<0.0001$，影响极显著。

屈服应力Y_1的回归结果分析　　　　表5.2-10

变异来源	平方和	自由度	方差	F值	P值
模型	333.58	9	39.06	62.81	<0.0001
粉煤灰	37.54	1	37.54	63.62	<0.0001
矿粉	4.12	1	4.12	6.98	0.0333
硅灰	0.2850	1	0.2850	0.4830	0.5095
粉煤灰-矿粉	8.18	1	8.18	13.86	0.0074
粉煤灰-硅灰	2.81	1	2.81	4.75	0.0656
矿粉-硅灰	1.02	1	1.02	1.73	0.2300
粉煤灰(2h)	34.47	1	34.47	58.42	0.0001
矿粉(2h)	132.46	1	132.46	224.47	<0.0001
硅灰(2h)	85.69	1	85.69	145.22	<0.0001
决定系数	4.13	7	0.5901		
失拟误差	4.13	3	1.38		
误差	0.0000	4	0.0000		
合计	337.72	16			

粉煤灰、矿粉、硅灰三因素交互作用对屈服应力的响应曲面如图5.2-1所示。由图5.2-1(a)可见，粉煤灰和矿粉掺量对屈服应力具有截然不同的影响。屈服应力的体现来源于原材料，因此随着粉煤灰的提高，屈服应力会减小。然而，屈服应力却随着矿粉的减少呈现先减小后增大的二次抛物线关系，这是因为：粉煤灰形貌为球形，在水泥浆料里具有滚珠效应能够显著改善水泥净浆的流变性能，矿粉属于胶凝材料，其含量的增加会消耗大部分的水导致水泥浆的流变性能变差。由图5.2-1(b)可知，当粉煤灰值较高时，屈服应力随硅灰的增加而减小；当硅灰值较高时，屈服应力则随着粉煤灰的增加呈现较快的增长趋势，这种现象应是粉煤灰和硅灰的交互作用而产生的。当硅灰值较低时，屈服应力则随着粉煤灰的增加呈现较慢的增长趋势，这种现象应是由于硅灰比表面积大，需水量较大导致的。因此随着硅灰含量的增加，屈服应力显著减小。由图5.2-1(c)中，矿粉和硅灰用量对于屈服应力的提升作用均不明显，在二者定义域内，屈服应力只呈现缓慢、有限的提升，但是这两个因素却是决定水泥净浆的工作性能是否优异的关键因素。

基于以上三响应面法分析得到最佳配比为粉煤灰：矿粉：硅灰＝29：15：4，现对此配比进行经时流变分析，如图5.2-1所示，符合宾汉模型（Bingham model），其方程为$\tau=\tau_0+\eta\gamma$，其中，τ为剪切应力（Pa），τ_0为屈服应力（Pa），η为塑性黏度（Pa·s），γ为剪切速率（s^{-1}）。经过2h后，屈服应力损失值为8.07，塑性黏度增加值为0.15。

将图5.2-2中的数据进行回归分析，获取流变参数，结果见表5.2-11。由图5.2-2和

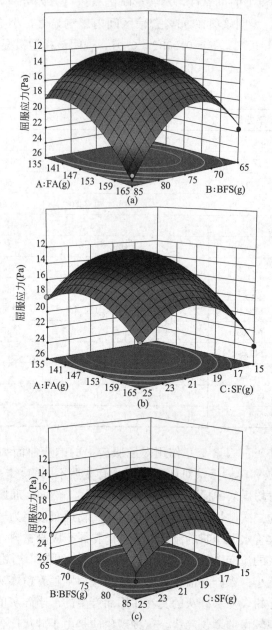

图 5.2-1　粉煤灰、矿粉、硅灰三因素交互作用对屈服应力的响应曲面

表 5.2-11 可知，水泥净浆零时屈服应力和塑性黏度分别为 12.73Pa 和 0.41Pa·s，2h 屈服应力和塑性黏度分别为 20.80Pa 和 0.56Pa·s。粉煤灰胶材占比为 29%，矿粉胶材占比为 15%，硅灰胶材占比为 4% 时，水泥净浆经过 2h 后屈服应力表现出下降趋势。屈服应力 τ_0 是指流体由静止到初始运动时所克服的最大阻力。对于新拌的水泥浆体，其屈服应力主要受体系内部内摩擦力的影响。而影响颗粒间内摩擦力的直接因素是颗粒的紧密堆积程度和颗粒表面的粗糙程度。矿物掺合料填充水泥孔隙后致使体系趋于致密，导致内摩擦力大幅度增加。另外，矿物掺合料比表面积大，导致颗粒表面吸附水量增大，自由水量减

少，也是导致上述现象的原因之一。

宾汉模型研究新鲜试样的流变学参数 表 5.2-11

样品	回归方程	屈服应力 τ_0(Pa)	塑性黏度 η(Pa·s)	相关系数
A29-B15-C4	$\tau=12.73+0.41\gamma$	12.73	0.41	0.97484
A29-B15-C4	$\tau=20.80+0.56\gamma$	20.80	0.56	0.97901

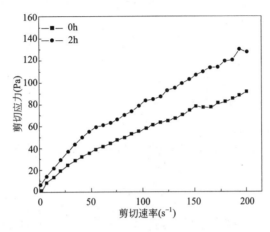

图 5.2-2　0h 和 2h 净浆流变曲线

5.2.2　自密实混凝土配合比计算及优化

1. 自密实混凝土配合比设计

自密实混凝土配合比设计应确定拌合物粗骨料体积、砂浆中砂的体积分数、水胶比、胶凝材料中矿物掺合料的用量和胶凝材料用量。

（1）确定粗骨料体积 V_g 和质量 m_g

每立方米混凝土中粗骨料体积用量根据表 5.2-12 选用。

每立方米混凝土中粗骨料体积用量 表 5.2-12

性能指标	流动性指标	应用范围	每立方米混凝土中粗骨料绝对体积用量(m^3)
填充性	SF_1	无配筋或配筋较少的混凝土结构物	0.32～0.35
	SF_2	适合大多数普通钢筋混凝土结构	0.30～0.33
	SF_3	适用于结构紧密、形状复杂的结构	0.28～0.32

每立方米自密实混凝土中粗骨料的质量 m_g 根据粗骨料绝对体积 V_g 和表观密度 ρ_g，按下式计算：

$$m_g = V_g \times \rho_g$$

根据项目结构特点，流动性指标属于 SF_3 级，每立方米混凝土中粗骨料绝对体积用量取 $0.32m^3$，本试验碎石表观密度为 $2830kg/m^3$，计算可得，每立方米混凝土中粗骨料的质量 m_g 为 905kg。

(2) 确定砂的用量 m_s

每立方米自密实混凝土中砂用量 m_s 可根据砂浆体积 V_m 及砂浆中砂的体积分数 ϕ_s、砂的密实体积 V_s、砂的表观密度 ρ_s，按下式计算：

$$V_m = 1 - V_g$$
$$V_s = V_m \times \phi_s$$
$$m_s = V_s \times \rho_s$$

砂浆中砂的体积分数 ϕ_s 取 0.48，砂表观密度为 2560kg/m³，计算可得，每立方米混凝土中砂的质量 m_s 为 835kg。

(3) 确定浆体体积 V_P

浆体体积 V_P 按下式计算：

$$V_P = V_m - V_s$$

根据计算结果，可知浆体体积为 0.354m³。

(4) 确定胶凝材料表观密度 ρ_b

胶凝材料表观密度 ρ_b 根据矿物掺合料和水泥的相对含量及各自的表观密度，按下式计算：

$$\rho_b = \frac{100}{\dfrac{\beta}{\rho_m} + \dfrac{100-\beta}{\rho_c}}$$

式中 ρ_b——胶凝材料表观密度（kg/m³）；

β——自密实混凝土中矿物掺合料占胶凝材料的质量分数（%）；

ρ_m——矿物掺合料表观密度（kg/m³）；

ρ_c——水泥表观密度（kg/m³）。

为实现混凝土具有良好的黏聚性和流动性，采用粉煤灰、矿粉和硅灰，质量分数分别为 0.29、0.15 和 0.04，水泥表观密度 3100kg/m³，粉煤灰表观密度 2300kg/m³，矿粉表观密度 3000kg/m³，硅灰表观密度 2200kg/m³，计算得胶凝材料表观密度为 2760kg/m³。

(5) 确定水胶比

根据工程所使用的原材料，通过建立的水胶比与混凝土抗压强度关系计算得到水胶比为 0.30。

(6) 确定每立方米自密实混凝土胶凝材料用量 m_b

$$m_b = \frac{V_P - V_a}{\dfrac{1}{\rho_b} + \dfrac{m_w/m_b}{\rho_w}}$$

式中 ρ_w——拌合水的表观密度（kg/m³）；

m_w——每立方米自密实混凝土中用水量（kg）；

m_b——每立方米自密实混凝土中胶凝材料的质量（kg）；

V_a——为引入空气的体积，对于非引气型的自密实混凝土，一般取 10L。

根据计算结果，可知胶凝材料用量为 515kg。

(7) 确定外加剂用量

设计方法仅采用体积法计算各材料比例，未考虑减水剂的减水作用和混凝土流动性，因此外加剂的掺量需要试验获得合理的比例。

（8）配合比的试拌与调整

根据初步配合比的结果在室内进行试拌工作，根据试拌情况，当满足设计要求时可继续进行下一步的工作。当不满足条件时则适当调整用水量和集料的比例重新计算初步配合比，为了保证配合比设计的成功，可以采用三种不同的水灰比进行配合比的调整，在此基础上其他两个水灰比较基准配比增加和减少0.05左右（视情况而定），重新计算配合比，并进行试验直至达到满意效果为止。

根据理论计算结果，实验室验证得到自密实混凝土初步设计配合比如表5.2-13和表5.2-14所示，试验结果见图5.2-3。

自密实混凝土初步设计配合比（kg） 表5.2-13

强度等级	水泥	粉煤灰	矿粉	硅灰	砂	石	水	外加剂
C60	270	150	75	20	835	905	165	9.27

初步设计自密实混凝土工作性能和力学性能 表5.2-14

强度等级	坍落度(mm)	扩展度(mm)	T500(s)	U形箱(mm)	R7(MPa)	R28(MPa)
C60	250	570	8.12	50	45.4	68.2

注：二衬设计强度等级为C40，实际配置强度达到C60。

图5.2-3 初步设计混凝土配合比

由表5.2-14可知，初步设计混凝土配合比28d抗压强度满足要求，但混凝土坍落度/扩展度为250/570mm，浆体黏度大，通过调整水胶比不能满足二次转运后再泵送的施工要求，故需进一步开展配合比优化实验。

2. 自密实混凝土泵送性能调控

砂率的变动，会影响新拌混凝土中集料的级配，使集料的空隙率和总表面积有很大变化。通过调整混凝土中粗、细骨料的比例，改变集料颗粒级配，降低集料的堆积空隙，可以实现混凝土紧密堆积，从而使混凝土的流动性能得到提高。

自密实高强混凝土中粗骨料的粒径一般不超过20mm，级配良好的粗骨料可以提高混凝土的流动性能、间隙通过能力和力学性能。当粗骨料中较小粒径的骨料含量较大时，自由堆积状态下粗骨料的总空隙较低，但此时粗骨料的总比表面积较大，需要更多的砂浆才能包覆粗骨料，使得粗骨料之间的润滑层厚度降低，增大粗骨料颗粒之间的摩擦阻力，降低混凝土的流动性能；当粗骨料中大粒径颗粒不断增多时，虽然总比表面积会降低，但颗粒间空隙体积变大，需要更多的浆体填充；而且颗粒尺寸增大后，颗粒间的距离增大，会降低粗骨料之间的牵制作用，混凝土泵送过程中一旦静置时间过长，较大粒径粗骨料容易下沉，导致混凝土分层，从而影响自密实混凝土的流动性能、填充性能和力学性能。因此，调整集料级配对混凝土的可泵性能有较大提升。

同时，高强混凝土要求配合比具有较低的水胶比和较大胶凝材料用量，因此在混凝土中添加高效减水剂成为制备自密实高强混凝土的必要技术。通过加入高效减水剂，使混凝土的工作性能达到较好的状态，可配制出不离析、不泌水、具有一定的黏聚力，可以限制骨料下沉成为均匀、稳定的混凝土拌合物。

（1）砂率对混凝土泵送性能的影响

合理砂率指砂率位于该范围内时水泥、粗细骨料颗粒匹配接近最佳级配，因而实现细的包裹较粗的，逐步包裹填满所有孔隙，接近于最密实状态。当采用合理砂率时，在用水量和水泥用量一定的情况下，能使混凝土拌合物获得最大的流动性且能保持良好的黏聚性和保水性。泵送混凝土的含砂率宜控制在40%～50%。

试验研究砂率对混凝土工作性能的影响，混凝土配合比见表5.2-15，试验结果见表5.2-16。

混凝土设计配合比（kg/m³） 表5.2-15

编号	水泥	粉煤灰	矿粉	硅灰	砂	石	水	外加剂
C1	270	150	75	20	900	840	165	9.27
C2	270	150	75	20	880	860	165	9.27
C3	270	150	75	20	860	880	165	9.27
C4	270	150	75	20	835	905	165	9.27
C5	270	150	75	20	815	925	165	9.27

砂率对混凝土性能的影响试验结果 表5.2-16

编号	坍落度(mm)	扩展度(mm)	T500(s)	U形箱(mm)	R28(MPa)
C1	260	570	7.68	48	62.3
C2	260	590	7.54	47	64.2
C3	265	610	6.01	36	66.7
C4	250	570	8.12	50	68.2
C5	255	560	8.86	56	69.1

从表5.2-16可知，随着砂率的降低，混凝土拌合物的工作性能先增大后减小，在砂率为49%（C3）时，混凝土拌合物的T500达到6.01s，此时混凝土拌合物的坍落度和扩展度均为最优；通过开展混凝土拌合物间隙通过能力试验，编号为C3的混凝土U形箱高度差为36mm，较编号为C5的混凝土U形箱高度差降低了36%，说明改变砂率明显改善

了混凝土拌合物的间隙通过能力。

较低的砂率会导致混凝土拌合物中的砂浆含量相对下降，包裹在粗骨料周围的砂浆润滑层厚度降低，增大粗骨料之间的相对滑动阻力，不利于混凝土的流动性能。随着砂率的增大，混凝土拌合物的黏度、流动性和间隙通过能力都有一定程度的提高，但当砂率过大时，在胶凝材料总量不变的情况下，会造成细骨料含量过多，由于细骨料比表面积较大，使得混凝土空隙率和总表面积增大，需要更多的水泥浆体来填充空隙，也不利于混凝土拌合物的流动性能。所以合适的砂率对混凝土的工作性能尤为重要。

砂率过低或者过高都会不利于混凝土拌合物的力学性能，这是因为改变砂率在一定程度上改变了混凝土的微观结构。从表 5.2-16 可知，随着砂率的逐渐增大，混凝土强度有一定的提高，但砂率过大时，混凝土拌合物的黏度和流动性能变差，所以综合考虑，编号为 C3 的配合比为最佳选择。

(2) 骨料粒径对混凝土泵送性能的影响

粗骨料体积超过混凝土体积的一半，因此粗骨料在混凝土中起着刚性骨架的作用，砂浆填充在粗骨料构成的骨架中，共同组成混凝土结构。骨料的颗粒级配是配制混凝土的关键，骨料颗粒级配不良的混凝土，施工过程中必然会出现离析、分层、堵泵等问题，即使浇注成型后，混凝土成品也会出现"蜂窝、狗洞、麻面"，导致混凝土强度和耐久性不合格。骨料级配会影响新拌混凝土的工作性能、力学性能和耐久性。研究骨料级配对混凝土性能的影响，对提高混凝土工作性能也具有重要意义。

通过改变 5~10mm 粒径骨料在粗骨料的含量，研究粗骨料级配对混凝土拌合物工作性能的影响。5~10mm 粒径骨料在粗骨料中的占比设计为 10%、20%、30%、40% 和 50%，A 表示 5~10mm 粒径骨料质量、B 表示 10~16mm 粒径骨料质量。混凝土配合比见表 5.2-17，性能试验结果见表 5.2-18。

混凝土设计配合比（kg/m³） 表 5.2-17

编号	水泥	粉煤灰	矿粉	硅灰	砂	石 A	石 B	水	外加剂
C3a	270	150	75	20	860	88	792	165	9.27
C3b	270	150	75	20	860	176	704	165	9.27
C3c	270	150	75	20	860	264	616	165	9.27
C3d	270	150	75	20	860	352	528	165	9.27
C3e	270	150	75	20	860	440	440	165	9.27

骨料粒径对混凝土工作性能的影响试验结果 表 5.2-18

编号	坍落度(mm)	扩展度(mm)	T500(s)	U形箱(mm)	R28(MPa)
C3a	255	590	8.84	51	63.8
C3b	260	610	7.56	42	68.2
C3c	265	630	7.06	38	70.2
C3d	265	660	6.25	30	67.5
C3e	260	620	7.48	36	65.4

在胶凝材料用量不变的情况下，随着混凝土拌合物中的5~10mm粒径骨料占比增高，混凝土工作性能和抗离析能力得到提升。5~10mm粒径骨料可以填充在粗骨料形成的孔隙中，改善骨料的颗粒级配，减少用于填充在孔隙中的砂浆用量，使富余浆体增多，混凝土流动性得到提高；但5~10mm粒径骨料占比过高时，骨料总比表面积较大，需要更多的砂浆包裹骨料，使混凝土拌合物的坍落度和扩展度不同程度的下降，而且较小粒径粗骨料含量过高，容易造成混凝土拌合物的黏度过小，流动阻力变小，不足以限制较大粒径粗骨料下沉，从而造成混凝土抗离析能力和黏聚性能下降，从而不利于混凝土拌合物的工作性能。同时，较小粒径粗骨料含量较多时，砂浆对粗骨料的限制能力下降，容易造成粗骨料下沉，从而不能形成稳定致密的混凝土结构，从而影响混凝土的强度。

通过对粗骨料级配进行调整，试验得出编号C3d具有良好粗骨料级配，混凝土拌合物的状态达到最优。

5.2.3 自密实混凝土高保坍调控技术

1. 不同减水剂对混凝土保坍性能的影响

本工程区间长，二衬结构浇筑施工缓慢，一车混凝土出站到浇筑完成可能长达6h，混凝土出泵还要达到自密实要求，因而对混凝土的保坍性能提出极高要求。由于聚羧酸减水剂分子结构的可设计性强，通过优化主链聚合度、侧链长度、引入特定功能基团来实现聚羧酸减水剂的功能化，制备得到具有高保坍功能的聚羧酸减水剂，可解决大流态混凝土离析以及泵送时间长导致的坍损过大等问题。

针对工程需求，通过引入高保坍特征功能基团开发专用减水剂DH，增大了混凝土颗粒体系水膜层厚度，实现混凝土高保坍性能。配合比C3d-1为专用保坍外加剂，C3d-2、C3d-3为市面高性能减水剂，代号为PT和XK，其中DH减水剂固含量为15%，XK减水剂固含量为23%，PT减水剂固含量为14%。试验研究普通减水剂和本项目专用减水剂对混凝土拌合物初始工作性能和扩展度损失的影响，混凝土设计配合比见表5.2-19，工作性能试验结果见表5.2-20。

混凝土设计配合比（kg/m³）　　　　表5.2-19

编号	水泥	粉煤灰	矿粉	硅灰	砂	石 A	石 B	水	减水剂 名称	减水剂 掺量
C3d-1	270	150	75	20	860	352	528	165	DH	10.3
C3d-2	270	150	75	20	860	352	528	165	PT	10.3
C3d-3	270	150	75	20	860	352	528	165	XK	10.3

减水剂对混凝土初始工作性能的影响试验结果　　　　表5.2-20

编号	扩展度(mm) 初始	扩展度(mm) 4h	T500(s) 初始	T500(s) 4h	U形箱(mm) 初始	U形箱(mm) 4h
C3d-1	720	710	2.0	2.5	0	10
C3d-2	670	600	6.2	8.3	30	55
C3d-3	710	630	1.8	6.2	15	45

由表 5.2-20 可知，采用 DH 减水剂的 C3d-1 组试块初始扩展度为 720mm，T500 为 2.0s，U 形箱高度落差为 0mm，均优于其他两组。这说明 DH 减水剂较 PT 和 XK 相比，具有优异的初始减水效果，有利于提高混凝土初期工作性，同时采用 DH 减水剂的 C3d-1 组试块 4h 扩展度损失为 1.4%，远远低于其他两组的 14.3%和 7.4%。

2. 不同减水剂对浆体水化进程的影响

混凝土是由胶凝材料、骨料、水和减水剂组成的混合物，当骨料一定时，混凝土塑性阶段的工作性能主要受到浆体水化速率和颗粒间摩擦阻力的影响。由于骨料的掺量和粒型一定，而且减水剂主要作用于胶凝材料，通过控制相同流动度，采用净浆研究不同外加剂对浆体水化进程的影响，结果见图 5.2-4。其中 DH 试验掺入量为 18.5%；XK 试验掺入量为 22%，PT 试验掺量为 25%。

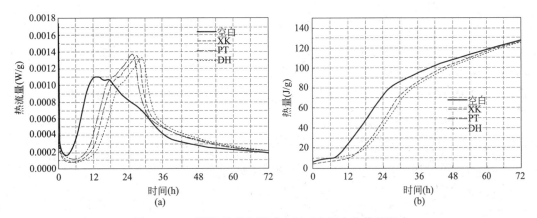

图 5.2-4　不同掺量的各类减水剂对水泥水化热的影响

如图 5.2-4 所示，研究了不同掺量的各类减水剂对水泥水化热的影响。从图 5.2-4(a) 可以看出，加入减水剂后明显促进了浆料的放热峰；相对于空白组来说，掺入减水剂后的高峰出现时间延迟，空白组的高峰出现在 12h；而加入减水剂后将该高峰延迟至 24h 后。由此可见减水剂有效延缓了水化放热速率，但提高了放热峰的大小，其中 DH 减水剂延缓效果最明显，其高峰出现的时间最晚，说明其减缓水化放热速率的效果最佳，这可能是由于在羟基、羧基、磺酸基等官能团的作用下，聚羧酸高效减水剂分子可吸附于水泥颗粒表面，使水泥颗粒表面带电而产生静电斥力，并与钙离子发生络合反应，降低了水泥浆体中的钙离子浓度，从而延缓 C-S-H 凝胶的生成，延缓了水泥的水化过程。而且因为减水剂含量适度，增加了羧基的含量，增大了分子的电负性，可使减水剂分子更易于吸附在水泥颗粒的表面，使水泥颗粒得到迅速分散，提高水泥的溶解速率，也可使水泥颗粒吸附膜层的厚度增大，延缓水泥的进一步水化。

如图 5.2-4(b) 所示，掺入减水剂后放热总量低于空白组，且随着时间的推移，水化热总量逐渐接近，但是 DH 减水剂始终是低于其他组的总量，说明 DH 减水剂有着良好的保坍性，可使更多的水参与水泥的水化过程，使水化更加充分。原因是羧基对钙离子的螯合作用可增加水泥的溶解速率，但同时影响水化产物的结晶成核过程，延缓水泥的水化反应。螯合增溶作用与分散增溶作用的合力小于缓凝作用时，表现为水化放热速率降低，总量减少。

3. 不同减水剂对浆体摩擦阻力的影响

图 5.2-5 和表 5.2-21 显示了不同减水剂对水泥净浆黏度的影响。由图 5.2-5 可以看出，相同剪切速率下，DH 减水剂、PT 减水剂、XK 减水剂初始剪切应力均小于空白组，且 DH 减水剂的剪切应力最小。

由表 5.2-21 可知，掺 DH 和 XK 减水剂的净浆初始塑性黏度分别为 0.20Pa·s 和 0.24Pa·s，而掺 PT 减水剂的净浆初始塑性黏度为 0.44Pa·s，是掺 PT 减水剂的净浆初始塑性黏度的 0.45 倍和 0.55 倍，所以掺 DH 和 XK 减水剂较 PT 减水剂相比，更有效地降低了浆体颗粒间的摩擦阻力，使得浆体剪切运动阻力更小，具有更好的初始流动性。

当浆体静置放置 2h 后，掺 DH、PT 和 XK 减水剂的净浆试样屈服应力和塑形黏度都出现增大，这是由于在静置状态，在重力作用下颗粒之间相互搭接，由于物理作用形成骨架结构，同时早期部分水化也会在颗粒之间形成新的水化产物，一方面体积增大，而且颗粒间会形成化学黏结。

从表 5.2-21 还可以得出，放置 2h 后掺 DH 减水剂的净浆初始塑性黏度只提高了 13%，但是掺 XK 减水剂的净浆初始塑性黏度提高了 45%，这说明 DH 减水剂不仅具有优异的减水效果，还具有优异的保坍性能，可明显降低混凝土工作性能随时间的损失程度。

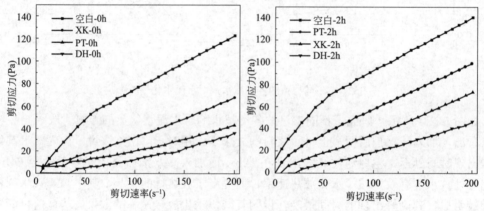

图 5.2-5 不同品牌减水剂流变图

不同品牌减水剂宾汉模型流变学参数　　　　表 5.2-21

样品	回归方程	屈服应力 τ_0(Pa)	塑性黏度 η(Pa·s)	相关系数
空白-2h	$\tau=28.38+0.57\gamma$	28.38	0.57	0.98571
DH-2h	$\tau=3.68+0.23\gamma$	3.68	0.23	0.99610
PT-2h	$\tau=10.95+0.50\gamma$	10.95	0.50	0.99560
XK-2h	$\tau=2.12+0.35\gamma$	2.12	0.35	0.99887
空白-0h	$\tau=28.15+0.51\gamma$	28.15	0.51	0.98571
DH-0h	$\tau=3.52+0.20\gamma$	3.52	0.20	0.99199
PT-0h	$\tau=10.57+0.44\gamma$	10.57	0.44	0.98571
XK-0h	$\tau=1.26+0.24\gamma$	1.26	0.24	0.99670

5.2.4 高保坍自密实高性能混凝土体积稳定性研究

1. 高保坍自密实混凝土温度-应力开裂风险预测

通过建立二衬混凝土有限元计算模型,对衬砌早期的水化热、应力和强度进行模拟,计算二衬混凝土衬砌早期的开裂风险系数,并根据计算为混凝土的抗裂设计提供一定指导。

(1) 计算方法设计

计算软件使用 Ansys 和 Matlab,Ansys 进行有限元分析,Matlab 对后期数据进行处理。应力分析采用叠加原理,考虑应力松弛的影响,不考虑重力的影响,暂不考虑成熟度对水化过程和混凝土强度增长的影响。基本思路是先进行温度场计算,再进行应力场计算,导出相关数值,使用 Matlab 对数值进行后处理,如有必要,可将 Matlab 处理好的数值导入 Ansys,对结果进行展示,见图 5.2-6。

1) 温度场分析

由于钢筋对温度场分析的影响较少,所以在温度场分析中不考虑钢筋的作用。建立有限元模型,输入边界条件和混凝土相关热学参数,进行温度场分析。分析结束后,将混凝土不同时刻不同节点的温度导出。

2) 应力场分析

建立好有限元模型,输入边界条件和混凝土相关参数,导入温度数值。收缩折算成相对应的温度降低。计算时,考虑混凝土弹性模量的发展,弹性模量为计算时刻混凝土相应弹性模量,温度输入值为考虑收缩后该时刻对应的温度变化值,计算后得到的应力值为计算时间段内混凝土的应力变化值。计算后,将结果导出。

3) 后处理

Matlab 导入 Ansys 应力计算结果,对结果进行后处理,其计算公式如式(5.2-1)所示。$\Delta\sigma_i$ 为 i 时间段内应力变化值,H_i 为 i 时间对 n 时刻的应力松弛系数,根据混凝土松弛系数表线性插值得到。得到各个方向应力分量后再求取第一主应力,将之与该时刻对应的抗拉强度相比较,求得开裂风险系数。

$$\sigma_n = \sum_{i=1}^{n} \Delta\sigma_i H_i \tag{5.2-1}$$

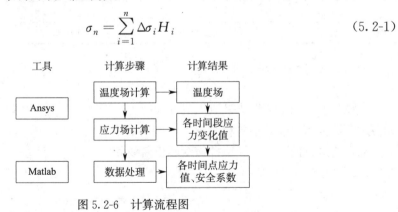

图 5.2-6 计算流程图

(2) 设定边界因素

1) 绝热温升

混凝土绝热温升计算参数采用相关试验和经验数据，取12h为初凝时间，每个时间点的温度采用线性插值的方法求得，如表5.2-22所示，得到温升曲线如图5.2-7所示。

混凝土绝热温升数据　　　　　　　　　　　　　　　表5.2-22

龄期(d)	1	3	7	14
温度(℃)	28.4	44.3	47.1	47.2

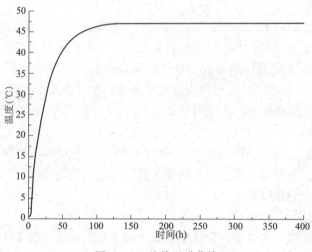

图5.2-7　绝热温升曲线

2）弹性模量增长曲线

$$E(t)=35.5\times(1-e^{-0.68t}) \tag{5.2-2}$$

弹性模量增长函数形式采取规范推荐的函数形式，混凝土弹性模量增长公式拟合采用相关试验数据，如表5.2-23所示，使用相关软件对数值进行回归，得到弹性模量增长函数如式(5.2-2)所示，弹性模量增长曲线如图5.2-8所示。

混凝土弹性模量试验数据　　　　　　　　　　　　表5.2-23

τ(d)	1	3	7	28
E(GPa)	17.6	29.8	34.6	35.5

3）轴心抗拉强度增长曲线

$$f_{tk}(t)=3.2\times(1-e^{-0.8t}) \tag{5.2-3}$$

抗拉强度增长函数形式采取规范推荐的函数形式，混凝土抗拉强度增长公式拟合采用相关试验数据和中建商混的相关试验，同时参考相关试验，如表5.2-24所示，使用相关软件对数值进行回归，得到抗拉强度增长曲线如式(5.2-3)所示，抗拉强度增长曲线如图5.2-9所示。

混凝土轴心抗拉强度试验数据　　　　　　　　　　表5.2-24

t(d)	1	3	7	28
f_{tk}(MPa)	1.8	2.6	2.9	3.2

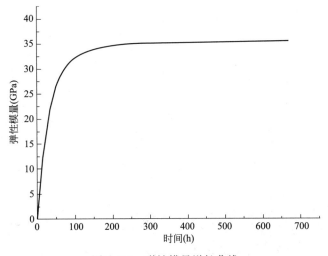

图 5.2-8 弹性模量增长曲线

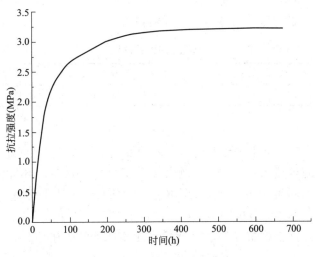

图 5.2-9 抗拉强度增长曲线

4) 收缩增长曲线：

$$\varepsilon(t)=349.5\mathrm{e}-6\times(1-\mathrm{e}^{-0.56t}) \tag{5.2-4}$$

混凝土收缩增长函数形式采取规范推荐的函数形式，混凝土收缩增长公式拟合采用中建商混相关的试验数据，如表 5.2-25 所示，使用相关软件对数值进行回归，收缩增长曲线如图 5.2-10 所示。

混凝土收缩试验数据　　　　表 5.2-25

龄期(d)	1	3	7	14
收缩率(10^{-6})	149.9	292.8	345.4	349.5

5) 松弛系数

选取计算的时间超过 10d，同时混凝土加载的龄期越短，其后期应力松弛系数越大，

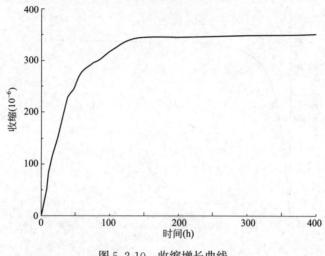

图 5.2-10 收缩增长曲线

因此本计算中,加载龄期偏安全地取为 20d,根据规范规定,混凝土的松弛系数如表 5.2-26 所示,其他时间点的松弛系数通过线性插值得出。

混凝土的松弛系数 表 5.2-26

τ, t	0	0.25	0.5	0.75	1	2	5	10	20	30	∞
$H(\tau, t)$	1	0.592	0.549	0.534	0.521	0.473	0.367	0.301	0.253	0.252	0.251

6) 其他计算参数

相关参数选择主要根据朱伯芳专著《大体积混凝土温度应力与温度控制》,同时参考相关文献。混凝土的导热系数、密度、比热取值依据相关文献。环境温度假定为恒温条件,温度取为 20℃,混凝土入模温度比环境温度高 5℃,后期可调整。模板采用钢模板,钢模板导热系数好,不考虑拆模的影响;二衬位于地下,风速基本为 0,因此采用粗糙表面对流系数。相关计算参数如表 5.2-27 所示。计算时间间隔为 1h。

相关计算参数 表 5.2-27

参数	导热系数 [kJ/(m·h·℃)]	密度 (kg/m³)	比热 [kJ/(kg·℃)]	入模温度 (℃)	空气温度 (℃)	对流系数 [kJ/(m²·h·℃)]
数值	8.85	2450	0.95	25	20	21.06

(3) 几何模型建立

计算模型取一段隧道截面,二衬内径为 3m,二衬厚 0.2m,初衬厚度为 0.25m。隧道有限元模型如图 5.2-11 所示。不考虑配筋的影响。

(4) 计算结果

1) 水化热分析

不同时刻的温度云图如图 5.2-12 所示。由于初衬热传导以及二衬外表面散热的作用,衬砌在水化热作用下升温较慢,经过 17h 左右,二衬达到最高温度,最高温度位于二衬的中心,最高温度为 31℃,随后进入降温阶段,由于衬砌较薄,温度下降较快,150h 左右

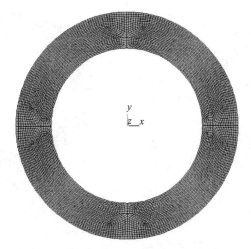

图 5.2-11　隧道有限元模型示意图

以后,衬砌的温度已经接近室温。

取二衬的中心点和二衬外表面点作为研究对象,其温升曲线如图 5.2-12 所示。二者的温度变化规律与二衬整体温度变化基本一致。中心和表面的温度差在前期缓慢上升,17h 左右温度差达到最大值,最大温度差约为 1℃,随后中心温度降低导致温差减小,200h 左右温度差接近为 0。

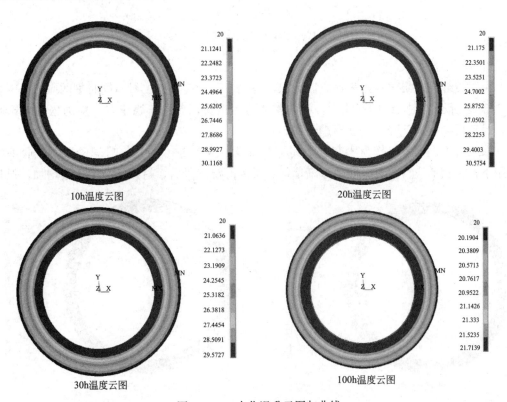

图 5.2-12　水化温升云图与曲线

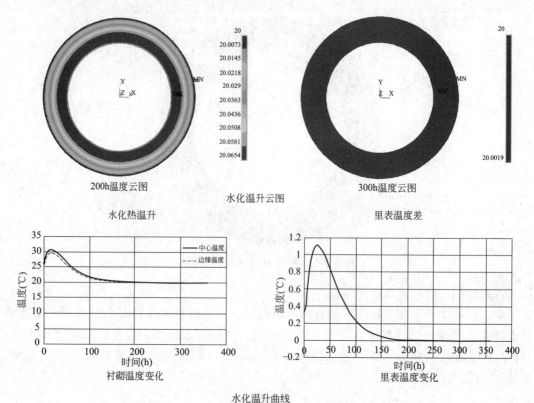

图 5.2-12 水化温升云图与曲线（续）

2）应力分析

由于裂缝主要集中在内表面，因此只考虑内表面的应力。二衬不同时刻的应力云图如图 5.2-13 所示。在收缩的影响下，衬砌整体应力增大，后趋于稳定，在应力松弛的影响下，衬砌后期应力下降，并逐渐趋于稳定。

取二衬内表面某点作为研究点，其应力曲线如图 5.2-13 所示。升温阶段，在收缩的作用下，衬砌的应力随着时间的逐渐增加；进入降温阶段后，衬砌的应力逐渐增加，但是

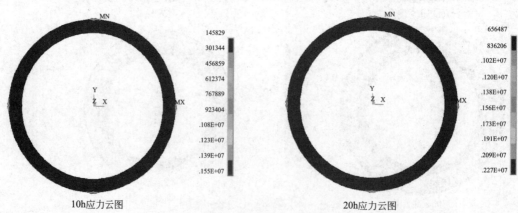

图 5.2-13 二衬应力云图与曲线

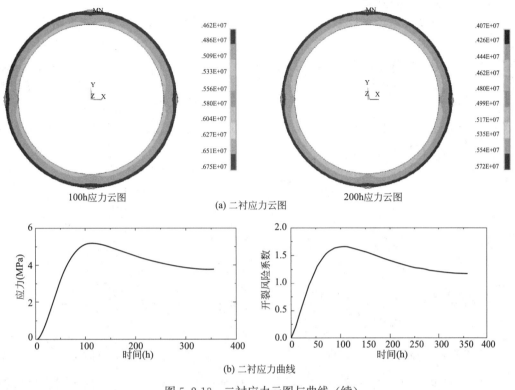

图 5.2-13 二衬应力云图与曲线（续）

在应力松弛的作用下，降温阶段后期应力减小；计算的后期在应力松弛的作用下应力逐渐减小。抗裂风险系数的变化规律与衬砌中心应力的规律类似。衬砌在 105h 时开裂风险系数最高，为 1.66，混凝土一定会开裂，因此有必要采取技术手段降低混凝土开裂风险。

2. 不同类型减缩方式对混凝土收缩性能的影响

水泥基材料的早期开裂主要由非荷载因素引起，混凝土从塑性阶段到硬化阶段结构内温度和水分变化会导致体积发生变化，从而引发开裂。根据作用机理不同，非荷载收缩主要包括5种，分别为：化学收缩、自收缩、塑性收缩、干燥收缩和碳化收缩。由于隧道结构采用高强混凝土，为降低混凝土开裂风险，本节主要考虑化学收缩、自收缩以及干燥收缩的改善效果。

（1）不同类型减缩方式对化学收缩的影响

本小节研究吸水树脂（SAP）、膨胀剂（EA）、有机减缩剂（SRA）对水泥净浆的化学收缩的影响，结果见图 5.2-14。由图 5.2-14 可以看出，空白水泥净浆的最高化学收缩量为 0.0298mL/g，掺 SAP 水泥净浆、掺 EA 水泥净浆及掺 SRA 水泥净浆的最高化学收缩量分别为 0.0196mL/g、0.0222mL/g、0.0262mL/g。可见，SAP、EA 及有 SRA 对混凝土的化学收缩均有不同程度的减缓作用，降低幅度依次为 34%、26%、12%。总体而言，掺 SAP 水泥净浆、掺 EA 水泥净浆化学收缩减缓效果更为明显，这与 SAP、EA 在水泥净浆内部的"膨胀效应"有直接关系。粉状的 SAP 在水泥净浆内部吸水膨胀，其粒径由初始的几十微米，最终溶胀至几百微米，而 EA 在水泥净浆中发生水化，形成钙矾石膨胀源。SRA 对水泥净浆化学收缩的减缓作用可能与其填充水泥浆体收缩产生的空隙相关。

（2）不同类型减缩方式对自收缩的影响

本小节研究吸水树脂（SAP）、膨胀剂（EA）、有机减缩剂（SRA）对混凝土自收缩的影响，结果见图5.2-15。由图5.2-15可见，整体而言，SAP、EA、SRA对密封条件下混凝土的自收缩均具有一定的补偿作用；同时可以发现，在前100h内掺SAP混凝土表现出了自膨胀现象，且随后体积基本稳定，最终表现为膨胀状态，有较多学者也发现了类似现象。这可能与SAP初期吸水溶胀及后期释水促进水化，形成钙矾石膨胀源有关。从毛细管张力的角度来讲，混凝土的收缩与其内部相对湿度场有着较大的关系。在28d时，密封条件下的混凝土内部相对湿度仍接近于90%，且下降缓慢。

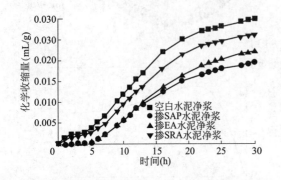 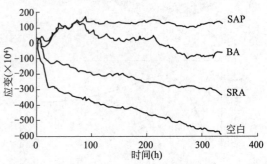

图5.2-14 水泥净浆化学收缩　　　　　图5.2-15 混凝土的自收缩

图5.2-16是不同相对湿度下吸水后SAP的保水率。吸水后SAP在相对湿度较高（90%RH）环境（相当于密封条件）中的释水速度要远低于干燥环境（65%RH）中的释水速度。吸收水泥浆体孔溶液后的SAP，其后期释水主要受混凝土内部相对湿度差控制。当混凝土内部相对湿度降低时，SAP在混凝土内部相对湿度差的驱动下释水，从而起到延缓混凝土内部相对湿度降低的作用，同时，被延缓的混凝土内部相对湿度降低过程又在一定程度上减缓了SAP在混凝土内部相对湿度差下的释水速度，因此，SAP对混凝土的自收缩起到了较好的补偿作用，甚至可以抵消混凝土的自收缩。

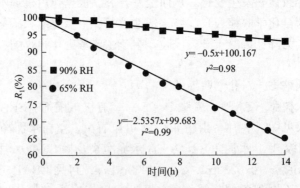

图5.2-16 不同相对湿度下吸水后SAP的保水率

掺EA混凝土在密封条件下同样先表现出了一定的自膨胀现象，但随后出现了收缩落差，可能是因为膨胀剂水化消耗了较多的水分，在一定程度上增加了混凝土的自干燥效应的缘故。SRA虽然对混凝土自收缩有补偿作用，但补偿效果不如SAP及EA，这是因为

SRA 本身并不具有自膨胀效应的缘故。SRA 能减小混凝土孔溶液的表面张力，降低因混凝土自干燥而产生的毛细管负压，从而起到补偿混凝土自收缩的作用。

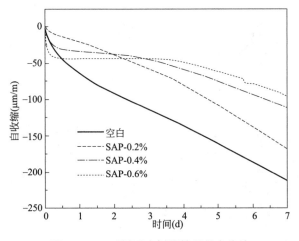

图 5.2-17　不同吸水树脂掺量的自收缩

图 5.2-17 是不同吸水树脂掺量对混凝土自收缩的影响，值得注意的是，随着树脂掺量的增加，自收缩不断减少，掺量依次为 0.2%、0.4%、0.6% 时自收缩减少分别为 18%、45.8%、52.8%。众所周知，当水泥水化消耗水分时，此前由水分占据的区域逐渐变成毛细孔，毛细孔中的水分失去时，由于表面张力的作用产生毛细孔负压，进而导致混凝土自收缩，SAP 能够在水泥水化消耗水分时利用内部相对湿度向基体补充水分，延缓内部相对湿度的降低，减小毛细管负压，从而减少自收缩。

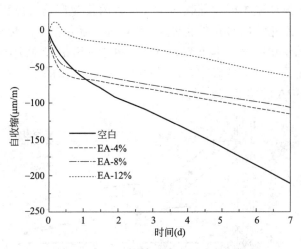

图 5.2-18　不同掺量膨胀剂的自收缩

图 5.2-18 是不同掺量膨胀剂对混凝土自收缩的影响。从图中可以看出加入膨胀剂可以有效减少混凝土的自收缩，且随着掺量的增加自收缩不断减小，当掺量 12% 时初期表现为膨胀。膨胀剂的掺入使得高强混凝土早期收缩存在先膨胀再收缩的过程，混凝土浇筑成型后，膨胀剂立即开始水化膨胀，生成钙矾石晶体，此时膨胀剂的膨胀作用大于混凝土内部自干燥引起的自收缩。膨胀剂减小早期收缩的原理是膨胀剂水化产生的钙矾石晶体能

够填充、堵塞混凝土的毛细孔，改变混凝土中孔结构和孔级配，使有害孔减少，无害孔增多，总孔隙率降低，从而减小早期收缩。

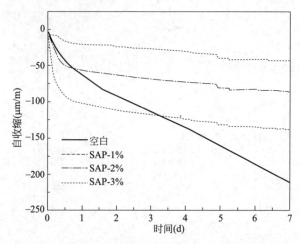

图 5.2-19 不同掺量减缩剂的自收缩

图 5.2-19 显示了不同掺量有机减缩剂对混凝土自收缩的影响。可以看出随着掺量的增加自收缩在不断减少。减缩剂在混凝土中应用可以像其他外加剂一样，能在混凝土自由水中均匀分散，可使混凝土孔溶液表面张力降低一半以上。按照毛细管张力学说，收缩是由于存在于水泥毛细孔和凝胶孔隙中的水分散失而产生的毛细管张力造成的，而毛细管张力又与溶液表面张力成正比关系，因此减缩剂也可以减少一半的自收缩应力。

（3）不同类型减缩方式对干燥收缩的影响

当混凝土处于干燥环境中时，其收缩不仅包含因反应产物相体积减小产生的化学收缩，水泥基胶凝材料水化消耗水分产生的自干燥收缩，还包括因混凝土基体与周围环境发生水分交换而产生的干燥收缩。本小节研究吸水树脂（SAP）、膨胀剂（EA）、有机减缩剂（SRA）对混凝土干燥收缩的影响，结果见图 5.2-20。由图 5.2-20 可以看出，整体而言，在干燥环境中 SRA 的减缩效果最好。

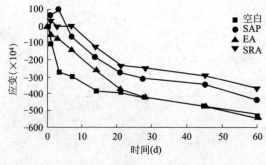

图 5.2-20 混凝土的干燥收缩

对比图不同相对湿度下吸水后 SAP 的保水率和下图可知，SRA 在干燥环境下对混凝土的减缩效果要比密封条件下更明显。这是因为 SRA 主要依靠降低混凝土孔溶液表面张力来达到减缩目的，其并不依赖于混凝土内部水源。另外，也有研究认为有机减缩剂也影响着水分的蒸发速率。图 5.2-21 是有机减缩剂溶液的蒸发速率。本研究所用 SRA 可降低有机减缩剂溶液（水分）的蒸发速率，且 SRA 浓度越高，有机减缩剂溶液（水分）蒸发速率越低。因此，所用有机减缩剂对混凝土干燥收缩的影响一方面在于其降低了混凝土孔溶液表面张力，另一方面在于其降低了混凝土内部水分的蒸发速率。

由图 5.2-20 还可以看出，SAP 对于混凝土的干燥收缩同样具有较好的补偿效果。结合图 5.2-21 不同吸水树脂掺量的自收缩可知，SAP 在干燥环境中或者混凝土内部相对湿度降低时，可释放其内部储存的水分，延缓混凝土内部相对湿度的降低，从而降低混凝土内部毛细管负压，减小混凝土干燥收缩。而对于膨胀剂而言，其补偿干燥收缩的效果在干燥环境中没有理想中那么好，且随着龄期的延长混凝土干燥收缩值甚至与空白混凝土相当。可见，即使对于高水胶比的混凝土而言，膨胀剂依然对水源有着很大的依赖性，高水胶比混凝土养护不当同样会面临干燥收缩开裂的风险。因此，不同类型减缩剂的减缩机理及适用环境并不相同，在使用中应根据工程需要及减缩剂特点合理使用各种类型减缩剂。

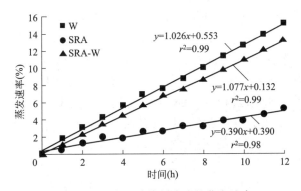

图 5.2-21　有机减缩剂溶液的蒸发速率

3. 混凝土补缩抗裂提升技术

采用塑性开裂试验进一步分析吸水树脂（SAP）、膨胀剂（EA）、有机减缩剂（SRA）对混凝土的实际开裂的改善作用，结果见图 5.2-22。由图 5.2-22 可见，空白混凝土塑性开裂非常严重，掺 SAP 混凝土、掺 EA 混凝土及掺 SRA 混凝土塑性开裂较为轻微。从开裂结果对比可知，掺 EA 的混凝土塑性开裂最明显，其次为掺 SAP 混凝土，掺 SRA 混凝土塑性开裂最少。这是因为，在试验碘钨灯及风扇的作用下混凝土表面的水分损失较快，这对于掺 EA 混凝土显然是不利的，而 SAP 及 SRA 的存在却可以在一定程度上延缓混凝土内部相对湿度的降低，SRA 还可起到降低混凝土孔溶液表面张力的作用，最终减小毛细管负压，降低混凝土塑性收缩开裂。由此可见，SAP、EA、SRA 均在一定程度上解决高水胶比混凝土的收缩开裂问题，但三者均有各自的适用条件。总体而言，SAP、SRA 的适应性较强，对于一些养护条件难以充分保证的工程具有更突出的应用价值，但相比之下 SRA 可能成本较高；EA 的应用则需要重视混凝土的养护条件，混凝土应在足够长的龄期保持湿养护。

综合不同类型材料在不同混凝土养护条件下的减缩效果，基于 SAP 建立化学调控与物理梯度多重释水调控的补缩抗裂方法为最佳方案。原因如下：

（1）SAP、RA、SRA 对混凝土的 3d 抗压强度均有一定程度的负面影响，其中掺

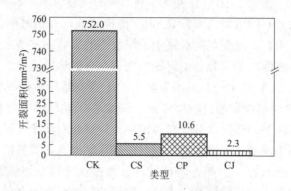

图 5.2-22 混凝土的塑性开裂性能
CK—空白混凝土；CS—掺 SAP 混凝土；CP—掺 EA 混凝土；CJ—掺 SRA 混凝土

SRA 混凝土 3d 抗压强度降低幅度最大，约为 19%；当养护龄期延长至 28d 时，掺 EA 混凝土和掺 SRA 混凝土的抗压强度与空白混凝土基本相当，而掺 SAP 混凝土抗压强度超过空白混凝土，表明 SAP 促进了混凝土后期抗压强度的增长。

(2) SAP 对高水胶比混凝土的化学收缩、自收缩、干燥收缩及塑性开裂均具有较好的改善效果，这是由于 SAP 对混凝土内部相对湿度具有调控作用所致。当混凝土在密封条件下养护时，SAP 释水速度减缓，其对混凝土内部相对湿度的调控作用可以持续较长时间，致使 SAP 对混凝土的自收缩有较好的补偿作用，甚至可以抵消混凝土的自收缩。

(3) EA 对高水胶比混凝土的养护条件要求苛刻，在密封条件下 EA 具有较好的补偿自收缩的作用，但在干燥条件下 EA 补偿干燥收缩效果并不理想。

(4) 密封条件下 SRA 补偿混凝土自收缩的效果不如 SAP 及 EA，这主要是因其不具"自膨胀效应"所致；在干燥条件下 SRA 具有良好的补偿干燥收缩的作用，这是因其能降低混凝土孔溶液表面张力和内部水分蒸发速率的缘故。

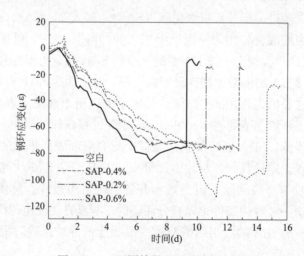

图 5.2-23 不同掺量 SAP 的圆环开裂

采用圆环开裂法分析不同 SAP 掺量对混凝土开裂风险的改善作用，结果如图 5.2-23 所示。从图中可以看出内养护有效延缓了开裂时间，最大掺量 0.6% 时延缓了 40% 的开裂时间,并将开裂等级从中高开裂风险降低到中低开裂风险,平均应力发展从 0.17～0.34 减小到 0.10～0.17,通过数值计算开裂风险系数为 0.65,成功减小到 0.7 以下,见表 5.2-28。可能的原因是 SAP 能够在水泥水化消耗水分时内部相对湿度向基体补充水分,延缓内部相对湿度的降低,减小毛细管负压,从而减少自收缩,进而延缓开裂。

开裂风险等级划分　　　　　　　　　　　表 5.2-28

开裂时间 t_{cr}(d)	平均应力发展速率 S(MPa/d)	开裂风险等级
$0<t_{cr}\leqslant7$	$S\geqslant0.34$	高开裂风险
$7<t_{cr}\leqslant14$	$0.17\leqslant S<0.34$	中高开裂风险
$14<t_{cr}\leqslant28$	$0.10\leqslant S<0.17$	中低开裂风险
$t_{cr}>28$	$S<0.10$	低开裂风险
$0<t_{cr}\leqslant7$	$S\geqslant0.34$	高开裂风险

5.2.5　高保坍自密实高性能混凝土耐久性研究

1. 污水环境下混凝土劣化行为分析

本工程作为污水深隧,污水环境中混凝土的腐蚀情况非常严峻,如图 5.2-24 所示。污水环境对混凝土的腐蚀产生于一个复杂的物理化学过程,一方面,污水中含有大量的无机物、有机物及极易于微生物生长的营养物质,它们将对混凝土产生复杂的化学作用,另一方面,外力荷载、液体流速、干湿交替及时间等环境变量及混凝土应力状态将使上述作用加剧。

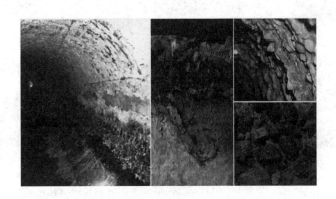

图 5.2-24　污水环境混凝土腐蚀情况

采用同配合比砂浆研究混凝土抗硫酸盐侵蚀、抗氯离子渗透、抗渗及抗微生物腐蚀等性能,混凝土基准配合比如表 5.2-29 所示。

砂浆配合比（kg/m³）　　　　　　　　　　表 5.2-29

水泥	粉煤灰	矿粉	硅灰	减缩剂(%)		砂	水	外加剂	
				类别	掺量			名称	掺量
270	150	75	20	SAP	0.6	1250	165	DH	10.3

2. 混凝土抗硫酸盐侵蚀性能研究

抗硫酸盐侵蚀性能是耐久性的重要内容，硫酸盐侵蚀混凝土破坏是一个复杂的物理化学过程，硫酸盐的侵蚀主要表现物理作用导致的破坏和化学作用导致的破坏两方面。物理作用导致的破坏主要是因为含有有害离子的溶液通过结构中的孔隙通道进入到构件的内部，随着水分的蒸发溶液过饱和，其中的盐结晶析出产生结晶应力，引起开裂。这种过程在干湿循环不断交替的地方周而复始，最终就导致材料表面层的剥落。化学作用导致的破坏是含有硫酸根离子的溶液进入材料结构内部，硫酸根离子和水泥浆体中的部分组分发生化学反应，生成钙矾石。这种反应产物产生的膨胀导致材料结构破坏，也有可能会导致水泥水化产物的部分或完全分解，引起黏结力和强度的逐渐丧失，最终导致结构的破坏。

试验采用5%的硫酸钠溶液，0%、0.5%、1.0%、2.0%、3.0%以及4.0%掺量纳米晶核增强材料对混凝土试块经6个月硫酸钠溶液侵蚀后的外观变化见图5.2-25。随纳米晶核增强材料掺量增大试件受侵蚀程度明显减轻。未掺加纳米晶核增强材料的样品受侵蚀程度最为严重。掺2%纳米晶核增强材料的试块表面边角残缺。掺3%纳米晶核增强材料的试块表面基本完整。掺4%纳米晶核增强材料的外观无明显变化。从外观初步判断水泥砂浆侵蚀程度随纳米晶核增强材料掺量增大依次减小。但具体效果还需通过强度等一系列测试进行确认。

图 5.2-25 6个月硫酸钠溶液侵蚀后的外观变化

图5.2-26为纳米晶核增强材料（nano-LS）对砂浆28d、90d、180d强度损失率的影响规律。对于空白样品（nano-LS掺量为0%）来说，在5%的硫酸钠溶液中浸泡28d后，强度均有不同程度的提高。这是因为在侵蚀过程中，侵蚀产物钙矾石和石膏先起填充作用，不断填充水泥石的孔隙，使得结构不断密实，强度有增加的趋势。随着龄期的延长，龄期达到90d和180d时，强度损失率增加；180d龄期时，强度损失率为19%。这是因为当孔隙被侵蚀产物完全填充后，钙矾石与石膏吸水肿胀或结晶膨胀产生膨胀应力，导致混凝土出现剥落。分析nano-LS对强度损失率的影响，我们可以发现，随nano-LS掺量的增加，在28d龄期，强度损失率均为负数。这是硫酸钠溶液养护的早龄期增强效果。因为

nano-LS 提高了抗渗性，浸泡液中的硫酸根离子不易进入内部发生化学反应，因此，这种早龄期增强效果随 nano-LS 掺量的增加而降低。随着龄期的延长至 90d 和 180d，强度损失率逐渐下降，说明 nano-LS 的加入可显著改善抗硫酸盐侵蚀能力。当 nano-LS 掺量为 4%时，180d 强度损失率仅为 5%，与空白样品相比，降低了 73.6%。因此，从以上的分析，我们可以得出结论，nano-LS 的加入可显著改善混凝土的抗硫酸盐侵蚀能力。

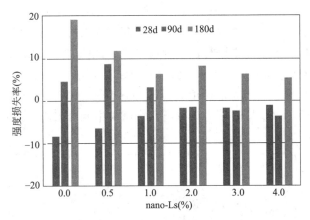

图 5.2-26　对砂浆强度损失的影响

3. 混凝土抗氯离子侵蚀性能研究

环境中游离的氯离子一旦渗入，将和混凝土中的水化产物反应生成氯铝酸钙，体积比相应的反应物大好几倍，从而造成混凝土的膨胀破坏。同时游离态的氯离子还会腐蚀钢筋，导致钢筋锈蚀。

测定 C-FA-nano-LS 系统的氯离子扩散系数（DRCM），结果如图 5.2-27 所示。从图中可以看出，随着 nano-LS 用量的增加，DRCM 明显降低。在没有 nano-LS 的情况下，该值约为 $16.5 \times 10^{-14}\,m^2/s$，而 0.5% 的 nano-LS 将其降至 $12 \times 10^{-14}\,m^2/s$。掺量增加到 4.0%进一步降低到 $6.2 \times 10^{-14}\,m^2/s$，降低 62%。这些结果表明，将 nano-LS 添加到水泥-FA 体系中显著增加了体系的抗氯离子侵蚀能力。一般认为，水泥基材料的抗氯离子侵蚀能力与孔结构和微观结构有关。微观结构的改善和孔结构的细化将显著增加抗氯离子侵蚀能力。

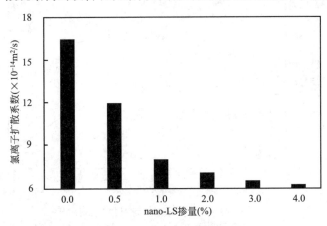

图 5.2-27　C-FA-nano-LS 体系氯离子扩散系数

4. 混凝土抗水渗透性能研究

混凝土是一个多元固相体系，内部有较多孔隙，当水流较大时，会产生较高的水压，水渗入的同时会促进离子的渗透；同时外力荷载易导致混凝土自身开裂，一旦出现明显裂纹，混凝土极易从内部开始破坏。

根据《砂浆、混凝土防水剂》JC 474 的要求，用上口直径为 70mm，下口直径为 80mm，高度为 30mm 的截头圆锥带底金属试模成型对比试块和受检试块，脱模后将试块分别置于净水中和 Na_2SO_4 溶液中养护至规定龄期，取出待表面干燥后用熔融的液状石蜡将试块进行密封后装入渗透仪中进行抗水渗透试验。试验时的初始水压为 0.2MPa，恒压 2h，然后增至 0.3MPa，随后每隔 1h 增加 0.1MPa。当六个试块中有三个试块的表面出现渗水时即可停止试验，记下当时水压值。当压力达到 1.5MPa 恒压 1h，试块表面仍未有水渗出时应停止升压。砂浆抗渗压力为每组六个试块中四个未出现渗水时的最大水压力。

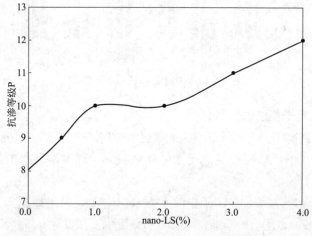

图 5.2-28　nano-LS 对抗渗等级的影响

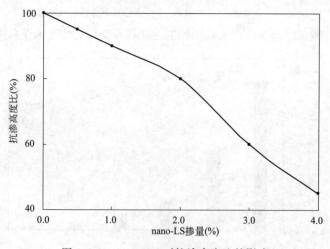

图 5.2-29　nano-LS 对抗渗高度比的影响

图 5.2-28 给出了 nano-LS 对抗渗等级的影响规律。从图中可以看出，随 nano-LS 掺量的增加，抗渗等级逐渐增加。不加 nano-LS 条件下，抗渗等级能达到 P8，略微偏高，可能是本试验中材料的粉煤灰细度相对较小。当 nano-LS 掺量为 0.5% 时抗渗等级提高至 P9，当 nano-LS 掺量为 4.0% 时，抗渗等级提高至 P12。同时也进行了抗渗高度比的相关测试与计算，结果如图 5.2-29 所示。从图中可以看出，随 nano-LS 掺量的增加，抗渗高度比逐渐降低。当掺量为 0.5% 时，抗渗高度比降低仅 5%。当掺量为 4.0% 时，抗渗高度比降低达 55% 以上。以上分析说明，nano-LS 的加入可显著改善混凝土的抗渗性，这与砂浆抗氯离子渗透性改善的机理是一致的。

5. 混凝土抗污水侵蚀研究

微生物腐蚀是指微生物引起的腐蚀或受微生物影响的腐蚀，微生物的代谢过程可分为好氧和厌氧两种。厌氧菌参与分解有机物，将其分解成二氧化碳和硫化氢等气体。其中硫化氢本身对混凝土无明显的侵蚀作用，但遇上好氧硫化菌，就会生成生物硫酸，对混凝土具有强烈的侵蚀作用。

污水取样于武汉市二郎庙污水处理厂，污水基本参数如表 5.2-30 所示。通过配制人工强化污水，加速混凝土腐蚀，人工强化污水配制指标如表 5.2-31 所示。

二郎庙污水处理厂水质分析　　　　　　　　　　　表 5.2-30

厂名	CODcr (mg/L)	BOD_5 (mg/L)	SS (mg/L)	TN (mg/L)	NH_3-N (mg/L)	TP (mg/L)
二郎庙污水处理厂	183	57	147	22.4	18	2.4

强化污水配比　　　　　　　　　　　表 5.2-31

名称	淀粉	葡萄糖	蛋白胨	尿素	磷酸氢二胺	硫酸镁	氯化钠	VB
强化污水	184.5	100.5	28.5	12	6.73	3.6	1.2	0.2

试验采用强化污水，混凝土试块 28d 标准养护后，研究 0%、0.5%、1.0%、1.5%、2.0%、3.0% 以及 4.0% 掺量纳米晶核增强材料对混凝土 28d 污水侵蚀后的抗压强度耐腐蚀系数，结果见图 5.2-30。

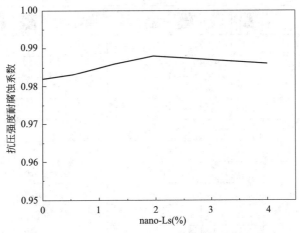

图 5.2-30　nano-LS 对抗压强度耐腐蚀系数的影响

从图 5.2-30 可知，掺加 nano-LS 有利于提高混凝土的抗压强度耐腐蚀系数，但效果一般。这可能是由于浸泡时间较短，虽然通过强化污水，提高了污水的腐蚀能力，但混凝土结构较为致密，没有明显的裂纹来提供污水侵蚀的传输通道，降低了污水侵蚀的程度，后期可以开展长龄期的试验继续观察。

6. 混凝土耐侵蚀机理研究

ITZ 的微观结构被认为是影响混凝土耐久性的主要因素之一。通常，ITZ 的宽度为 $20\sim50\mu m$。在该部分中，通过 SEM-EDS 对距骨料 $100\sim150\mu m$ 的区域进行了研究，图像如图 5.2-31 所示。从图 5.2-31 中，未明显观察到 ITZ。进一步分析了这些区域的微观结构，表 5.2-32 显示了 Ca、Si 和不同相的相分布。发现红色的 Ca/Si 比值低至 0.02，表明红色颜色代表沙子。此外，如表 5.2-32 所示，计算图像中的平均 Ca/Si 比。在 C-FA（参考）系统中，平均 Ca/Si 比为 1.86；2.0% 的 nano-LS 将其降低至 1.52，而掺量增加至 4.0% 则将其降低至 1.43。实际上，水化产物中的 Ca/Si 比反映了 C-S-H 中的 CH 含量，通常，较高的 Ca/Si 比意味着更多的 CH。基于此，可以通过以下事实来解释通过添加 nano-LS 而降低的 Ca/Si 比：纳米尺寸的 nano-LS 进入聚集体附近的这些区域并与 CH 反应以降低 Ca/Si 比。整个微观结构，包括 ITZ，都得到了明显改善，对强度有明显的贡献。通过以上的分析，nano-LS 通过改善孔结构、界面过渡区结构，增加体系密实性，从而提高混凝土的耐久性。

图 5.2-31 砂浆的 SEM-EDS 图像

样品中的相分布　　　　　表 5.2-32

样品	物相	■	▨	■	▦	▥	▤	▣	▢	■	平均 Ca/Si
空白组-粉煤灰	相比例（%）	26.00	28.00	29.00	16.00						1.86
	钙含量（%）	0.66	14.72	23.89	6.24						
	硅含量（%）	36.70	8.98	6.43	13.19						
	钙硅比	0.02	1.64	3.72	0.47						
	总钙含量（%）	0.17	4.12	6.93	1.00						
	总硅含量（%）	9.54	2.51	1.86	2.11						
空白组-粉煤灰-2%纳米晶核增强材料	相比例（%）	39.00	11.00	10.00	12.00	10.00	8.00	6.00	3.00	1.00	1.52
	钙含量（%）	0.48	4.11	21.30	15.08	7.06	7.97	11.45	10.06	2.21	
	硅含量（%）	29.19	9.93	3.74	8.07	11.81	4.43	4.20	5.55	3.76	
	钙硅比	0.02	0.41	5.70	1.87	0.60	1.80	2.73	1.81	0.59	

续表

样品	物相										平均 Ca/Si
空白组-粉煤灰-2%纳米晶核增强材料	总钙含量（%）	0.19	0.45	2.13	1.81	0.71	0.64	0.69	0.30	0.02	1.52
	总硅含量（%）	11.38	1.09	0.37	0.97	1.18	0.35	0.25	0.17	0.04	
空白组-粉煤灰-4%纳米晶核增强材料	相比例（%）	22.00	19.00	14.00	13.00	13.00	4.00	5.00	2.00	8.00	1.43
	钙含量(%)	0.54	15.28	28.21	2.24	10.20	5.58	7.32	16.25	4.21	
	硅含量(%)	35.02	4.66	3.12	21.90	8.72	9.26	3.04	6.84	10.66	
	钙硅比	0.02	3.28	9.04	0.10	1.17	0.60	2.41	2.38	0.39	
	总钙含量（%）	0.12	2.90	3.95	0.29	1.33	0.22	0.37	0.33	0.34	
	总硅含量（%）	7.70	0.89	0.44	2.85	1.13	0.37	0.15	0.14	0.85	

5.3 二衬总体施工方案

5.3.1 总体方案设计思路

1. 隧道二次衬砌施作方向比选

隧道盾构贯通后，至多从隧道两端往中间方向或隧道中间往两端方向投入两个工作面。两个不同的施作方向间需进行定性分析比选。

隧道二次衬砌施工方向对比　　　　表 5.3-1

	隧道两端往中间	隧道中间往两端
盾构设施拆除与隧道清理、钢筋备料	隧道一端往另一端进行盾构设施拆除与隧道清理作业，同步进行钢筋备料作业。拆除起始端开始钢筋备料后即可开始二衬作业，拆除结束端需待拆除清理与备料工序结束后才可开始二衬施工	隧道中间往两端进行盾构设施拆除与隧道清理作业，同步进行钢筋备料作业。隧道中间开始钢筋备料后即可中间往两端开始二衬施工。但只能逐节段拆除清理与备料逐节段施工二衬，否则混凝土输送需越过钢筋备料区，需采用超远距离泵送，堵管风险大
钢筋绑扎	首模二衬钢筋绑扎完成后，钢筋绑扎始终领先于后续工序，不占用关键工序时间	钢筋绑扎随钢筋备料逐节段进行，后续工序需等待该节段钢筋绑扎完成后进行，施工工效低，窝工现象严重
模板转运及支模	从洞口往中间逐节段施工至隧道中间合拢后退出隧道	将模板运至隧道中间后往洞口两端施工直至完成二衬施工后直接出洞
泵管布设	洞口侧泵机处布设至中间侧模板端部	洞口侧泵机布设至中间侧模板端部
混凝土浇筑与等强	混凝土浇筑从中间往洞口侧边拆泵管边浇筑混凝土，洞口侧后浇筑等强时，中间侧模板可先行前移	混凝土浇筑只能从中间往洞口侧边拆泵管边浇筑混凝土，洞口侧后浇筑，等强工序占用时间长。若从洞口侧往中间侧浇筑混凝土，则需在浇筑过程设泵管，无法进行润管工作，堵管风险大
二衬运输轨道铺设	需重新铺设轨道，但可穿插进行，不占用关键工序时间	可利用盾构阶段轨道
成型隧道清理	成型隧道位于洞口侧，废料清理后可直接随运输车运出	成型隧道位于中间侧，废料清理后无法运出

如表5.3-1所示，隧道中间往两端施工方案虽然可以两个工作面同时开始二衬施工，但只能逐节段依次进行钢筋备料、钢筋绑扎、支模及二衬混凝土浇筑等各工序施工，且混凝土等强工序占用时间长，施工工效低、窝工现象严重。隧道两端往中间施工方案虽然拆除结束端需待拆除清理与备料工序结束后才可开始二衬施工，但钢筋备料与钢筋绑扎不占用支模及混凝土浇筑关键工序时间，施工工效显然远优于前述方案。且可通过研究盾构配套设施拆除及二衬钢筋备料高效施工方案，减少用该道工序占时间。综上考虑，故决定选择隧道盾构贯通后两端向中间施作二次衬砌的施工方向。

2. 隧道二次衬砌施工形式比选

隧道二次衬砌施工形式可基于两种思路考虑：（1）全圆整体浇筑；（2）下部仰拱与上部拱墙分开施工。其定性对比分析如表5.3-2所示。

隧道二次衬砌施工形式对比　　　　　表5.3-2

		全圆整体浇筑	上下分开施工
工序		采用传统针梁式或穿行式台车进行全圆浇筑	将二衬下部仰拱与上部拱墙分开施工，先行施工一定长度仰拱，而后采用台车跳仓法施工拱墙跟进仰拱施工
组织		1. 隧道断面小，设备笨重，难以实现台车内部通行，物料运输无法通过； 2. 每个工作面至多投入1台台车施工，单次施工长度短，混凝土浇筑次数多，工效低； 3. 泵送距离短，混凝土浇筑组织及控制简单	1. 先施工的仰拱可提供底部通行条件，拱墙台车可设计为满足通行要求的门架结构，解决物料运输、通行问题； 2. 可多点作业，大面积投入模板，提高施工效率，同时拱墙跟进仰拱施工，同步浇筑混凝土，单次施工长度长，工效高； 3. 泵送距离长，混凝土浇筑组织及控制难度大
其他	弯道	大曲率弯道适应性低	通过分节铰接，可适应大曲率弯道
	模板	1. 浮力大，设计要求高； 2. 针梁台车刚度大，通过针梁整体调整，就位速度快； 3. 穿行式台车需分体转运再形成整圆，就位相对慢	1. 浮力小，设计要求低； 2. 不需要形成整圆，就位速度快

虽然小直径隧道中全圆整体浇筑方案施工技术相对较为成熟，但无论是传统针梁台车（通过换撑，利用卷扬机进行相对运动，实现换步行走）还是传统穿行式台车（通过穿行架移动实现换步移动），施工效率一般在2d/段，由于隧道转弯半径较小，考虑台车通过性，单段最大长度仅约12m。另外，由于全圆浇筑需抵抗较大浮力，台车结构尺寸需设计较大，设备笨重，且隧道断面小，中间通行困难，物料运输难以通过台车，因此同一区间至多同时投入两台模板台车，以3.6km最长区间计算，单作业面二衬施工工期超过7.5个月。此外，本工程最小转弯半径仅250m，传

图5.3-1　二衬与盾构同步跟进试验

统台车难以适应此大曲率隧道施工。二衬与盾构同步跟进试验如图5.3-1所示。

下部仰拱与上部拱墙分开施工方案浮力小,对模板设计要求低,拱墙台车可设计为轻量级门式结构,实现台车内部通行,进而实现单作业面大面积投入模板、多点位进行二衬施工,单次施工距离长,可根据试验最远水平泵送距离与工效计算进行模板资源投入配置,施工工效相较全圆整体浇筑可大幅提高。故决定选择下部仰拱与上部拱墙分开施工,仰拱跟进拱墙施工的方案。对最小转弯半径仅250m的工况,需研究台车分节铰接式设计。泵送距离长,需对混凝土泵送浇筑组织进行专项研究。

3. 总体方案设计

(1) 方案设计

基于方案设计原则与上述方案比选,结合传统工法优缺点及现场实施条件,本工程隧道二衬选用仰拱先行、拱墙跳仓跟进,长节段、多台车、机械化作业工法,详细方案设计如下:

1) 盾构隧道贯通后,从隧道一端向另一端进行盾构设施拆除、隧道清理,同时利用拆除物料外运设备将二衬钢筋运入隧道进行摆放,然后根据钢筋摆放完成情况分别从两端往中间平行流水施工二衬。拆除起始端开始钢筋备料后即可开始二衬作业,拆除结束端需待拆除清理与备料工序结束后开始二衬施工。

2) 二衬施工纵向分仓、分段,竖向分层,下部仰拱与上部拱墙分开施工,增加纵向施工缝,避免浇筑过程中承受过大浮力及侧压力,简化模板体系,释放空间。模板大面积投入,加大单次施工节段长度,减少混凝土浇筑次数,提高施工效率。

3) 先行施工的仰拱为后续大范围施工组织提供底部通行条件,拱墙台车设计为满足通行要求的门架结构,解决物料运输、通行问题,为工人作业提供充分的操作空间。并针对大曲率弯道作分节铰接式设计。

4) 仰拱施工至一定长度后,拱墙跟进仰拱施工,同步浇筑混凝土,增加单次浇筑方量,减少混凝土浇筑次数。

5) 采用全套机械化作业方案,定制全套狭小空间作业机械,减少人工投入,降低劳动强度,实现作业流程标准化。

二衬竖向分层如图5.3-2所示。

(2) 模板配置计算

由于混凝土泵送距离限制,考虑尽量减少混凝土浇筑次数,增大单次浇筑方量,模板配置应尽量增多,结合隧道曲线半径、台车设计长度、变形缝设置距离要求及拱墙跳仓法施工布置,仰拱或拱墙模板最大配置数量为最远泵送距离的1/4,即最多配置10套模板,144延米。奇数仓及偶数仓施工示意如图5.3-3和图5.3-4所示。

研究拱墙跟进仰拱的施工方案,将各施工环节各个工序细分,正常施工流水阶

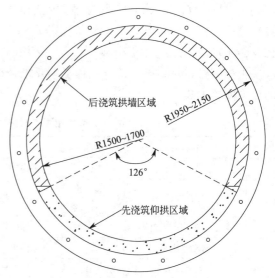

图5.3-2 二衬竖向分层示意图

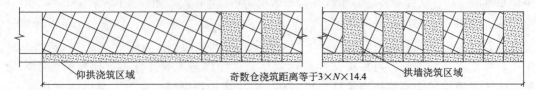

图 5.3-3 奇数仓施工示意图

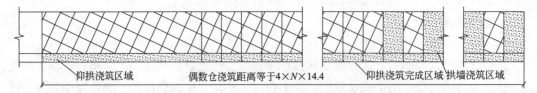

图 5.3-4 偶数仓施工示意图

段包括钢筋运输备料、钢筋绑扎、仰拱模板安拆、拱墙模板安拆、泵管布设、仰拱浇筑、拱墙浇筑、仰拱等强、拱墙等强、轨道铺设、隧道清理，共计 10 道工序，其中钢筋运输备料及钢筋绑扎超前，可不占用关键工序。根据各工序作业位置及条件，当现场各工序达到最大的穿插搭接时，且各工序均无自由时差时为最高效的施工组织，该阶段的资源配置数量为最优资源配置。

单个循环总施工时间 $T=$ 仰拱浇筑 T_1+T_2：max［(仰拱养护+仰拱模板安拆+轨道延伸)，(拱墙浇筑+隧道清理+拱墙模板拆模、移模、支模)］+泵管连接 T_3。当仰拱养护+仰拱模板安拆+轨道延伸所需时间＝拱墙浇筑+隧道清理+拱墙模板拆模、移模、支模所需时间时即为最优模板配置。

仰拱养护时间 $t_1=12h$；仰拱模板安拆时间 $t_2=12N\times(1.2\times12N/V_1)\times2$（$N$ 为模板套数；V_1 为电动平板车转运模板速度，$V_1=600m/h$）；轨道延伸时间 $t_3=1.2\times12N/V_2$（N 为模板套数；V_2 为轨道延伸速度＝$6m/h$）；拱墙浇筑时间 $t_4=4\times N$（N 为模板套数）；隧道清理 $t_5=12h$；拱墙模板安拆 $t_6=3\times N$（N 为模板套数）。即 $12+12N\times(1.2\times12N/600)\times2+1.2\times12N/6=4\times N+12+3\times N$，根据上式可求得 $N\approx8$。

根据配置计算结果，结合工程工期要求，模板配置套数确定为 8 套 115.2m。单作业面设备配置如表 5.3-3 所示。

单作业面二衬施工设备配置表　　　　表 5.3-3

序号	设备名称	数量	功能	备注
1	轮式悬臂起重机	1 台	洞内钢筋卸车摆放	
2	仰拱模板	108 块	仰拱施工	支模使用 96 块 115.2m，预留 12 块搭接及设备停放模板
3	转运小型门式起重机	2 台	仰拱模板安拆	
4	电动平板车	1 台	仰拱模板转运	
5	拱墙台车	8 套	拱墙施工	共计 24 节，115.2m
6	电瓶车	1 台	物料运输	配置平板

4. 总体施工组织

(1) 总体施工部署

根据总体工期要求及现场施工条件,为加快二衬施工进度,各区间从两端往中间或从一端往另外一端平行流水作业,共设 14 个作业面;各作业面纵向分段,每 14.4m 或 14m 一模,竖向分层,仰拱与拱墙分开施工,先行施工的仰拱可为后续大范围施工组织提供底部通行条件。各区间作业组织如图 5.3-5 所示。

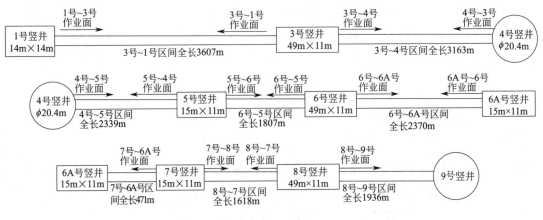

图 5.3-5 各区间作业组织图

(2) 总体工序组织

将隧道断面分为 126°仰拱与 234°拱墙。仰拱支模使用带轨道的定制钢模,115.2m 为一节段,拱墙采用 8 套 14.4m 长的可通行门式台车施工。

贯通后隧道二次衬砌施工从隧道两端向中间方向进行,总体施工工序组织如下:

1) 盾构洞通之前,钢筋采用 BIM 集约数控加工成半成品;盾构洞通后在接收井进行盾构接收、吊装出井并安装马镫进行井底布置。

2) 由隧道一端向另一端拆除盾构配套材料(走道板、轨道、风管、循环出水管、高压电、低压电及照明),同步将二衬钢筋下井运至洞内摆放。

3) 根据钢筋摆放情况进行钢筋绑扎,钢筋整圆绑扎,一次成型,同时完成变形缝及施工缝背贴橡胶止水带、预埋注浆管,安装顺序为变形缝处背贴止水带、接驳器连接钢筋、顶部预埋注浆管、外侧环向钢筋及纵向通长钢筋、变形缝处闭孔型聚乙烯泡沫塑料板、内侧纵向通长钢筋及环向钢筋、手孔连接钢筋及拉钩筋。首节段钢筋绑扎完成后,钢筋备料及钢筋绑扎施工始终超前于模板混凝土施工,不占用工序时间。

4) 仰拱模板及设备下井,施工两节段仰拱:

① 钢筋绑扎同时,根据洞内设备轨道标高调整始发井马镫并在井下布置小型门式起重机轨道并安装一台小型门式起重机,待第一个节段钢筋绑扎完成后将模板吊至井下,通过小型门式起重机运至洞内安装加固,当安装完成 12m 后,将电动平板车下井辅助模板运输安装,第一节段仰拱模板安装加固完成后,在竖井内布置拖泵浇筑第一节段仰拱。

② 第一节段仰拱浇筑完成后安装第二台小型门式起重机,然后通过前后两台小型门

式起重机及电动平板车将仰拱模板转运至下一节段进行安装加固，并浇筑混凝土。

5）拱墙台车下井跳仓布置，占据两节段仰拱，跟进施工拱墙。拱墙分为奇数仓和偶数仓，在施工一节段仰拱的同时，完成一个奇数仓或偶数仓拱墙施工。奇数仓拱墙施工后拱墙台车仅需移动14.4m至相邻偶数仓。拱墙浇筑完两个节段后，台车需整体前移两个节段。

6）跟进流水施工至仰拱合龙后运出仰拱施工模板，施工完成剩余拱墙并退出拱墙台车。

7）拆除洞内轨道、轨枕及电缆等设施，清理隧道，施作后装式变形缝，在二衬表面涂刷水泥结晶型防腐涂料，完成二衬施工。

总体工序组织图如图5.3-6所示。

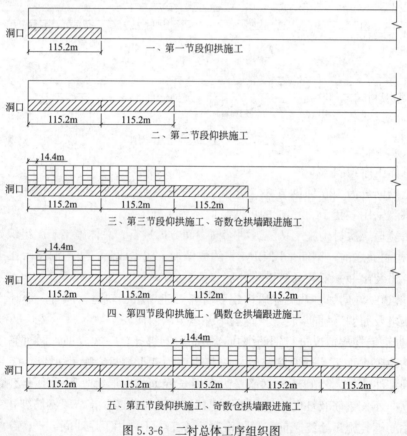

图5.3-6 二衬总体工序组织图

正常施工循环工序包括仰拱模板转运支护、拱墙台车移模支模、电瓶车中轨及台车边轨铺设、泵管连接、仰拱混凝土浇筑及养护、拱墙混凝土浇筑带模注浆及养护等工作内容。

为达到最高施工效率，应进行各工序穿插，最终优化后的施工组织如下，奇数仓理论工效为4.5d/节段；偶数仓理论工效为5d/节段。奇数仓及偶数仓工序时长如图5.3-7和图5.3-8所示。

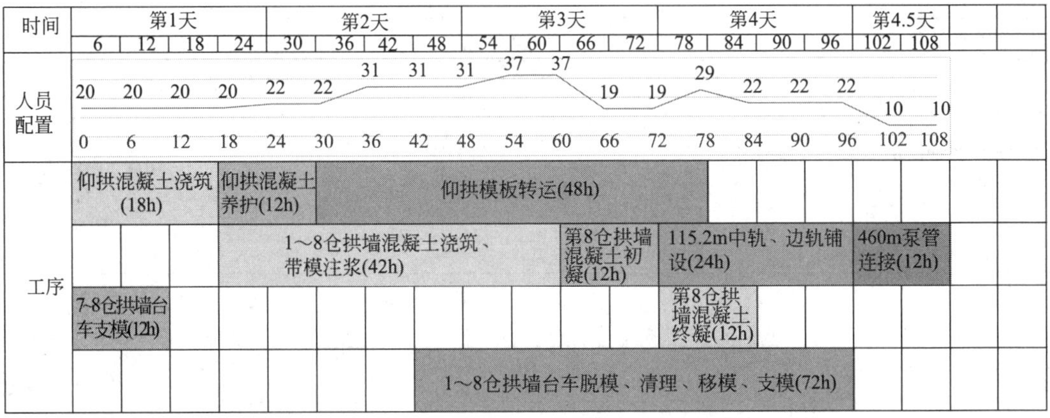

图 5.3-7 奇数仓施工组织

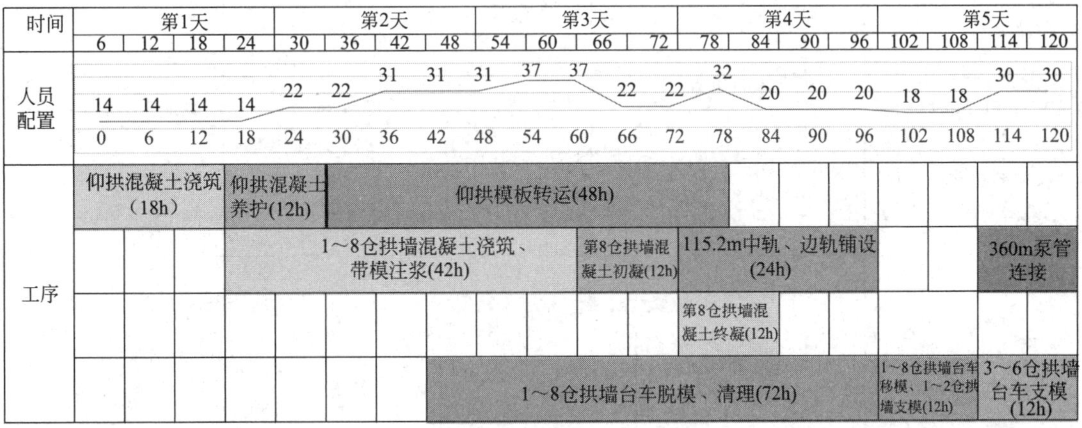

图 5.3-8 偶数仓施工组织

5.3.2 二衬主要施工工艺

1. 钢筋放样及集成数控加工

（1）钢筋设计概况

二衬钢筋包括环向钢筋、纵向通长钢筋、接驳器连接钢筋、手孔连接钢筋及拉钩筋。以 DN3000 隧道为例，具体详见表 5.3-4。

二衬钢筋分类　　表 5.3-4

钢筋类别	DN3000	加工方式
外侧环向钢筋 （14mm）	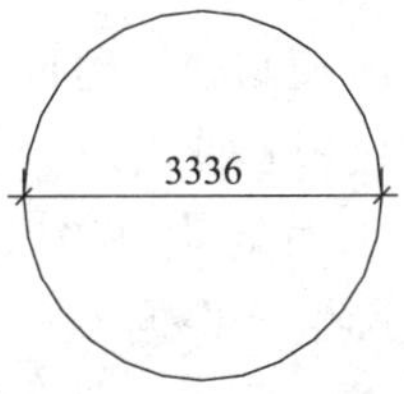 3336	切割＋弯圆弧

续表

钢筋类别	DN3000	加工方式
内侧环向钢筋（22mm）	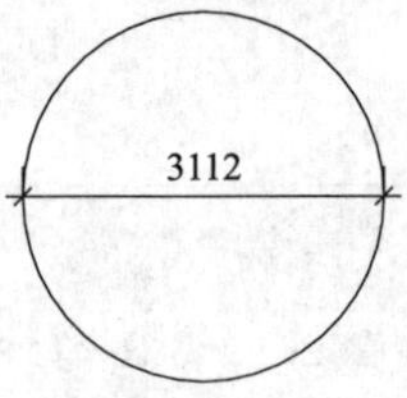 圆形，直径3112	切割＋弯圆弧
纵向通长钢筋（12mm）	 通长	切断
接驳器连接钢筋（12mm）（车丝24mm）	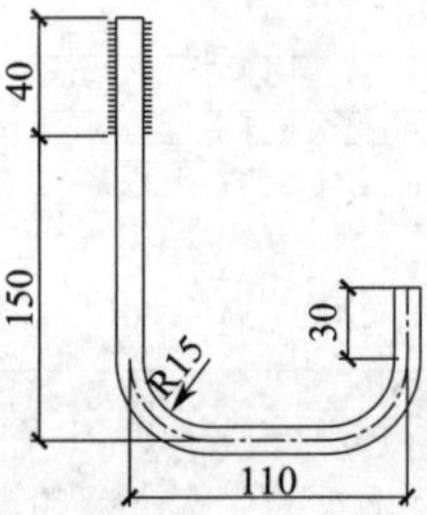 车丝40，150，R15，30，110	切断＋车丝＋弯曲
手孔连接钢筋（10mm）	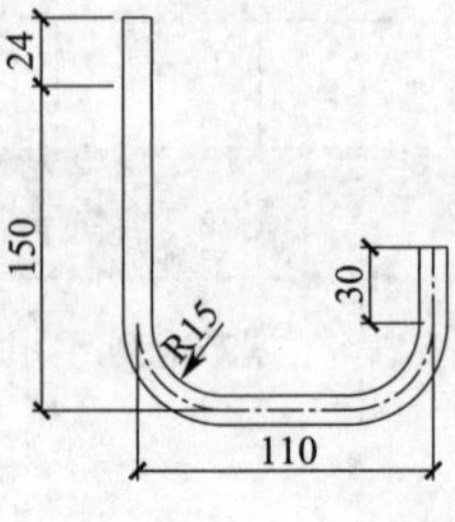 24，150，R15，30，110	切断＋弯曲
拉钩筋（8mm）	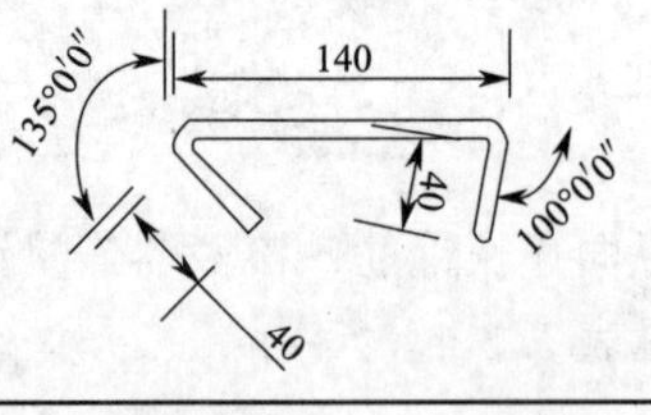 135°0′，140，40，100°0′，40	切断＋弯曲

(2) 钢筋放样及下料

1) 钢筋分节的确定

钢筋在地面进行弯曲成型，洞通后随洞内设施拆除同步在隧道中备料，此时受制于隧道管线等障碍物，隧道空间不足以满足成环或者二分节的钢筋运输。

平板车净宽1.2m、高0.5m，与管片距离在0.25～0.92m，隧道洞口道岔处轨面最高，平板上堆放钢筋的区域主要受此影响，根据DN3000隧道洞口道岔处的模拟情况，隧道净空间无法满足整环分两节钢筋立式、平铺、斜向放置在平板车上运输。整环钢筋分两节加工运输不可行，只能考虑分三节以上，且弧高需小于 1.536m。DN3000 二衬钢筋分节运输洞口断面如图 5.3-9 所示。

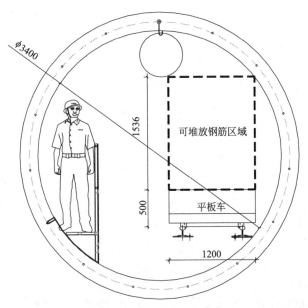

图 5.3-9　DN3000 二衬钢筋分节运输洞口断面图

2）节段长度的确定

二衬钢筋在洞内采用绑扎连接，连接技术要求符合《混凝土结构工程施工质量验收规范》GB 50204—2015 和《钢筋焊接及验收规程》JGJ 18—2012 等现行国家有关规范的要求：① 钢筋绑扎搭接长度≥$42d$；② 接头错开间距≥1.3 倍搭接长度。

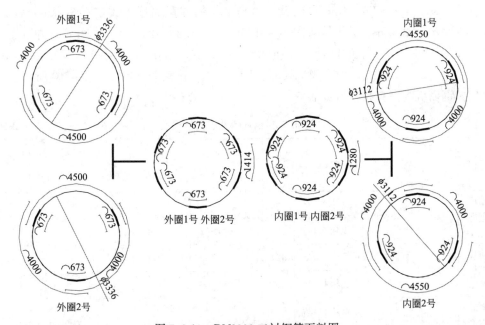

图 5.3-10　DN3000 二衬钢筋下料图

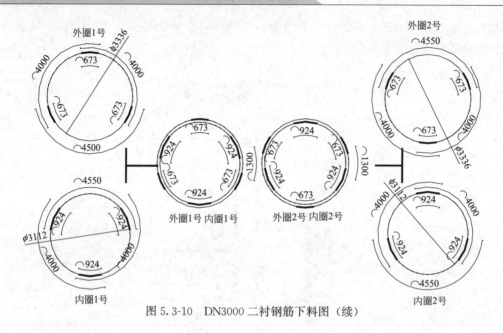

图 5.3-10 DN3000 二衬钢筋下料图（续）

3）二衬钢筋下料

考虑到市场上常见的钢筋长度为 9m、12m，整环分三节下料。为保证加工效率，每根钢筋截断后不产生或少产生废料，分节形式为 4.5m、4m。以 DN3000 隧道为例，二衬钢筋与变形缝一致以 14.4m 为一个节段进行加工。

DN3000 外圈环向钢筋周长 10.48m，内圈环向钢筋周长 9.777m。搭接和接头间距需满足规范要求，四分节不可行。外圈环向钢筋模拟下料方式如图 5.3-10 所示：外圈 1 号与 2 号同一截面接头数量不超过 50%，搭接 673mm＞42d＝588mm，接头间距为 1414mm＞1.3×42d＝764.4mm；内圈 1 号与 2 号同一截面接头数量不超过 50%，搭接 924mm＝42d＝924mm，最小接头间距为 1296mm＞1.3×42d＝1201.2mm。外圈 1 号与内圈 1 号、外圈 2 号与内圈 2 号同一截面接头数量不超过 50%，最小接头间距为 1308mm＞1.3×42d＝1201.2mm，满足规范要求。DN3000 二衬钢筋下料如图 5.3-10 所示。

二衬钢筋绑扎及搭接设置如表 5.3-5 所示。

DN3000 二衬钢筋绑扎、搭接设置　　表 5.3-5

二衬钢筋	直径长度(mm)	设计周长(mm)	搭接长度(mm)		接头间距(mm)		总长(mm)	实际组合形式(mm)
外圈环向钢筋(Φ14)	3336	10480	设计	42d　588	1.3×42d	764.4	12244	4500+4000+4000
			实际	48d　673	1.3×77.7d	1414	12500	
内圈环向钢筋(Φ22)	3112	9777	设计	42d　924	1.3×42d	1201.2	12549	4550+4000+4000
			实际	42d　924	1.3×44.7d	1280	12550	
纵向通长钢筋(Φ12)	14400	14400	设计	42d　504	1.3×42d	655.2	14904	9000+6000
			实际	50d　600	1.3×192d	3000	15000	

二衬环向钢筋分为 3 节段，根据钢筋的搭接长度和总长，外圈环向钢筋组合形式为 4.5m＋4m＋4m，内圈环向钢筋组合形式为 4.55m＋4m＋4m，纵向通长钢筋组合形式为 9m＋6m，纵向钢筋 6m 段由 12m 原材料切割而成。

二衬钢筋采用 BIM 集约数控加工技术加工成型，内外圈环向钢筋分为三段便于运输及绑扎，以 DN3000 隧道为例，一仓 14.4m 的钢筋数量如表 5.3-6 所示。

DN3000 隧道一仓 14.4m 钢筋数量   表 5.3-6

二衬钢筋	14.4m 所需钢筋(根)	单根长度(m)	组合形式(m)	每米重量(kg/m)	总重(t)
外圈环向钢筋	73	12.5	4.5+4.0+4.0	1.21	1.1041
内圈环向钢筋	97	12.55	4.55+4.0+4.0	2.986	3.6205
纵向通长钢筋	104	15	9+6	0.888	1.3853
接驳器钢筋	360	0.317	0.317	0.888	0.1013
手孔钢筋	1200	0.333	0.333	0.888	0.3548
拉钩筋	1055	0.257	0.257	0.395	0.1071
总量					6.6732t

2. 盾构设施拆除、隧道清理与钢筋备料

隧道贯通后盾构设施拆除与隧道清理、钢筋备料由一端洞口往另一端进行。

钢筋运输利用盾构施工阶段铺设的轨道及电瓶车实施，在拆除轨道的同时采用"倒退法"将钢筋运入洞内并卸车摆放至清理完成区域。

洞内拆轨清理及钢筋运输考虑以 3 仓 43.2m 为一段。为便于运输及绑扎，钢筋在下井前分大小捆。分小捆考虑在备料及钢筋绑扎阶段短距离搬运，工人搬运劳动强度可控，重量控制在 50±5kg；分大捆原则综合考虑门式起重机吊入井内效率、二衬钢筋洞内卸车效率以及轮式悬臂吊的起吊能力。综上考虑，单段钢筋分捆形式及重量如表 5.3-7 所示。

DN3000 隧道钢筋分捆形式及重量   表 5.3-7

钢筋名称	单根长度/重量	1 仓根数	3 仓根数	小捆数及重量	大捆数及单捆重量
外环钢筋	4m/4.84kg	146	438	44/10 根 48.4kg	2/1060kg 厚 420mm
	4.5m/5.45kg	73	219	22/10 根 54.5kg	1/1194kg 厚 300mm
内环钢筋	4m/11.944kg	194	582	146/4 根 48kg	5/1390kg 厚 480mm
	4.5m/13.438kg	97	291	73/6 根 54kg	3/1303kg 厚 480mm
纵向钢筋	6m/5.33kg	104	312	31/10 根 53.3kg	1/1663kg 厚 240mm
接驳器钢筋	0.317m	360	1080	304kg	分袋装
手孔钢筋	0.333m	1200	3600	740kg	分袋装
拉钩筋	0.257m	1055	3165	321kg	分袋装

每段 43.2m 的钢筋分两次运至洞内，运输车由电瓶车机头＋4 节平板车组成，单次托运总重量约 10.5t，钢筋在平板车上采用前述定型支架限位，钢筋堆放在平板车上的层次顺序考虑二衬钢筋绑扎和堆放顺序的要求。钢筋运输至指定地点后利用轮式悬臂吊卸车摆放钢筋，本仓段的钢筋摆放在下一仓段内，摆放原则按照二衬钢筋绑扎先后顺序实施，

即先绑扎的先卸,后绑扎的后卸。摆放过程中需注意不同类型钢筋严禁互相堆压,且做到下垫上盖。摆放示意图如图 5.3-11 所示:

图 5.3-11　隧道二衬钢筋摆放示意图

每车钢筋堆放完成后即开始前一段的盾构水管、风管等设施及轨道拆除作业,轨道拆除利用轮式悬臂吊将每组 6m 轨道＋轨枕整体吊起拆除,拆除轨道及设施、上段清理渣袋随车运出,即开始该区域隧道清理工作,要求无积水、积泥。钢筋卸车摆放如图 5.3-12 所示。

3. 钢筋绑扎及接缝防水施工

(1) 接驳器钢筋安装

在钢筋绑扎之前,将管片上预留的接驳器孔位凿出,并安装接驳器钢筋。接驳器钢筋安装如图 5.3-13 所示。

图 5.3-12　钢筋卸车摆放实景图

图 5.3-13　接驳器钢筋安装实物图

(2) 背贴式止水带安装

环向止水带根据隧道直径提前在工厂与十字接头热熔成环,纵向止水带根据直线段或曲线段需求现场切割,止水带厚 10mm,宽 350mm;纵向通过与环向止水带预留接头热熔连接。

止水带下方管片手孔处涂抹水泥砂浆封堵;手孔封堵后清理止水带与管片接触面。

利用滚筒刷在止水带与管片接触面涂刷 0.5mm 厚氯丁黏结胶;在止水带背面(光面)涂刷 0.5mm 厚氯丁胶,涂刷时保持厚度均匀。

止水带粘贴要求从洞口粘贴至隧道中部,按照环向、纵向、环向顺序粘贴;涂刷氯丁粘结胶约 20min 后待胶水初凝后将止水带贴合在管片上,其中热熔接头处需待接头熔接完成之后再涂刷,止水带中部与变形缝/施工缝中部对齐,一半位于待筑模混凝土内;为防止止水带自重脱空，利用钢筋压住止水带，两侧扎丝绑在手孔螺栓上；约4~5h后待氯丁粘结胶终凝与止水带贴合密实后撤除反压钢筋。纵向与环向止水带热熔连接如图 5.3-14 所示。

图 5.3-14 纵向与环向止水带热熔连接

(3) 外侧钢筋定位

外侧钢筋先进行外侧纵向钢筋定位，然后进行外侧环向钢筋定位，外侧纵向定位钢筋共 6 根，长度 9m，均布于环中，外侧环向定位筋每 9m 均放 3 个。定位时先用马凳筋进行底下 3 根钢筋定位，然后将外侧环向钢筋下段 1/3 圆弧与 3 根纵向钢筋进行扎丝连接，再绑扎外侧环向钢筋剩余左右两段 1/3 圆弧，此时剩余的上部 3 根外侧纵向定位钢筋就可以定位了，上部钢筋需适当提高 1~2cm，预留钢筋自重下坠空间。外侧钢筋定位如图 5.3-15 和图 5.3-16 所示。

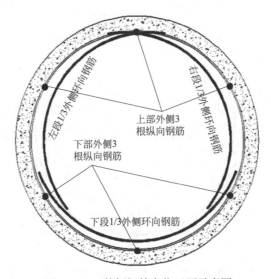

图 5.3-15 外侧钢筋定位正面示意图

(4) 注浆管预埋

注浆管预埋：为保证拱顶填充密实，需在拱顶部位预埋纵向注浆管，注浆管孔径 20mm，采用聚乙烯管（管壁开缝），纵向通长，端头设置三通与注浆导管连接，注浆导

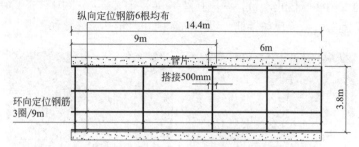

图 5.3-16 外侧钢筋定位侧面示意图（以 DN3000 为例）

管长约 40cm，设置在一模的端部，即注浆导管间距为 14.4m/14m，采用扎丝将其固定在管片顶部。

(5) 外侧钢筋绑扎

外侧定位钢筋完成后，先进行外侧环向钢筋加密即按照纵向间距 200mm 进行环向布置，布置时按照相邻环接头错开的要求进行；然后进行外侧纵向钢筋加密及按照环向间距 200mm 进行纵向布置，布置时相邻两根 14.4m 长度为 9m＋6m 和 6m＋9m 的形式（以 DN3000 为例）。

(6) 内侧环向钢筋定位

内侧环向钢筋同样先进行最下段 1/3 圆弧定位，定位筋在外侧钢筋处立着焊 3 根短钢筋，将内环钢筋通过三点进行定位，然后绑扎左右段 1/3 圆弧绑扎形成圆环，采用少许拉钩筋将其与外侧钢筋网连接稳固，内侧环向定位每 8m 均放 3 个。内侧环向钢筋定位如图 5.3-17 所示。

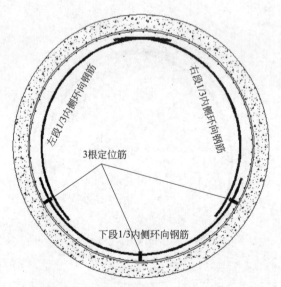

图 5.3-17 内侧环向钢筋定位示意图

(7) 内侧钢筋绑扎

内侧环向定位完成后，先进行外侧纵向钢筋加密即按照纵向间距 200mm 进行环向布置，布置时相邻两根 14.4m 长度为 9m＋6m 和 6m＋9m 的形式（以 DN3000 为例）；然后进行内侧环向钢筋加密及按照环向间距150mm进行纵向布置，布置时按照相邻环接头错开要求进行。

(8) 拉钩筋布置

在完成所有纵向和环向主筋安装后，按照设计要求进行内外侧钢筋网拉钩筋布设，拉钩筋采用A8@400×400梅花形布置，钢筋绑扎过程中，需将拱墙台车顶部浇筑孔对应位置钢筋间距拉大，减小二衬拱墙浇筑堵管的风险，至此整个二衬钢筋绑扎完成，后续进行封模、混凝土浇筑事项。钢筋绑扎成型如图5.3-18所示。

(9) 变形缝处理

变形缝每14.4m设置一道，靠近管片一侧设置背贴式止水带，内表面预留凹槽设置8mmΩ形止水带＋5mm厚不锈钢金属压板，填缝料采用2cm厚闭孔型聚乙烯泡沫板及改性聚硫密封胶。背贴式止水带安装在隧道内清理完成后即可进行，仰拱范围（底部126°）闭孔型聚乙烯泡沫板在仰拱合模过程中安装，拱墙范围闭孔型聚乙烯泡沫板在偶数仓拱墙浇筑前安装。预留凹槽通过在模板表面粘贴3cm厚闭孔型聚乙烯泡沫板进行预留，混凝土浇筑完成后拆除即可形成凹槽。改性聚硫密封胶、8mmΩ形止水带及5mm不锈钢金属压板待隧道清理后进行施工，施工前要求变形缝位置无积水，先将凹槽表面往里3cm范围内的闭孔型聚乙烯泡沫板抠出并填充改性聚硫密封胶；然后在凹槽表面涂刷单组份氯丁—酚醛胶结剂，等待20分钟左右即可安装8mmΩ形止水带；Ω形止水带安装完成后即可钻孔安装5mm厚不锈钢金属压板，最后安装10mm×10mm×1mm镀锌电焊铁丝网并采用M10聚合物水泥砂浆将凹槽抹平。变形缝施工如图5.3-19所示。

图5.3-18 钢筋绑扎成型实景图

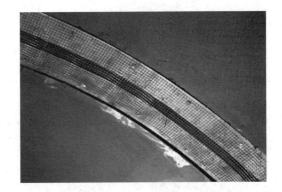

图5.3-19 变形缝施工实景图

4. 仰拱机械化施工

单作业面仰拱施工共投入108块129.6m仰拱模板，其中单节段支模浇筑96块115.2m。剩余12块用于搭接前一节段仰拱及停放模板倒运设备。仰拱施工整体施工流程如下。

(1) 仰拱模板、设备下井

第一节段钢筋绑扎完成后，立即在井下铺设轨道，安装悬臂小型门式起重机进行仰拱模板安装。模板由井口吊放至井底，旋转通过小型门式起重机内部后定位安装。当仰拱模板拼装至悬臂小型门式起重机完全进洞后，安装电动平板运输车，利用电动平板车运输模板直至第一节段仰拱模板安装完成。仰拱模板安装如图 5.3-20 所示。

（2）模板安装加固

模板安装应逐块定位拼装逐块验收调整，利用小型门式起重机将模板吊装就位后，用水平尺进行检验，要求模板左右水平，模板拼缝与管片环缝对齐，整体线形偏差符合要求；选取左中右三个点位量测支模高度，根据量测数据适当调整可调销筒外露段长度，保证仰拱厚度满足设计要求、模板相邻拼缝无错台。

模板安装完成后，将钢管支撑安装在模板两侧及对应管片手孔位置进行加固，并用花篮螺栓拉结模板两侧连接圆环及二衬钢筋，浇筑首节段混凝土。仰拱模板加固如图 5.3-21 所示。

图 5.3-20 仰拱模板安装实景图

图 5.3-21 仰拱模板加固实景图

（3）仰拱变形缝处理

1）变形缝填缝泡沫板制作

① 将进场的整块 2cm 闭孔型聚乙烯泡沫板利用圆规绘制出边线，用美工刀沿边线进行泡沫板切割。

② 泡沫板宽度要求超出二衬面 2mm，即为 202mm；对应 DN3000 隧道：外径 1700mm，内径 1498mm；对应泡沫板长度：外边 3976mm，内边 3330mm。泡沫板如图 5.3-22 所示。

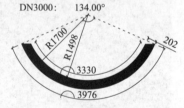
图 5.3-22 变形缝填缝泡沫板

2）变形缝预留凹槽泡沫板制作

泡沫板预埋于变形缝位置，变形缝凹槽宽度 220mm，在填缝泡沫板 2 侧仰拱模板背部各预埋一块 100mm 宽度泡沫板即可形成 220mm 凹槽。

将进场的整块 3cm 闭孔型聚乙烯泡沫板利用直尺绘制出边线；用美工刀沿边线进行泡沫板切割，DN3000 隧道泡沫板长度为 3299mm。

3）变形缝填缝泡沫板安装

在变形缝前后仓段钢筋绑扎时预留出 2cm 环形泡沫板安装空间；将仰拱环形泡沫板装入预留空间处，下边缘抵紧拱底，两端对称；仰拱浇筑高度较低，端部压力荷载较小，填缝泡沫板同时作为仰拱端模使用，在泡沫板两侧相邻纵向钢筋处对称绑扎小直勾钢筋，确保抵紧泡沫板。仰拱填缝泡沫板设置如图 5.3-23 所示。

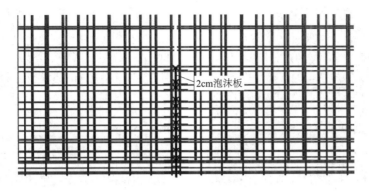

图 5.3-23 仰拱填缝泡沫板设置示意图

4)变形缝预留凹槽泡沫板安装

背贴泡沫板粘贴位置变形缝预埋环形泡沫板处,两侧对称设置,DN3000 隧道每 14.4m 一道;仰拱模板安装至每仓变形缝处前一块时,量出该块仰拱模板边线至变形缝预埋环形泡沫板距离 L;下 1~2 块安装的仰拱模板即需粘贴背贴闭孔型聚乙烯泡沫板,沿下一块安装的模板边线距离 L,即可绘出一侧背贴泡沫板定位边线,距离 $L+20\text{mm}$ 即为另一侧背贴泡沫板定位边线。预留凹槽泡沫板安装如图 5.3-24 所示。

沿着定位边线左右侧各 100mm 范围进行模板二次清洁,准备刷涂氯丁胶;刷涂后绝不能马上粘贴,根据环境温度晾 5~10min;沿着定位边线左右侧粘贴仰拱模板背贴泡沫板,两侧背贴泡沫板均须抵紧变形缝环向泡沫板,该段仰拱浇筑完毕转至下一节段时,若变形缝环向泡沫板相对位置发生变化,需拆除后重新定位粘贴,确保变形缝环向泡沫板居中;由于氯丁胶粘剂初粘力大,叠合时要一次对准,不得来回错动或揭起再粘。

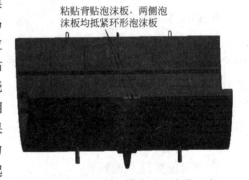

图 5.3-24 预留凹槽泡沫板安装示意

(4)模板拆除

首节仰拱施工完成后,第二台悬臂小型门式起重机下井安装,仰拱施工即开始正常施工循环。模板拆除采用洞口侧悬臂小型门式起重机实施,起吊过程中要求慢速提升,严禁歪拉斜吊,门式起重机行驶过程中注意轨道范围是否有杂物,电缆是否有刮碰。

(5)模板清理

利用电动圆盘刷清理模板表面浮尘,保证模板面整洁。清理完毕后涂刷脱模剂。仰拱模板拆除清理如图 5.3-25 所示。

(6)模板转运

洞口侧悬臂小型门式起重机将清理后的模板倒运至电动平板车上,利用电动平板车将模板从仰拱模板末端拆除区域运输至最前端安装区域,利用洞内侧小型门式起重机进行模板安装,进行模板加固后浇筑混凝土。每节段仰拱模板转运完成后及时将电瓶车中轨延伸至洞口侧仰拱模板端部。仰拱模板转运如图 5.3-26 所示。

图 5.3-25 仰拱模板拆除清理实景图

图 5.3-26 仰拱模板转运实景图

(7) 仰拱模板及设备出洞

循环施工直至两作业面仰拱合龙后,将中轨延伸至最靠近洞口侧模板处,同步将仰拱模板集成轨道延伸至中轨范围,两者搭接 15m 左右,然后利用电瓶车＋4 个管片平板车进行模板拆除转运,先拆除最靠近洞内侧模板,单趟运输 4 块,纵向摆放。拆至两台小型门式起重机接近后将洞口侧小型门式起重机开上轨道搭接区解体运出,而后将平板车运出。利用洞内侧小型门式起重机吊运剩余仰拱模板,最后自身开入轨道搭接区解体运出。

5. 拱墙跳仓跟进施工

拱墙施工采用 8 套 14.4m 拱墙台车跳仓法施工,单次施工长度 115.2m,单个施工循环 230.4m。在仰拱施工完成 2 个节段后,铺设约 230.4m 台车边轨,拱墙台车即可分节下井。在小台车洞内侧门架前担设型钢,由电瓶车推行入洞就位拼装,每 3 节 4.8m 小台车成 1 套。8 套拱墙台车进洞在首个施工循环奇数仓就位后,即可开始正常施工循环,跳仓法跟进仰拱施工。

(1) 定位支模

台车定位支模方式如下:

步骤一:台车行走居中就位,应首先对模板进行定位对中。为避免模板前行端安装的搭接模板发生挤压,行走移位时已控制前后相邻两节小台车升降有一定高差,对中前再次检查是否存在高差。模板对中方式为:每套台车在进洞前,首先需在 1 号小台车头部及 3 号小台车尾部的顶模顶点处分别设一测量标识。台车行走就位后,由全站仪定位管片顶点与模板顶点,通过调整模板平移油缸,实现模板对中。

调整模板平移油缸顺序按头部 1 号小台车—尾部 3 号小台车的顺序依次调整。对中偏差较大时,需按顺序多次微调,不得一次到位,造成搭接模板挤压。

步骤二:操作台车升降油缸调节顶模就位,安装台车底部支撑丝杆。在两侧端模顶点处,通过全站仪或塔尺测量模板顶点与管片顶点的间隙等于 20cm,来控制顶模就位位置。同样台车升降顺序按头部 1 号小台车—尾部 3 号小台车的顺序依次调整。底部支撑丝杆一端插入底纵梁,调节丝杆长度,另一端抵紧轨道。

步骤三:操作台车侧模收支油缸侧模就位。由于侧模与已成型仰拱有部分搭接,因此操作台车侧模收支油缸使侧模抵紧已成型仰拱即可。

同样侧模支护顺序按头部 1 号小台车—尾部 3 号小台车的顺序依次调整。油缸伸缩到位后，安装台车模板支撑丝杆即完成侧模支护。

步骤四：在奇数仓时，安装台车封端钢板封端模。封端钢板由分块弧形小钢板组成，并设有活动式角钢背楞，钢板上端留有 2cm 空隙。安装时，拼接弧形钢板，抵紧上部背贴式止水带，下端通过螺栓与台车连接完成封端。在偶数仓时，安装可拆卸搭接小模板，保证与已浇筑段有足够的搭接长度。奇数仓端模封堵和偶数仓搭接如图 5.3-27 和图 5.3-28 所示。

步骤五：撑设台车横撑丝杆，准备进行混凝土浇筑。

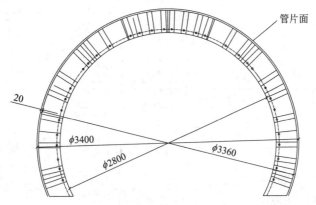

图 5.3-27 奇数仓端模封堵示意图

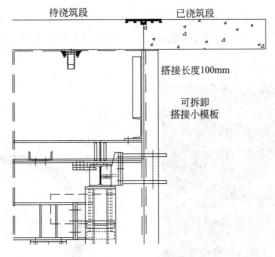

图 5.3-28 偶数仓搭接示意图

台车连接处为适应曲线段工况，后部分节台车设有 80mm 宽三角搭接小模板，与前部分节台车搭接模板搭接，模板高度相差 8mm。在正常直线段施工时，这两处搭接模板间留有 30mm 宽间隙，因而分节台车连接处存在 30mm×8mm 环向凹槽，台车就位时需安装同尺寸的环形丁腈软木橡胶条进行填塞。行至曲线段时，两处搭接模板一端咬合一端扯出，无法进行填塞，混凝土浇筑完毕后该处会留下凸槽，需进行打磨。台车搭接设置如

图 5.3-29 所示。台车支模实景如图 5.3-30 所示。

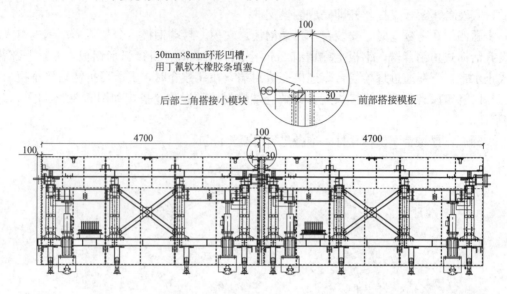

图 5.3-29 台车搭接设置示意图

(2) 拱墙变形缝处理

1) 变形缝填缝泡沫板制作

① 将进场的整块 2cm 闭孔型聚乙烯泡沫板利用圆规绘制出边线；用美工刀沿边线进行泡沫板切割。

② 泡沫板宽度要求超出二衬面 2mm，即为 202mm；DN3000 隧道泡沫板外径 1700mm，内径 1498mm；外边长度 6706mm，内边长度 6082mm。泡沫板尺寸如图 5.3-31 所示。

图 5.3-30 台车支模实景

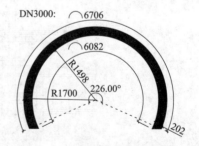

图 5.3-31 变形缝填缝泡沫板

2) 变形缝预留凹槽泡沫板制作

将进场的整块 3cm 闭孔型聚乙烯泡沫板利用直尺绘制出边线；用美工刀沿边线进行泡沫板切割。三种直径隧道泡沫板宽度均为 100mm，长度为 6327mm。

3) 变形缝填缝泡沫板安装

泡沫板预埋于变形缝位置，DN3400 隧道每 14.4m 一道；DN3200 隧道每 14m 一道。在每节段奇数仓拱墙完成浇筑后，拱墙台车移模前，将拱墙环形泡沫板装至变形缝，上边缘抵紧拱顶，两端对称；在泡沫板偶数仓侧相邻纵向钢筋处绑扎小直勾钢筋，确保抵紧泡沫板，偶数仓填缝泡沫板安装如图 5.3-32 所示。

4）变形缝预留凹槽泡沫板安装

背贴泡沫板粘贴位置变形缝预埋环形泡沫板处，两侧对称设置，DN3000 及 DN3400 隧道每 14.4m 一道；DN3200 隧道每 14m 一道；拱墙台车就位前，量出该仓两侧变形缝预埋环形泡沫板间距离 L；一般情况下 DN3000 及 DN3400 隧道 $L=14.38m$；DN3200 隧道 $L=13.98m$，奇数仓台车封端钢板内边线即为拱墙台车背贴泡沫板定位边线；偶数仓变形缝环向泡沫板边线即为拱墙台车背贴泡沫板定位边线。

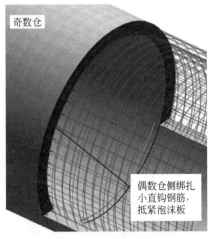

图 5.3-32 偶数仓填缝泡沫板安装示意图

沿着定位边线左右侧各 100mm 范围进行模板二次清洁，准备刷涂氯丁胶；刷涂后绝不能马上粘贴，根据环境温度晾 5~10min；沿着定位边线内侧粘贴拱墙台车背贴泡沫板，奇数仓背贴泡沫板需抵紧封端钢板；偶数仓背贴泡沫板均须抵紧变形缝环向泡沫板；该段拱墙浇筑完毕转至下一节段时，若变形缝环向泡沫板相对位置发生变化，需拆除后重新定位粘贴，确保变形缝环向泡沫板居中；由于氯丁胶粘剂初粘力大，叠合时要一次对准，不得来回错动和揭起再粘。

（3）模板台车脱模

混凝土终凝后（根据试块情况确定）即可拆除模板横向丝杆，混凝土养护达到 8MPa 强度（根据试块情况确定）即可进行拆模，拆模时根据模板搭接情况由低到高依次收侧模，降顶模，其中靠近洞口的台车最先收模。收模操作如下：

步骤一：卸下侧模支撑丝杆，并安排专人检查，确保丝杆全部拆除。

步骤二：按 3 号小台车—1 号小台车的顺序，依次操作侧模收支油缸，单侧侧模两个油缸要求同时动作，避免不协调引起模板变形。

步骤三：按 3 号小台车—1 号小台车的顺序，依次操作台车升降油缸降下，收顶模油缸时要求先将底部支撑丝杆拆除，并安排专人检查，确保丝杆全部拆除，顶模降低时，要求一端的两个油缸同时动作，前后交替降低，避免两端高差过大，引起模板变形。

步骤四：台车脱模完成后，安排初步清理，由于空间有限模板清理原则上采用长杆滚筒套棉布进行模板清理，清理工作由上至下进行；当台车移出已浇筑范围时，检查混凝土外观质量，当混凝土麻面严重时，需在待浇筑区对台车进行再次清理，必要时可断开三小节台车之间的连接，采用电动圆盘刷进行清理，保证清理质量。

步骤五：台车初步清理完成后，立即在待就位仓段施工缝位置粘贴双面泡沫胶，待电瓶车可进入隧道时，即可用电瓶车推行台车至下一仓或下一节段就位；推行过程中要求低速，安排人员观察轨道范围是否由有杂物，两侧是否刮蹭钢筋。

步骤六：当脱模后混凝土麻面严重，则脱模剂漆膜已经脱落，需将三小节台车断开再次涂刷脱模剂；当脱模后混凝土麻面较为轻微，但模板周转次数达到6次，同样需将三小节台车断开再次涂刷脱模剂；台车断开后立即采用铲刀进行旧漆膜清理，必要时可采用脱漆剂辅助进行清理，确保清理效果；脱模剂涂刷前要求清理模板表面水渍，确保模板表面处于干燥状态，脱模剂采用滚筒顺着一个方向均匀涂刷，不能有漏刷。涂刷一道即可，涂刷标准为 $10m^2/kg$；涂刷的脱模剂 1h 后即可表干，24h 达到实干后方可支模再次浇筑混凝土；正常的长效脱模剂为无色透明液体，如呈白色或变稠，则已变质，不能再使用。

（4）台车洞内移模行走

1）洞内轨道铺设

① 洞内台车轨道定位

洞内台车轨道为 43kg/m 轨，使用的边轨枕铺设在已成型的二衬仰拱面上，放置于电瓶车使用的中轨枕两侧，如图 5.3-33 所示，轨枕布设间距 1.2m。在进行台车轨道铺设时，若台车轨枕铺设两端不齐平，则会造成台车倾斜、错位。而台车边轨枕在电瓶车中轨枕铺设之后相靠对准放置即可，因此洞内台车轨道准确定位的关键在于电瓶车中轨枕的准确铺设。洞内铺轨如图 5.3-33 所示。

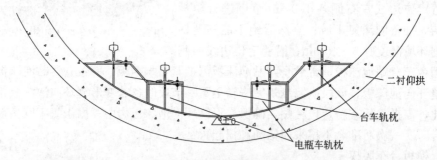

图 5.3-33 洞内铺轨示意图

电瓶车中轨枕的定位方式为，每个作业面定制 2 把与所使用中轨枕同宽的水平尺，每隔一定距离利用两把水平尺定位＋弹墨线的方式，可定出中轨枕的准确放置位置，直线段间隔取 24m，曲线段取 12m。中轨枕准确定位后，边轨枕位置即准确定出，可准确铺设洞内台车轨道。

② 轨道移动方式

洞内每个施工节段台车作业距离为 230.4m，考虑台车拖行与轨枕轨道倒运都需使用电瓶车进行，为避免拆轨运轨—接轨—移动台车—拆轨循环作业，除洞口第一阶段外，需铺设两个节段台车轨枕轨道，共需轨枕轨道 462.5m（74 根六米轨，每根长 6.25m）。

以 DN3000 区间为例，如图 5.3-34 所示，当台车在当前施工阶段内移模时，无需移动轨道。当前节段施工完成时，需要移动台车至下一节段施工，其轨道移动方式如下：

（a）入洞铺设 230.4m 轨枕轨道，在洞口第一节段拱墙浇筑完成进行养护时，此时下一节段 230.4m 仰拱已施工完成并完成模板前移。打开台车横撑丝杆，剩余 230.4m 轨枕轨道由电瓶车＋平板托运至下一节段预定位置进行轨道铺设。

（b）第二节段拱墙浇筑完成进行养护时，此时下一节段 230.4m 仰拱已施工完成并完成模板前移，打开台车横撑丝杆，利用电瓶车＋平板拆除转运上一已完成节段 230.4m 轨枕轨道至下一节段预定位置进行轨道铺设。后续施工重复此步骤即可。洞内轨道移动如图

5.3-34所示，图中粗线表示台车轨道。

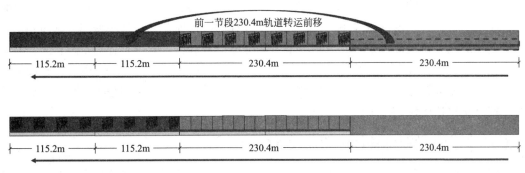

图 5.3-34 洞内轨道移动示意图

2）洞内台车行走方式

将一套台车的 3 节小台车，按从前侧到洞口侧的顺序编号为 1 号、2 号、3 号小台车。台车在每个施工节段第一循环就位前，应先由测量提前在洞内定出台车位置边线。

台车洞内行走应均采用电瓶车推行方式，电瓶车进入 1 号、2 号小台车内部，一次推行一套台车慢行，速度不超过 5km/h。推行台车时首先在挂钩上放置一 2.2m 长 HW125 型钢扁担，抵住台车两侧立柱；然后利用纤维绳缠绕挂钩切槽处与台车顶横梁捆绑，以防止台车溜车。同时，为避免台车产生纵向扭转变形，需在电瓶车到位后，锁定后部小台车剩余不相互干涉的所有横撑丝杆。DN3000、DN3200 隧道中台车移动前还需确保台车升降油缸相对收模状态初始位置升起＞50mm，满足电瓶车通行净空要求。

台车在收模准备行走移位时，注意应控制前后相邻两节小台车升降有一定高差，避免在隧道纵曲线波动时，台车模板搭接处产生挤压变形，由于搭接模板在 2、3 号小台车头部，所以头部台车到尾部台车（即 1 号~3 号小台车）的模板高度需递减。主要避免顶部搭接模板挤压变形，两侧模一端铰接一端自由，升降高差带来的挤压会发生转动而非变形。

在台车转弯移动处，应更加缓慢推行，仔细观察前后小台车模板搭接处的变形情况、外弧端后部小台车搭接模板与前部小台车模板是否能顺利错动等，必要时解体小台车推行。

台车推行就位后，打开横撑丝杆，电瓶车驶出。

（5）台车出洞

拱墙合龙后，隧道内二衬结构施工完成，利用电瓶车＋2 个管片平板车进行拱墙台车出洞运输。在管片平板车上焊接支架，并将电瓶车开入拱墙台车内部，然后收侧模、降顶模至极限状态，将拱墙台车落至管片平板车支架上，在拱墙台车两端包裹橡胶垫即可外运，外运过程中要求缓慢低速，避免剐蹭成型二衬。利用电瓶车实现拱墙台车高效运出，避免了反复倒运边轨及台车的过程。

5.4 二衬成套设备研究

由上述总体方案设计可知，本工程隧道二次衬砌施工工序较多，针对各工序需研制配套施工机具设备，实现二衬机械化高效施工。针对隧道盾构洞通后，洞内拆轨及钢筋备料卸车摆放人工操作劳动强度大，设计轮式悬臂吊进行机械化作业，大幅降低劳动强度，提高施工效率。针对仰拱模板体系采用传统弧形木模等方式存在劳动强度大、施工效率低下、质量不易控制、安全风险不可控等问题，设计仰拱钢模及其转运小型门式起重机，实现机械化倒运并拼装仰拱模板，大幅降低劳动强度、提高施工效率；针对拱墙台车需在最小成型洞径3.0m工况下实现内部通行，并需对最小转弯半径$R=250$m隧道具备高度适应性，设计分节铰连的可通行门式台车，实现隧道可投入多套台车跳仓法施工，操作方便、定位支模速度快、施工质量易控制。

5.4.1 洞内拆轨及钢筋卸车摆放设备设计

在隧道盾构贯通前，本工程所有二衬钢筋分区间、分类型、分尺寸集中在钢筋加工厂进行集约数控加工成半成品，其中环形钢筋加工三段弧形钢筋。钢筋加工好后根据单个节段需求量绑扎成小捆，便于钢筋备料。隧道贯通后，从隧道一端向另一端进行盾构设施拆除、隧道清理（走道板、轨道、风管等），同时将二衬钢筋运入隧道进行摆放。洞内设施拆除及钢筋运输采用盾构阶段电瓶运输车＋平板车进行，在平板车上加焊定型型钢支架便于弧形钢筋运输。电瓶车进隧道时将待备料钢筋运入卸车摆放，出隧道时将盾构配套设施运出。定型架横纵两个方向均设钢筋限位杆，其中纵向限位杆在运出盾构配套设施时可卸下，便于长轨道运出，如图5.4-1所示。

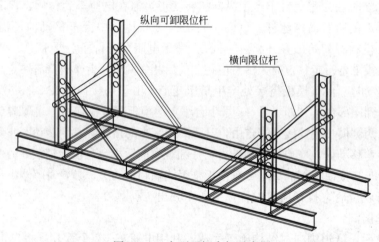

图5.4-1　定型型钢支架示意图

1. 功能目标分析

洞内设施拆除及钢筋备料过程中，轨道及钢筋均为重构件，洞内拆轨及钢筋卸车摆放若采用人工操作则劳动强度大，效率低下，将直接导致拆轨结束一侧的二衬施工开始时间滞后，故考虑设计拆轨及钢筋卸料专用吊放设备。

为实现该专用吊放设备在洞内拆轨及钢筋卸料作业的目标，其应具备的功能应基于以下方面考虑：

(1) 实现无轨作业，能在钢筋卸料摆放区域与拆轨区域间自由行走。

(2) 弧形钢筋立放于支架上占用空间较大，设备起吊净空及门架中间净空需满足弧形钢筋起吊要求，考虑钢筋摆放过程具有一定的随意性，需设置一定的富余度。

(3) 单捆钢筋最重约 1.7t，一组 6m 轨道重约 0.5t，故设备最大吊装能力需大于 1.7t。

(4) 钢筋卸车摆放需在隧道底部两侧对称堆载，故设备吊臂需具备横移功能，最大横移距离需大于 0.3m。

(5) 设备需具备自行及转弯能力。

2. 轮式悬臂起重机整体设计

基于以上功能目标，洞内拆轨及钢筋卸车摆放设备设计为斜向支撑行走轮式悬臂起重机，轮式悬臂起重机采用契合管片弧面轮胎及门架式设计，可在最小直径 3.4m 隧道内无轨行走、转向、吊装材料，实现钢筋高效转运。具体由门架系统、动力系统、行走系统、转向系统、操作系统等部分组成。轮式悬臂起重机如图 5.4-2 所示。

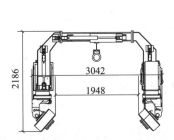
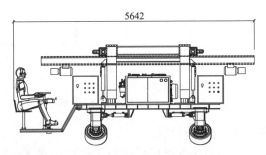

图 5.4-2 轮式悬臂起重机示意图

门架系统强度满足自身重量荷载及最大设计吊载即可。门架 4 个立柱均设竖向液压油缸，可上下调整门架高度，调节空间在 0～400mm 间，保障同一型号悬臂起重机在 3 种不同直径隧道下内净空，可供平板车进入进行钢筋吊运卸车。同时，悬臂起重机顶部不会与盾构隧道发生碰撞。隧道钢筋与悬臂起重机位置关系图如图 5.4-3 所示。

吊装系统由纵向主梁及其上集成的 2 组电动吊装葫芦、横移主梁及横移油缸组成。最大设计吊载为 4t＞1.7t，满足吊装需求。纵向主梁长 5m，满足最长 9m 钢筋卸料需求。吊装葫芦可沿主梁纵向移动，既可独立控制又可联动控制，根据吊物尺寸进行调整。横移主梁可通过横移油缸实现沿着横向主梁方向左右各 400mm 的移动，可实现偏心起吊和卸料，调整钢筋的摆放位置。

行走系统设计为橡胶斜向支撑行走轮，由两个驱动轮、两个从动轮组成，且与管片弧面垂直，且可在 0°～45°间进行角度调整，无需铺设轨道即可在洞内负载平衡前行，发生偏转时也可及时调正。驱动轮动力设计为电池供给，避免走线影响吊装，造成电缆被钢筋压断。4 组轮侧均设转向油缸，适应隧道大曲率弯道。

控制系统设置与门架边侧不占用门架净空，通过驾驶操作面板控制，实现各系统之间的相互配合，实现轮式起重机可准确纵移、横移、升降、转向及行走等功能。

本轮式悬臂起重机用于洞内拆轨及钢筋卸车摆放的操作步骤是：

(1) 根据卸料的先后顺序，将待卸料钢筋平放在电瓶运输车组对应的平板车上，需先卸料的钢筋摆放靠前，运输至待拆除轨道末端。

(2) 操作轮式悬臂起重机至平板车处，工人辅助依次卸下定型支架限位杆、起吊成捆钢筋、操作悬臂起重机前移至待卸料钢筋区域、横移下放钢筋完成摆放工作。重复流程直

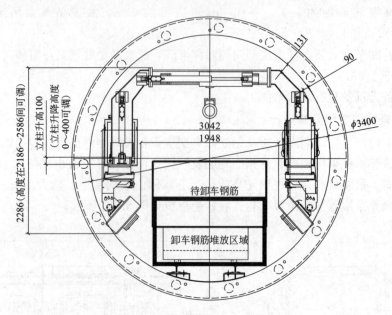

图 5.4-3 隧道钢筋与悬臂起重机位置关系图

至完成该车钢筋卸料摆放。

（3）电瓶运输车组向后退行，留出一组 6m 轨道拆除空间，割除待拆轨道的纵向拉筋。操作悬臂起重机至该区域，工人辅助将该组轨道及下部轨枕整体吊起至平板车上，拆轨组数与单车备料钢筋仓数相同，轨道随车运出。

运用悬臂起重机钢筋卸料模拟图如图 5.4-4 所示。

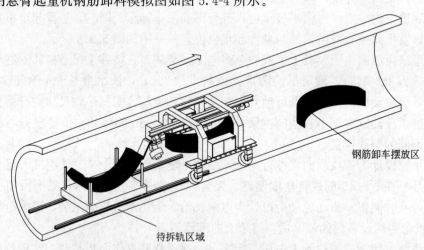

图 5.4-4 钢筋卸料模拟图

5.4.2 仰拱模板支撑体系及其倒运装置设计

1. 功能目标分析及方案比选

确定隧道二衬仰拱拱墙分开施工的总体方案后，需针对仰拱模板体系设计进行研究，以保证大面积的仰拱模板投入能顺利实现高效高质量仰拱施工，其功能目标是：

(1) 模板支撑体系牢固可靠，满足混凝土浇筑过程的抗浮需要及上部通行的强度刚度需要，且支撑体系不影响工人混凝土浇筑作业。

(2) 模板支护及倒运施工劳动强度低，效率快，满足工期进度目标要求。

(3) 适应曲率频繁变化的弯道施工，保障弯道线形质量满足要求。

隧道仰拱施工需模板体系承受较大的浮力，传统隧道仰拱施作方式有以下两种：

第一，采用仰拱钢模台车，依靠台车自重抵抗浮力，结构笨重，显然不适用于小直径隧道中施工；

第二，采用弧形木模体系，其模板体系由弧形木模板＋木方次楞＋弧形双钢管主楞的结构形式组成，其支撑可采用钢管对撑形式或对拉螺杆形式。

采用钢管对撑形式时，如图 5.4-5 所示，因木模体系整体刚度较低，故支撑设置需较密集，工人操作空间小，在大面积投入仰拱模板施工时，对混凝土浇筑施工影响过大且严重影响隧道内通行。

图 5.4-5　弧形木模＋钢管对撑体系实物图

采用对拉螺杆形式，如图 5.4-6 所示，螺杆下端弯折与管片螺栓垫片焊接，可以解决支撑体系占用工人操作空间的问题。但采用大面积弧形木模体系在模板向前倒运流程中，

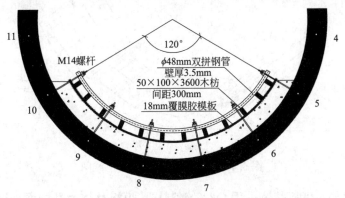

图 5.4-6　弧形木模＋对拉螺杆体系方案图

存在劳动强度过大的问题,以实现单段仰拱浇筑120m为例,一次需投入120m弧形木模体系,其所需的材料如表5.4-1所示,在狭小洞内需要进行大量模板、木方及钢管等材料的转运,又难以实现机械化施工,劳动力投入多,劳动强度大,施工效率低下。且混凝土中穿孔设置多,对混凝土自防水影响大,质量隐患高。

120m弧形木模板体系材料配置如表5.4-1所示。

120m弧形木模体系材料配置表　　　　　　　　　　表5.4-1

名称	型号	尺寸	单位重量	一次浇筑120m需要量
模板	18mm弧形木胶板	长600mm×弧长1600mm（半径1500mm）	16.1kg/块	400块
次楞	50mm×100mm方木	50mm×100mm×3600mm	9.6kg/根	408根
主楞	φ48mm壁厚3.5mm弧形双拼钢管	钢管弧长3200mm（半径1382mm）	12.3kg/根	408根

综上所述,采用弧形木模板体系无法实现模板支护及倒运施工劳动强度低、效率快的功能目标。仰拱模板体系必须实现机械化倒运及安装支模工作,满足施工效率要求。

在钢筋已经整圆绑扎成型的工况下,采用轮式悬臂吊或在管片顶部设置吊轨的方案均无法实施。故要实现仰拱模板机械化转运,只能从仰拱模板自身角度出发。工程借鉴穿行式台车思路,考虑仰拱模板自身集成轨道,设计门式轨行吊装设备进行模板机械化倒运。

故仰拱模板设计为分块定制钢模,考虑其上集成倒运装置行走轨道、并设计底部可卸式斜向撑杆提供支撑,保证钢筋不受到钢模自重及倒运装置行走挤压。

2. 仰拱定制钢模设计

(1) 整体设计

仰拱定制钢模单块宽度设计为1.2m,根据成型洞径分为3.0m、3.2m、3.4m三种类型。钢模由面板、法兰盘、环向次楞、纵向主楞、纵向轨道、斜向支撑系统及合页盖板组成,法兰盘、环向次楞、纵向主楞均焊接在面板上,形成整体,共同受力。单块模板重650kg。仰拱定制钢模设计如图5.4-7和图5.4-8所示。

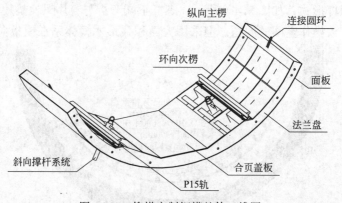

图5.4-7　仰拱定制钢模整体三维图

除集成轨道外,模板整体采用Q235钢制作,模板整体为其中面板厚度6mm,对应圆心角126°,环型次楞及端部法兰盘厚度10mm,端部法兰盘根据主楞设置情况,在合适

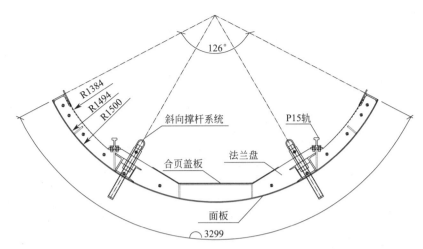

图 5.4-8　DN3000 隧道仰拱定制钢模立面设计图

位置开 $\phi22$ 圆孔，相邻模板采用 M20 螺栓连接。纵向主楞两侧为 L110mm×10mm 角钢，中间为 10mm 钢板。供倒运装置行走轨道集成在模板环形次楞上，轨底设 10mm 钢板纵向主楞。轨道端面与法兰盘平齐，长度与模板环宽一致，采用 P15 钢轨，轨距与倒运装置轨距相匹配，并大于模板宽度，轨中距均设计为 1650mm。

斜向支撑系统由斜向撑杆、限位销轴、固定座板、可调节销筒组成，居中设置在每块模板腰部。斜向撑杆用 $\phi45$mm 钢管制作，钢管底部用钢板封堵、顶部设置拉环。与其配套的可调节销筒通过车螺纹与固定座板连接，固定座板焊连于两侧设置的型钢主楞上。固定座板中部设置通孔并车内螺纹，可调节销筒车相应匹配的外螺纹并拧入固定座板通孔，通孔与销筒内径均为 46mm 可供斜向撑杆插入。可调节销筒设置有一个限位孔，斜向撑杆设置有两个限位孔。斜向撑杆顶部限位孔作用如下：(1) 支撑作用，混凝土浇筑前，斜向撑杆顶部限位孔与可调节销筒限位孔对齐，并用限位销轴锁死，此时斜向撑杆支撑于管片面上，支承模板自重及倒运装置行走；(2) 模板定位作用，限位销轴插入顶部限位孔后，斜向撑杆伸出模板理论长度即为二衬厚度，并可通过可调节销筒的螺纹调节进一步调整斜向撑杆撑出长度，实现模板精确定位。斜向底部限位孔作用如下：混凝土浇筑完成后，及时拔出限位销轴，并将斜向撑杆底部限位孔与可调节销筒限位孔对齐，并用限位销轴锁死，此时销轴平齐于模板面，避免二衬仰拱浇筑完毕后出现销轴无法拔出或出现孔洞。斜向支撑系统如图 5.4-9 所示。

合页盖板设于环形次楞上，防止浇筑过程中混凝土污染模板，废混凝土散落于盖板上方便清理。

由于本工程主隧弯道数量多，曲率变化大，仰拱模板无法设楔形量满足转弯要求，曲线段施工时，需在外弯一侧垫设垫片保证模板拼缝与管片环缝对齐以适应曲线，模板缝隙填充泡沫胶封堵。

(2) 支撑体系设计

仰拱定制钢模整体刚度大，在模板两侧设置钢管支撑及花篮螺栓进行支撑即可，实现了模板中间净空全部留出，供倒运设备行走作业。

支撑随管片间距每 1.2m 设置 1 道，钢管支撑一端用 U 形顶托顶紧两侧纵向边部角钢

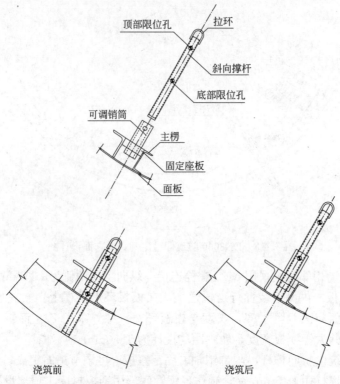

图 5.4-9 斜向支撑系统示意图

主楞,另一端直接支撑在管片手孔上,旋紧顶托两侧顶紧即可,用于支撑竖向浮力;花篮螺栓设置在模板两侧连接圆环与预留钢筋之间,用于抵抗不对称浇筑时的水平荷载,限制模板侧向位移。仰拱钢管支撑设置如图 5.4-10 和图 5.4-11 所示。

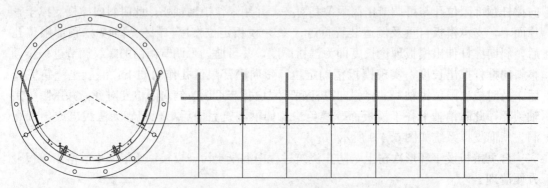

图 5.4-10 仰拱钢管支撑示意图

(3)模板及支撑体系验算结果

1)荷载取值:主要为仰拱混凝土浇筑过程中对仰拱模板产生的浮力,最大压强出现在模板底部,约 $23.2 kN/m^2$。

2)模型计算分析

采用软件 Midas Civil 对仰拱模板进行有限元分析及设计计算。

①计算模型如图 5.4-12 所示。

图 5.4-11 仰拱钢管支撑效果图

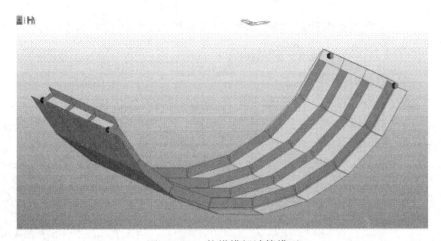

图 5.4-12 仰拱模板计算模型

② 结果分析

仰拱模板变形主要为整体拱起变形,最大竖向位移出现在跨中,模板最大竖向位移 1.34mm<L/200<2mm;最大应力 112MPa<205MPa,位于主楞与环向次楞交点,模板位移及应力计算结果如图 5.4-13 和图 5.4-14 所示,变形及应力均满足要求。

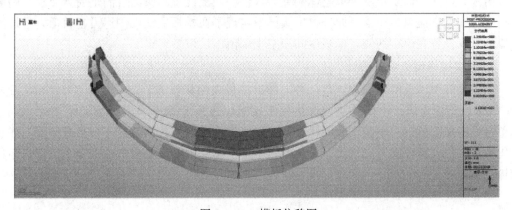

图 5.4-13 模板位移图

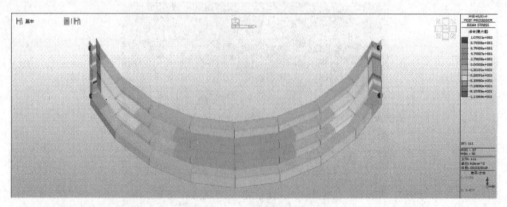

图 5.4-14　模板应力图

③ 支撑计算

根据图 5.4-15 模板支撑计算结果可知,单根支撑承受竖向荷载为 $14.7\times2=29.4\text{kN}$,则支撑轴向荷载为 $29.4\text{kN}/\cos20°=31.3\text{kN}$。

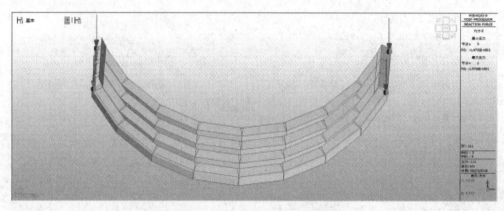

图 5.4-15　支撑计算结果图

应力计算结果:$\sigma=87.6\text{MPa}<205\text{MPa}$

压杆稳定性计算:$F=1.35\times31.3\text{kN}=42.3\text{kN}<F_{cr}=77.7\text{kN}$,符合要求。

由验算可知,仰拱定制钢模整体刚度大,仅在两侧设置支撑即可满足受力要求,两侧支撑钢管强度亦能满足要求。此仰拱模板体系实现了在模板上集成倒运设备轨道,且抗浮支撑体系仅设置在模板两侧,模板中间净空全部留出供设备行走。

3. 仰拱模板倒运设备设计

为保证仰拱模板倒运高效进行,考虑仰拱模板大面积投入,以单次施工 120m,投入 100 块仰拱模板为例。不仅需实现仰拱模板倒运,还需考虑单块模板倒运距离近 120m,靠单台设备来回拆运、吊装工效明显较低。故考虑仰拱模板首尾各设 1 台悬臂小型门式起重机负责模板安拆,起重能力大于单块模板重量。模板中部设 1 台电动平板车负责长距离运输仰拱模板。

(1)悬臂小型门式起重机设计

功能目标:

1) 悬臂长度满足工况需求，悬臂端部起重能力＞0.65t；
2) 门式起重机内净宽大于单块模板宽度1.2m，且吊装葫芦具备旋转模板功能。

悬臂小型门式起重机根据成型洞径分为3.0m、3.2m、3.4m三种类型。门式起重机安装完成后，在整个施工流程中始终位于仰拱模板上，故其需停靠在端部模板内侧，依靠悬臂起吊钢模板。另运输电动平板车与门式起重机同轨，故门式起重机需设计成双悬臂形式。有效悬臂长度需大于1/2模板弧边投影长度＝1.4m，且大于1.5块模板宽度＝1.8m。即一侧保障在悬臂端部起吊，模板长边不与门式起重机碰撞；另一侧满足悬臂可同时在电瓶平板车上平行放置2块仰拱模板。门式起重机悬臂设计为门架中部设单主梁形式，端部起重能力1t，有效悬臂长度均为2.0m。门架内净空满足模板起吊通过要求即可。此外，设置电缆卷盘防止悬臂小型门式起重机行走时电缆线干涉而被损坏。DN3000隧道悬臂小型门式起重机设计如图5.4-16和图5.4-17所示。

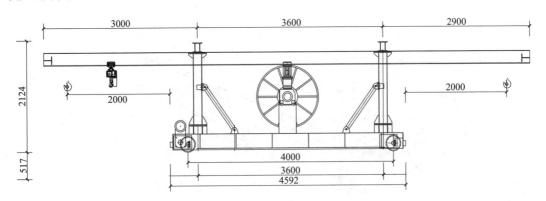

图5.4-16　DN3000隧道悬臂小型门式起重机设计正视图

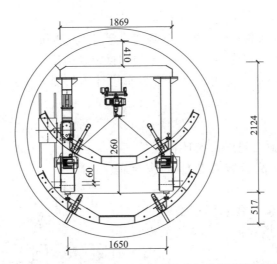

图5.4-17　DN3000隧道悬臂小型门式起重机设计侧视图

由于仰拱模板弧边中部未设销轴铰接，故门式起重机轨距、门架内净宽均须大于模板宽度1.2m，仰拱模板起吊后需旋转90°方可通过悬臂小型门式起重机门架内部，门式起重机吊装葫芦需具备旋转功能。模板起吊旋转如图5.4-18和图5.4-19所示。

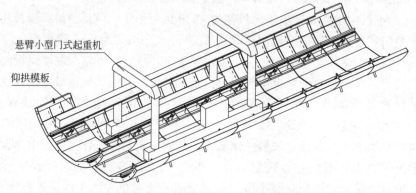

图 5.4-18　模板起吊旋转前示意图

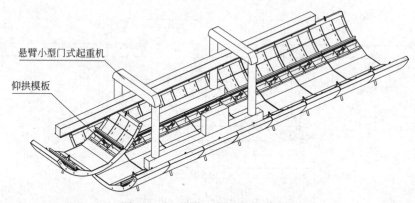

图 5.4-19　模板起吊旋转后示意图

（2）电动平板车

电动平板车为仰拱模板运输装置，与悬臂小型门式起重机同轨。长度满足搁置 2 块仰拱模板，宽度满足平稳放置仰拱模板，且不与仰拱模板弧边干涉即可。为避免来回走线，平板车设计为电池给电形式即可。电动平板车设计图如图 5.4-20 所示，电动平板车长 3.5m，宽 1.9m。

4. 整体工作流程

从仰拱模板进洞施工到正常循环仰拱施工，本仰拱模板体系及其倒运装置整体工作流程如下：

（1）在洞口安装第一台悬臂小型门式起重机，位于洞外一端悬臂吊起一块定制钢模板旋转 90°；

（2）启动纵移葫芦，运输模板通过悬臂门式起重机立柱至洞内悬臂并将模板旋转 90°；

（3）洞内悬臂将模板下放，同时将斜向撑杆穿出模板提供支撑并定位，保证模板集成纵向轨

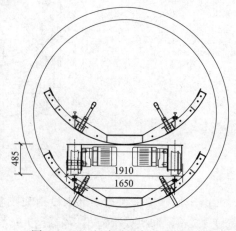

图 5.4-20　电动平板车设计侧视图

道与悬臂小型门式起重机轨道对齐，撑杆撑出长度满足二衬施工精度要求；

（4）重复上述模板运输步骤，安装第二块模板，并连接两块模板法兰盘；

（5）重复上述步骤，直至仰拱模板拼装至第一台悬臂小型门式起重机完全进洞；

（6）在洞口安装电动平板车，剩余仰拱模板吊放至其上，来回运输至第一台悬臂小型门式起重机处，继续安装模板直至仰拱模板全部进洞定位安装完成；

（7）利用钢管支撑及花篮螺栓对模板进行加固，并浇筑混凝土，混凝土浇筑完成立即将斜向撑杆退出至模板面进行养护；

（8）拆除钢管支撑及花篮螺栓，并在洞口安装第二台悬臂小型门式起重机，进入正常循环施工阶段；

（9）洞口侧悬臂小型门式起重机吊起最先安装的模板旋转90°，启动纵移葫芦，运输模板通过悬臂门式起重机立柱至另一端悬臂并将模板旋转90°，下放至电动平板车上；

（10）电动平板车行进至洞内侧悬臂小型门式起重机处，由一端悬臂吊起模板旋转90°，启动纵移葫芦，运输模板通过悬臂门式起重机立柱至另一端悬臂并将模板旋转90°，下放模板完成转运及安装；

（11）重复（9）、（10）步骤，洞口侧悬臂小型门式起重机负责仰拱模板吊拆上电动平板车，洞内侧电动平板车负责定位安装仰拱模板，直至仰拱模板全部倒运安装完成，支撑加固浇筑混凝土。仰拱模板倒运安装过程如图 5.4-21 所示。

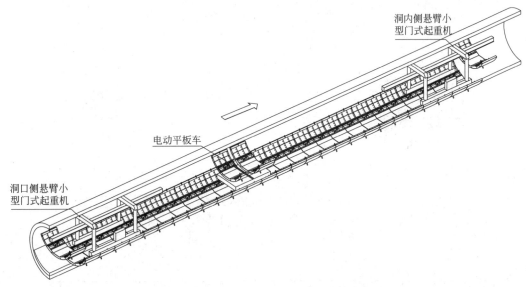

图 5.4-21　仰拱模板倒运安装过程示意图

5.4.3　可穿行式拱墙台车设计

1. 拱墙台车功能目标分析

按照总体方案设计，拱墙施工需跟进仰拱施工。仰拱施工通过定制钢模＋模板倒运装置设计，可实现仰拱模板大面积投入。故拱墙台车设计也需实现单作业面多点作业，跳仓法跟进仰拱施工。其设计功能目标如下：

（1）在保证台车整体强度刚度满足要求的前提下，保障台车内部操作空间充足，且需实现盾构阶段电瓶运输车通行运输物料设备；

（2）在单套台车长度适应变形缝间距设计为14.4m的前提下，台车自身需适应曲率频繁变化、最小转弯半径$R=250m$的弯道；

（3）台车设计功能需齐备，施工质量控制设计超前，使用便捷省时，操作简单，定位精准。

2. 拱墙台车整体设计

本工程拱墙台车采用定制研发可穿行式小直径大曲率全圆隧道拱墙衬砌台车，采用可穿行式设计，保障了最小直径3.0m隧道运输通道；采用分节式铰接设计、模板搭接咬合设计，可适应隧道最小转弯半径250m。

台车设计长度为14.4m，根据成型洞径不同分3.0m、3.2m、3.4m三种类型。台车由3节4.8m分节小台车铰接连接而成。分节小台车间各自集成液压控制系统，彼此相互独立。拱墙台车整体三维设计图、纵断面图如图5.4-22和图5.4-23所示。拱墙台车整体正设计图如图5.4-24所示。拱墙台车由模板系统、门架系统、支撑系统、液压系统、小台车铰接耳座等组成，如图5.4-23所示。

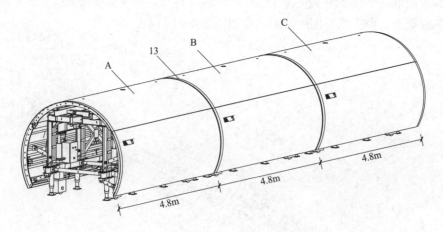

图5.4-22　拱墙台车整体三维设计图
A—分节小台车1；B—分节小台车2；C—分节小台车3；13—台车搭接模板机构

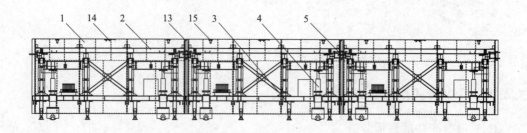

图5.4-23　拱墙台车纵断面图
1—模板系统；2—门架系统；3—支撑系统；4—液压系统；
5—小台车铰接耳座；13—台车搭接模板机构；14—浇筑口；15—带模注浆口

(1) 模板系统

模板系统包括顶模、侧模、搭接模板机构和端模；顶模两端采用铰接形式分别与对称分布在两侧的侧模连接，每节小台车模板纵向由 2 组 1.5m 宽＋1 组 1.8m 宽钢模组成，钢模面板厚度 8mm，环楞弧形钢板厚度 14mm，每组顶模设 4 道，最大间距 600mm；每组侧模设 3 道，最大间距 900mm。纵楞为角钢∟90mm×56mm×8mm，环向间距 300mm，各组钢模间设螺栓连接。支模状态模板圆心角为 241.6°，对应与 126°成型仰拱搭接 100mm。

搭接模板机构设置在小台车两端，前后相邻小台车连接采用搭接形式，前行侧小台车设置外侧搭接模板、后侧小台车设置内侧搭接模板；拱墙台车第一节与最后一节小台车端部设置外侧搭接模板或端模。

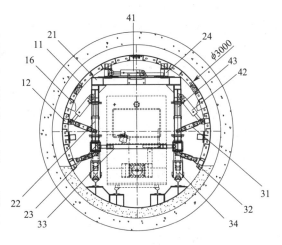

图 5.4-24　拱墙台车整体正设计图

11—顶模；12—侧模；16—观察窗；21—门架横梁；
22—门架立柱；23—门架纵梁；24—模板平移托架；
31—上侧模支撑丝杆；32—下侧模支撑丝杆；
33—横撑丝杆；34—底部支撑丝杆；41—模板
平移油缸；42—侧模收支油缸；43—顶升油缸

隧道投入多套衬砌台车跳仓法施工，故奇数仓需安装端模封堵端头；偶数仓安装外侧搭接模板，搭接两侧奇数仓已成型二衬结构即可。

(2) 门架、支撑及液压系统

门架系统主要由模板平移托架及连接的门架 HW150 型钢横梁、HW150 型钢纵梁、双拼[14b 槽钢立柱、[12 槽钢连系梁等组成。每节小台车共设 4 榀门架，最大中心间距 1.4m。

每节小台车支撑系统自上而下包括 4 组上侧模支撑丝杆、4 组下侧模支撑丝杆、4 组门架横撑丝杆和 4 组底部支撑丝杆。台车内部三维设计图如图 5.4-25 所示。

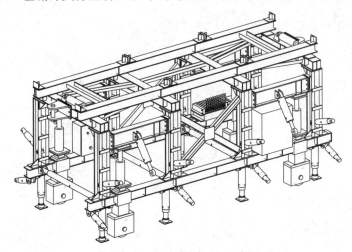

图 5.4-25　台车内部三维设计图

每节小台车液压系统包括台车操作阀、液压泵站组成的液压控制系统，以及2组模板平移油缸、2组台车顶升油缸、2组侧模收支油缸等组成。分节小台车间液压控制系统各自集成，实现小台车间独立控制、依次对中、依次支模。

台车支模操作流程为：①台车依次推行就位；②依次操作模板平移油缸，模板水平对中到位；③依次操作台车顶升油缸，模板高程位置到位；④横撑丝杆安装到位，依次操作侧模收支油缸，侧模支出到位；⑤依次安装侧模支撑丝杆、底部支撑丝杆；⑥支模完成，浇筑混凝土。

(3) 拱墙台车设计验算结果

1) 台车整体抗浮验算结果

以3.4m台车为例，拱墙模板超出180°部分需承受混凝土浇筑浮力0.23t/m。单节台车理论重量约10t，台车抗浮能力满足要求。

2) 台车承载能力验算结果

根据模板台车设计情况，结合施工过程的实际情况，主要取以下荷载：

①结构自重

单节台车理论重量约10t，考虑1.35荷载分项系数，自重荷载设计值共计13.5t。

②混凝土侧压力

本工程二衬采用的自密实混凝土初凝时间达10h，坍落度大于180mm，故按流体压力计算混凝土浇筑侧压，最大压强出现在侧模底部，约66.7kN/m^2，考虑1.35荷载分项系数，侧压荷载设计值最大为90 kN/m^2。

分别采用Midas Gen软件对台车门架结构、Solidworks软件对台车模板系统进行有限元分析验算。

如图5.4-26和图5.4-27所示，门架变形主要为整体向内变形，最大水平位移出现在门架底部，最大水平位移2.48mm<630/200=3.15mm；最大应力175MPa，位于立柱与

图5.4-26 台车门架结构计算位移结果

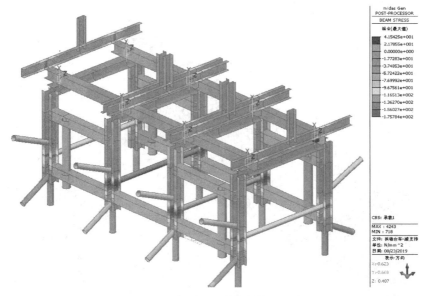

图 5.4-27 台车门架结构计算应力结果

横向撑杆交点;变形及应力均满足要求。

如图 5.4-28 和图 5.4-29 所示,模板变形主要为整体向内变形,最大位移出现在模板中下部位置,最大位移 0.46mm<300/200=1.5mm;最大应力 95.5MPa,位于模板与丝杆连接处;变形及应力均满足要求。

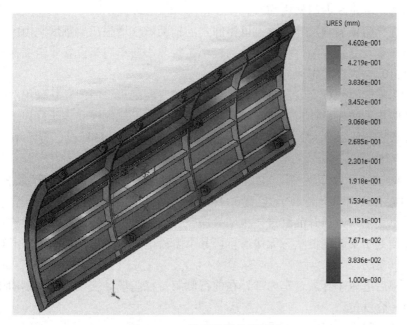

图 5.4-28 模板计算位移结果

3. 拱墙台车针对性设计

(1) 小直径隧道工况针对性设计

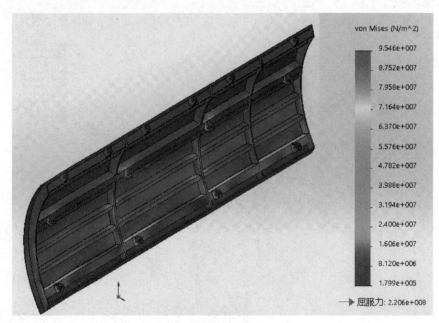

图 5.4-29 模板计算应力结果

本工程隧道二衬沿用原盾构阶段电瓶运输车（高 1.8m，宽 1.2m，长 6.6m）进行轨枕轨道等物料运输及台车推行，需在最小成型洞径 3.0m 工况下实现电瓶车在台车门架内部通行，且保障台车内部操作空间。故需对台车门架做针对性优化设计，在保证台车使用便利的前提下，尽量增大门架内净空。

第一，优化门架型钢尺寸，增设可拆卸式的辅助丝杆增强门架刚度。由台车整体设计可知，门架横梁及立柱等构件型钢尺寸均较小，每节小台车门架设置 4 组横撑丝杆，台车支模状态时打开，脱模状态可卸下。

第二，保障侧模丝杆安装调节空间，避免台车支模困难。门架立柱采用双槽钢加钢板组焊形式，两槽钢腹板设计留一定空隙开双耳洞，连接上侧侧模支撑丝杆；下侧侧模支撑丝杆连接耳板置于纵梁底部。这样无需在门架立柱外侧设置双耳板，有效增大了丝杆调节量。

以最小的 3.0m 台车为例，在台车顶升油缸完全收回状态，顶部最大脱模量达 140mm，门架有效内净空高 1.9m，宽 1.4m，电瓶车与门架净距 80mm，满足通行要求。使用阶段可不完全收回顶升油缸进一步增大净空。因此除台车浇筑及未达拆模强度阶段门架横撑丝杆须处于安装到位状态无法通行，其余阶段电瓶车均可在台车内部通行。脱模状态如图 5.4-30 所示。

台车脱模后电瓶车开入台车内部，在前行侧第一榀门架处安设临时型钢横梁，即可推行台车至下一仓就位。

（2）大曲率隧道工况针对性设计

在最小转弯半径 $R=250$m 的工况下，由图 5.4-31 模拟可知，台车在常用的 12m、9m、6m 长度规格下二衬侵限分别为 ±72mm、±40mm、±18mm，均大于《给水排水管道工程施工及验收规范》GB 50268 允许限值 ±15mm。故本工程考虑采用单套台车长

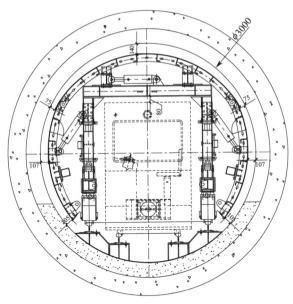

图 5.4-30 台车脱模状态设计图

14.4m 设计，并分成 3 节 4.8m 小台车，在最小转弯半径下内衬壁厚侵限为 ±11mm，满足规范允许偏差要求。小台车间采用铰连式设计由两部分组成：搭接模板机构及铰接耳座。不同长度规格台车超限情况如图 5.4-31 所示。

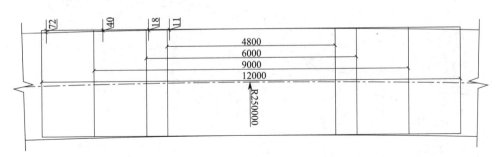

图 5.4-31 不同长度规格台车超限示意图

搭接模板机构由前行侧小台车设置的 10cm 宽外侧搭接模板和后侧小台车设置的 8cm 宽内侧搭接模板组成，二者与台车模板形式同样分为 3 块，与台车端部法兰盘螺栓连接。内外侧搭接模板均采用弧形钢板焊接成直角形式，内侧搭接模板还需设承压加劲板。

搭接模板机构为企口形式连接，内侧搭接模板外表面贴紧外侧搭接模板内表面，二者非完全咬合而是留有 3cm 宽间隙以适应弯道。模板搭接机构如图 5.4-32 所示。

铰接耳座设置在相邻两节小台车端部门架横梁处，包括连接双耳板、连接单耳板和固定销轴，销轴轴线位于搭接模板中线位置；耳座双耳板间预留间隙较大达 160mm，连接单耳板在安装固定销轴后，相邻小台车沿隧道纵向以铰接形式固定，但竖向仍有一定活动空间，避免模板升降速度不均时造成搭接模板机构挤压变形。台车铰接耳座设置如图 5.4-33 所示。

隧道直线段施工时，搭接模板间隙可用橡胶条填塞，避免混凝土浇筑后形成凸槽；隧

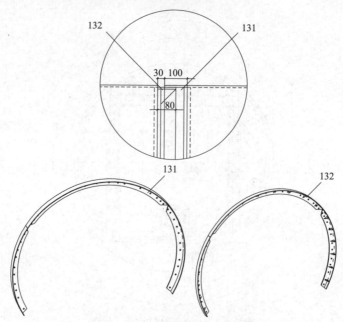

图 5.4-32 模板搭接机构示意图
131—外侧搭接模板;132—内侧搭接模板

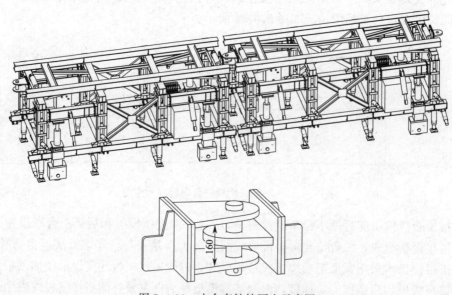

图 5.4-33 小台车铰接耳座示意图

道进入曲线段施工时,分节台车间以固定销轴为旋转中心,模板内弧侧间隙适应曲线变化而咬合或部分咬合、外弧侧间隙拉开但仍能保证内外两块搭接模板保持搭接,混凝土浇筑完成后需对凸槽进行打磨。

搭接模板间隙宽度根据隧道转弯半径要求模拟确定。台车极限状态弯道模拟如图 5.4-34 所示,当内弧侧 3cm 间隙宽度完全咬合时,对应隧道拟合转弯半径 $R=243m<R=250m$,外弧侧间隙被拉开至 6cm<8cm,满足施工要求。

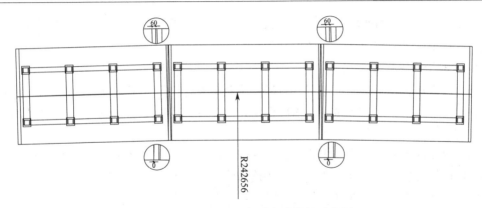

图 5.4-34 台车极限状态弯道模拟示意图

此外,需模拟电瓶车在弯道与台车门架是否有碰撞风险。电瓶车弯道模拟如图 5.4-35 所示,电瓶车在 $R=250m$ 弯道进入台车内部时,与门架最小有效净距为 9.3cm,电瓶车可顺利通过。

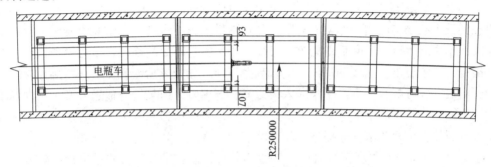

图 5.4-35 电瓶车弯道模拟示意图

(3) 混凝土浇筑针对性设计

由于拱墙浇筑高度较小,故每节小台车只在顶部设 1 个浇筑口即可满足浇筑要求,侧模上设 2 个品字形对称分布的观察窗及附着式振捣器。为确保拱顶密实,每节小台车顶部增设 2 个带模注浆口,可安装 RPC 注浆管进行带模注浆作业。

此外,本工程初衬为管片柔性结构,故二衬变形缝设置较密集,变形缝长度与台车长度匹配每 14.4m 一道,不再设环向施工缝。故台车需在奇数仓设置端模,在二衬厚度仅 20cm 条件下,端模设计困难,易造成端部跑模漏浆现象。为此,变形缝优化采用背贴止水带＋后装式 Ω 形止水带式设计,端模设计为分块扇形钢板形式,如图 5.4-36 所示,一端与台车端部法兰盘螺栓连接,一端直接抵紧背贴止水带封堵端模,保障混凝土浇筑及带模注

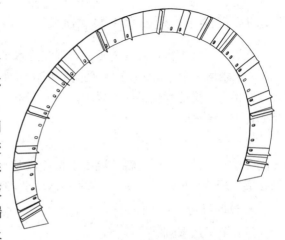

图 5.4-36 分块式钢端模设计

浆压力下端模稳定。台车法兰盘开环向长圆孔，端模钢板开径向长圆孔，实际操作可根据止水带设置情况灵活调节端模安装位置。

4. 整体工作流程

（1）铺设边轨，用电瓶运输车将多套拱墙台车整体推行进洞于奇数仓就位；

（2）各分节小台车依次对中、依次支模，每套台车两端安装分块钢端模，浇筑奇数仓混凝土；

（3）台车脱模依次推行至相邻偶数仓就位，依次对中、依次支模，每套台车两端安装外侧搭接模板搭接已成型奇数仓拱墙，浇筑偶数仓混凝土；

（4）铺设边轨，台车推行至下一节段，开始循环施工。

5.5 二衬混凝土长距离输送及入模技术

根据贯穿后隧道二次衬砌整体施工组织，混凝土单边最远水平输送距离近2km。在小直径隧道下狭小空间内操作空间有限，作业组织及施工难度大，常规混凝土运输罐车及泵车无法使用，混凝土水平输送困难。且随着水平输送距离的增长，不可避免地带来混凝土性能损失、混凝土输送效率降低、堵管频繁发生。结合贯穿后隧道二次衬砌方案设计，混凝土输送方案有超长距离水平泵送入模方案、洞内多台拖泵接力输送方案、洞内混凝土小罐车运输与较长距离中低压泵送组合方案三种。采用何种混凝土水平输送方式在出泵混凝土性能满足自密实要求的前提下，能保障混凝土输送高效进行，需开展专项研究。

本工程二衬混凝土厚度仅为20cm，对浇筑质量控制要求极高。根据贯穿后隧道二次衬砌整体施工组织，单次仰拱及拱墙浇筑长度均达115.2m。在小直径隧道断面净空有限条件下，显然无法实现传统大直径隧道台车混凝土布料装置设置，需研究适合于本工程二衬混凝土浇筑质量要求高、浇筑断面小、单次浇筑距离长特点的薄壁混凝土高效浇筑技术。

项目部在无成熟参考经验的情况下，通过开展试验、比选方法、研制设备、创新技术，最终成功研发了一套适用于本工程的小直径隧道内长距离混凝土输送及入模技术。

5.5.1 混凝土长距离水平泵送试验

随着二衬施工作业向洞内延伸，混凝土水平输送距离不断增长，最远水平输送距离近2km。长距离水平泵送试验的目的是验证在何种泵送距离下出泵混凝土性能损失能控制在合理范围内，仍能满足自密实要求。为混凝土水平输送方案比选提供数据参考。

1. 试验材料

水平泵送试验所用混凝土配合比、原材料等级与第4.2节相同，即采用二衬混凝土设计配合比及设计要求原材料。混凝土性能满足混凝土坍落扩展度为SF3级，扩展时间为VS2级，坍落扩展度与J环扩展度差值为PA2级，离析率为SR2级。

2. 试验设备

（1）泵机选型

C40混凝土换算经验值每米水平管道沿程压力损失平均为0.0155MPa/m，1800m的泵送距离沿程压力损失为 $1800 \times 0.0155 = 27.9$MPa，考虑克服试验场地一定的上坡段产生的重力，试验拟采用出口压力最大为 35MPa 的超高压混凝土输送泵，泵送能力满足施工需要。

（2）泵管选型

试验泵送压力约 24MPa 左右，整体泵送方量较小，对管道磨损程度较低，综合考虑，选用采用内径 125mm，壁厚 7mm 合金钢耐磨管，调质后内表面高频淬火。泵管选型如表 5.5-1 所示。

混凝土泵管选型   表 5.5-1

序号	项目	选用方案
1	管径	综合考虑泵送压力及整体泵送方量，选用 125mm 内径管道
2	管厚	采用 7mm 合金钢耐磨管
3	接头形式	采用法兰螺栓连接的形式保证泵管连接的牢固性
4	密封圈	采用密封性能可靠的 O 形圈端面密封形式，可耐 100MPa 的高压

试验拟定最高级别为 1800m 级，3m 直管 600 根，$R1000 \times 90°$ 弯管 5 根。

（3）泵压监测设备

每 200m 安装一组泵压监测仪器，即时采集分析泵管压力，判断混凝土泵送的内部压力变化，对堵管事故进行预警，及时采取措施，降低风险。

3. 试验场地布置

试验场地选择在 7 号～6A 号竖井间岩溶便道，泵管沿施工便道盘管布置，单趟约 400m，一去一回之间采用 180°弯头连接。试验场布置如图 5.5-1 所示。

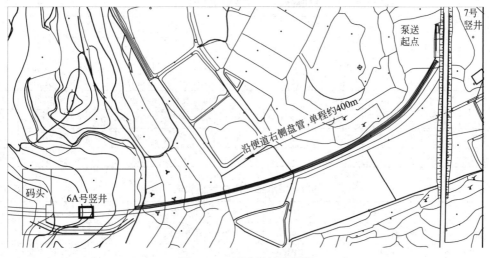

图 5.5-1　试验场地布置图

4. 试验方法

（1）润管：先打 $4m^3$ 水，打 $1.5m^3$ 纯浆（1:1），打 $4m^3$ 砂浆（同配比）；

（2）测试到场混凝土 T500、扩展度性能；

（3）泵送：试验分两车进行间断泵送，两车间隔 15min，共计泵送 14～16m³，间隔测试 2 次出口处混凝土 T500、扩展度性能；

（4）洗管：混凝土泵送完毕后，立即泵送砂浆 4m³（同配比），清洗料斗，放置自制活塞（3～4 个），放水泵送（24m³ 水，连续泵入），再次测试出口回收混凝土性能。

试验由 360m、500m、700m、1000m 级等逐级向上进行。泵送试验现场实景如图 5.5-2 所示。

图 5.5-2　泵送试验现场实景图

5. 试验结果

项目逐级推进至 1000m 级试验，其中共 360m 级试验 3 次、500m 级试验 3 次，700m 级试验 2 次，1000m 级试验 1 次。混凝土经泵送后性能变化见表 5.5-2～表 5.5-5。

360m 级水平泵送试验记录表　　表 5.5-2

序号	第一车				第二车				360m 盘管后	
	天泵入料		天泵出料		天泵入料		天泵出料			
	扩展度(mm)	T500(s)	扩展度(mm)	T500(s)	扩展度(mm)	T500(s)	扩展度(mm)	T500(s)	扩展度(mm)	T500(s)
1	795	1.8	790	1.8	770	1.7	770	1.8	760	2.1
2	780	1.7	780	1.8	780	1.6	780	1.6	760	2.0
3	790	1.7	785	1.9	780	1.7	780	1.7	765	2.1
平均值	788	1.7	785	1.8	776	1.7	776	1.7	761	2.1

500m 级水平泵送试验记录表　　表 5.5-3

序号	第一车				第二车				500m 盘管后	
	天泵入料		天泵出料		天泵入料		天泵出料			
	扩展度(mm)	T500(s)	扩展度(mm)	T500(s)	扩展度(mm)	T500(s)	扩展度(mm)	T500(s)	扩展度(mm)	T500(s)
1	785	1.8	780	1.9	795	1.9	790	1.9	720	2.3
2	785	1.7	785	1.7	795	1.7	790	1.8	735	2.2
3	790	1.8	785	1.9	785	1.8	785	2.0	725	2.3
平均值	786	1.8	783	1.8	791	1.8	788	1.9	727	2.3

700m级水平泵送试验记录表　　　　　　　　　　　　　　表 5.5-4

序号	第一车				第二车				700m盘管后	
	天泵入料		天泵出料		天泵入料		天泵出料			
	扩展度(mm)	T500(s)	扩展度(mm)	T500(s)	扩展度(mm)	T500(s)	扩展度(mm)	T500(s)	扩展度(mm)	T500(s)
1	780	1.8	780	1.9	780	1.8	780	1.8	610	6.8
2	790	1.8	785	1.8	780	1.7	780	1.8	625	6.7
3	785	1.9	785	1.9	780	1.7	780	1.8	645	6.5
平均值	785	1.8	783	1.9	780	1.7	780	1.8	627	6.7

1000m级水平泵送试验记录表　　　　　　　　　　　　　表 5.5-5

序号	第一车				第二车				1000m盘管后	
	天泵入料		天泵出料		天泵入料		天泵出料			
	扩展度(mm)	T500(s)	扩展度(mm)	T500(s)	扩展度(mm)	T500(s)	扩展度(mm)	T500(s)	扩展度(mm)	T500(s)
1	780	1.8	780	1.8	780	1.7	780	1.8	380	—
平均值	780	1.8	780	1.8	780	1.7	780	1.8	380	—

由试验结果可知，在360～500m级水平泵送试验中，出泵混凝土性能损失较小，仍能满足自密实性能要求。700m级水平泵送试验出泵混凝土性能损失明显增大，自密实性能已经较难满足。1000m级水平泵送试验出泵混凝土已明显不满足自密实混凝土要求。故不再向上继续推进试验，以1000m级内的试验结果指导混凝土长距离水平输送方案选择。

5.5.2　小直径隧道混凝土长距离水平输送技术

1. 混凝土长距离水平输送方案比选

混凝土运输方案的选取需综合考虑混凝土输送过程的连续性、高效性，出泵混凝土自密实性、人员操作的便捷性，运输设备投入的经济性，并尽量减少混凝土废料。结合贯穿后隧道二次衬砌方案设计，混凝土输送方案有超长距离水平泵送入模方案、洞内多台拖泵接力输送方案、洞内混凝土小罐车运输与较长距离中低压泵送组合方案三种。

（1）洞口超长距离超高压泵送方案

在洞口位置放置大功率混凝土泵，混凝土直接泵送入模。显然，该方案的优点是混凝土运输速度快，效率高，无需投入多余设备。但其存在的显著缺点是：

1）泵送过程混凝土性能损失大、堵管风险高。由长距离水平泵送试验可知500m级及以内水平泵送试验混凝土泵送性能损失在可控范围内，仍能满足自密实要求；对于700m级及以上的水平泵送试验混凝土性能损失已不满足其自密实要求，且堵管风险高，堵管处理难度、工期代价极大。

2）混凝土废料多、泵管清理效率低。当水平泵送距离达到1500m级时，混凝土浇筑完成后管内理论余料达18.4m³，产生废料多，一方面经济性低，另一方面废料清运出隧道工作量大。此外，泵管清理工作量也随着水平泵送距离增长而显著增大。

3）泵管布设耗时长。泵管布设工作量同样随着水平泵送距离增长而显著增大。

综合试验情况及其存在的诸多缺陷，该方案不可行。

（2）洞内多台混凝土拖泵接力输送方案

根据混凝土水平输送距离，每间隔500m放置一台混凝土拖泵进行接力泵送。该方案的特点是：

1）通过增设中间接力混凝土拖泵，缩短了单次泵送距离。但还需实现接力泵送时中间搅拌，否则增设拖泵无法改变混凝土性能沿程持续损失的结果，堵管风险仍较高。堵管处理工作量低于超远距离泵送方案。

2）接力泵送前润管难度大，产生的润管砂浆废料、混凝土废料多。

3）由于拖泵功率大，多台泵启用需高压线路进洞，洞内布置高压线缆，在狭小空间内与设备及操作人员的安全距离不足，安全风险高。

综上，该方案虽可进一步研究，但其带来的安全风险不可避免，故该方案不可行。

（3）洞内混凝土小罐车运输与较长距离中低压泵送组合方案

在洞内拱墙台车尾部放置混凝土拖泵，拖泵距离浇筑点最远端约360m（奇数仓拱墙施工阶段）或460m（偶数仓拱墙施工阶段），混凝土小罐车在竖井底部接料后将混凝土运至拖泵，而后经拖泵进行水平泵送入模。该方案的特点是：

1）该方案缩短了混凝土泵送长度，将水平泵送距离控制在了500m以内，堵管风险及处理代价可控、混凝土出泵性能满足要求，且泵管布设清理工作量相对较小。

2）泵送废料相对较少，以最远泵送距离460m计算，理论废料产生量为$5.6m^3$，且浇筑过程需拆管，实际废料产生量较少。

3）常规混凝土罐车无法使用，需定制设备。隧道空间狭小，无法供2台混凝土罐车同时进入，故无法实现混凝土连续不间断浇筑，单车浇筑完成后需等待罐车出入洞。且罐车单次输送量有限、方量设计应尽可能大，以减少罐车出入洞次数，提高混凝土水平输送效率。

综上所述，该方案的实际操作性较高，虽会增加一定设备投入成本，但费用可控。但需对该方案存在的上述问题展开进一步研究，尽可能提升混凝土长距离水平运输工效。因此当混凝土输送距离超过500m时，选择该方案进行混凝土运输，500m内则在洞口直接采用拖泵泵送入模。远距离混凝土输送及入模的浇筑整体工艺流程如图5.5-3所示。

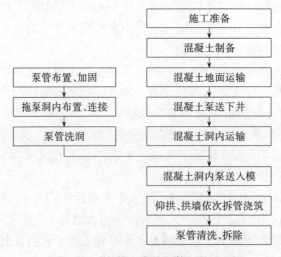

图5.5-3　混凝土浇筑整体工艺流程

2. 混凝土长距离水平输送设备设计研究

（1）特制拖泵

混凝土水平输送距离在 500m 以内时，特制拖泵放置于洞口，直接由天泵泵送混凝土入泵；混凝土水平输送距离超过 500m 时，特制拖泵放置于拱墙台车洞口侧尾部区域，由特制小罐车进行水平运输至拖泵尾部后卸料入泵。由特制拖泵水平泵送距离如前所述，奇数仓拱墙施工阶段约 360m，偶数仓拱墙施工阶段约 460m。

基于上述目标使用工况，特制拖泵作出如下针对性设计：

1）拖泵出料口设置 180°弯头。隧道空间较小，小罐车卸料口无法越过拖泵，故需将拖泵接料、出料口设置在洞口侧。小罐车将混凝土卸至拖泵接料口后，在出料口经 180°弯管后水平泵送入模。180°弯管由上弧段、下弧端及直段三段组成，与拖泵本身设有螺栓固定连接。

2）设置轨行轮，隧道内可实现由电瓶车推行移动进出洞。拖泵本身保留传统橡胶轮式设计，便于后续周转使用，下井安装前临时拆除。拖泵前后设置 2 组 4 个轨行轮，轨距与隧道内中轨轨距匹配，为 762mm。在拖泵尾部，即 180°弯管处设置电瓶车连接卡扣。在每次浇筑完成后将 180°弯管及时卸下清理，由电瓶车与弯管处卡扣连接后将拖泵运出洞外，便于洞内物料运输。每次浇筑前由电瓶车连接卡扣推行运输至拱墙台车前，安装 180°弯管与水平输送泵管连接后浇筑混凝土。

3）设置支撑装置。拖泵泵送出口需经 180°弯管，故出口处泵压较大，需与隧道内弧面设置可靠支撑，避免拖泵前后位移导致泵管脱落。拖泵两侧前后设置 2 组 4 个支撑，支撑下端焊有弧形钢板与隧道成型仰拱内弧面贴合，并在两侧设有夹轨器。支撑设置为可伸缩形式，每个支腿处均设置伸缩液压油缸，非使用状态时将支腿收起，便于电瓶车推行运输。

拖泵整体尺寸较小，长×宽×高仅为 7.5m×2.1m×2.0m，接料口至轨面高度 1.16m，满足小断面隧道下使用需求。拖泵混凝土输送压力 18MPa，满足 500m 泵送距离时的泵压需求。特制拖泵设计如图 5.5-4 和图 5.5-5 所示。

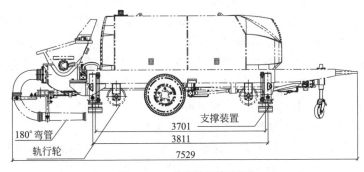

图 5.5-4　特制拖泵侧视图

（2）特制小罐车

隧道混凝土水平输送距离超过 500m 后，使用特制小罐车将混凝土水平运输至拖泵处。

根据二衬施工组织，单作业面最远水平输送距离近 2km，混凝土长距离运输过程要避免混凝土离析或性能损失过大而不满足自密实要求。单个作业面考虑配置2台小罐车进行运输。根据施工组织，在具备电瓶车推行条件的竖井，小罐车可直接采用电瓶车推行形式。在不具备推行条件的1号、5号竖井，小罐车采用自带动力形式。特制小罐车功能设计如下：

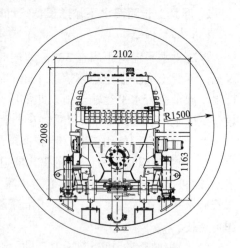

图 5.5-5　特制拖泵正视图

1) 小罐车卸料口高度与拖泵出料口高度匹配。罐车尾部卸料高度设计为1.46m＞拖泵出料口高度1.16m，满足正常出料要求。

2) 具备行走搅拌功能。其功能的实现由包括固定在底盘上的行走装置和机舱、支承在底盘上并由机舱中的液压马达驱动的搅拌筒组成。所述行走装置由固定在底盘上的轮架、支承在该轮架上的轮轴、固定在该轮轴上的车轮构成；变量泵通过支架固定在轮架上，支承在支架上的小链轮通过联轴器与变量泵连接，固定在轮轴上的大链轮通过链条与小链轮连接；变量泵与固定在机舱中的液压马达连通。

通过增加链条传动装置和变量泵，因此在电瓶车推行或自身行驶过程中能够利用车轮的运动来带动变量泵工作，然后通过液压马达驱动搅拌筒转动，从而实现混凝土搅拌；避免了混凝土在长途运输过程中容易离析、沉淀、结块的缺陷，具有结构简单、能耗低等优点。行走拌合筒转速1r/25m，按5km/h的隧道限速要求，换算转速3.3r/min，满足自密实混凝土运输过程拌合筒3～5r/min的规范转动速度要求。

3) 具备插电搅拌功能。特制小罐车在进行混凝土运输的过程中，虽然增加了行走搅拌功能，但经长距离水平运输不可避免地带来混凝土性能损失。对此，小罐车增设插电搅拌功能，拌合筒电动驱动转速范围0～±15r/min。在小罐车到达拖泵处时，先经插电电动驱动充分搅拌后再行卸料。

4) 自带动力小罐车锂电池续航里程大于12km。根据二衬施工组织，在需使用自带动力小罐车的作业面，在小罐车机头处增设操作室、蓄电池及驱动装置。正常循环单次混凝土浇筑方量约230m³，每台小罐车进出洞次数达17次以上，最远水平运输距离1.8km，单台小罐车不充电续航里程需达到30km，成本较高。故考虑在运输距离1.8km的工况，小罐车放料时间按0.5h计算。出洞后小罐车立即插电充电，锂电池充电能力4km/h，按2.5km/h计算。则单次运输耗电量为1.8×2－(1.8×2/5＋0.5)×2.5＝0.55km，小罐车可运输趟数为12/0.55＝22次，满足要求。

特制小罐车搅拌筒角度为12°，理论最大容量达7m³。搅拌桶尾部进料口与DN3000隧道净空为225mm。不带动力小罐车车身尺寸长×宽×高为8.45m×1.75m×2.37m，带动力小罐车车身尺寸长×宽×高为9.98m×1.75m×2.37m。以不带动力小罐车为例，设计图如图5.5-6和图5.5-7所示，头部设有电瓶车连接卡扣。

(3) 平移摆渡车

使用特制小罐车进行混凝土水平运输，即使减小小罐车方量设计，洞内也显然不具备2台小罐车错车空间。故只能在井口进行小罐车错车，减少小罐车接料等待时间。对于3

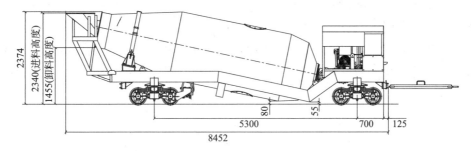

图 5.5-6 特制小罐车侧视图（不带动力）

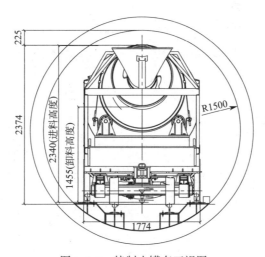

图 5.5-7 特制小罐车正视图

号、6号、8号竖井，竖井尺寸相对较大（净尺寸 49m×11m），可在竖井内安装道岔供小罐车错车，如图 5.5-8 所示。

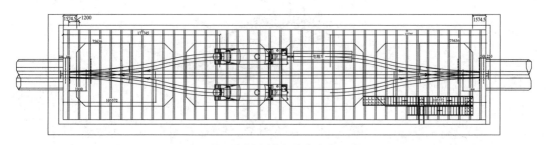

图 5.5-8 特制小罐车道岔错车示意图

其余竖井尺寸均较小，1号竖井为 14m×14m，4号竖井为 ϕ20.2m，其余竖井为 15m×11m，均无法满足道岔布设净空要求。故考虑设置平移摆渡车，实现特制小罐车在井口平移错车。

平移摆渡车的设计借鉴了管片厂模具平移装置，由车体、小罐车轨道、小罐车锁紧装置、驱动轮组、从动轮组、对位机构及控制系统组成。平移摆渡车长度与运输小罐车长度相同，不带动力小罐车对应为 8m，带动力小罐车对应为 10m，宽度均为 8m，两组轨道中间间距 2.1m，可实现 2 辆小罐车进出平行错车不干涉。

平移摆渡车安装前吊放预制C30混凝土条形基础到位，通过条形基础预制高度调整摆渡车轨面标高与隧道内轨面标高一致。而后在竖井内安装平移摆渡车并通过对位机构及控制系统设置自动对位，即可通过驱动轮组切换平移摆渡车上的两组轨道分别与隧道内轨道对接，实现小罐车在洞口平行错车。平移摆渡车设计如图5.5-9和图5.5-10所示。

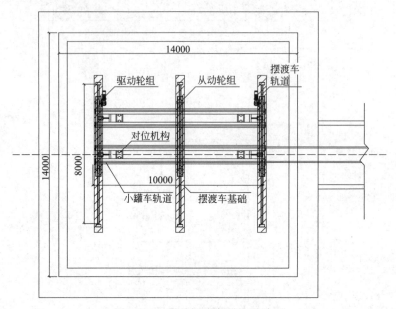

图5.5-9　平移摆渡车平面设计图

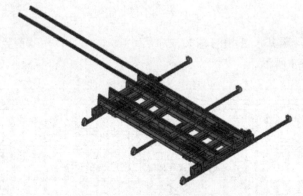

图5.5-10　平移摆渡车三维效果图

3. 混凝土长距离水平输送工艺流程

综上分析，本工程小直径隧道混凝土长距离水平运输采用定制轨行式大容量罐车远距离运输＋拖泵中短距离泵送的洞内混凝土输送技术。

二衬混凝土500m级长距离水平输送工艺流程如下：

（1）进入混凝土浇筑工序，电瓶车推行拖泵入洞在拱墙台车尾部就位。

（2）将两台小罐车吊放至平移摆渡车轨道上，通过锁紧装置锁紧小罐车。

（3）地面及垂直运输。采用混凝土罐车进行地面运输，运输过程中混凝土罐车保持2～4r/min转动速度，防止混凝土离析。

安排专人记录混凝土出站时间、进场时间、开始浇筑时间、浇筑完毕时间。以便分析混凝土罐车路上运输时间、浇筑时间、前车混凝土最长裸露时间等，对混凝土罐车发车时间进行管控，确保混凝土从出站到浇筑，不超过 120min。

混凝土进场后测量卸料时的扩展度及入模温度，混凝土质量及工作性能不符合要求时不得使用。采用 56m/63m 天泵输送混凝土至井底特制小罐车入料口。

放置在与隧道内轨道对接轨道上的特制小罐车 A 先接料，接料完成后行走至洞内特制拖泵处。

（4）特制拖泵泵送混凝土入模；特制小罐车运输混凝土就位后，小罐车应接电进行快速搅拌。混凝土出现离析或使用外加剂进行调整时，搅拌时间应不小于 120s，若混凝土扩展度损失或离析严重，经补充外加剂或快速搅拌已无法恢复混凝土的工艺性能时，应及时将小罐车退出洞内进行清理，不得浇筑入模。

（5）隧道内浇筑时，竖井内另一台特制小罐车 B 安排接料；当隧道内第一台特制小罐车 A 卸料完成出洞后，启动平移摆渡车，将竖井内接料完成的第二台小罐车 B 的轨道与隧道内轨道对接，行走至隧道内进行浇筑，如此交替完成混凝土浇筑。

平移摆渡车工作流程如图 5.5-11～图 5.5-15 所示。

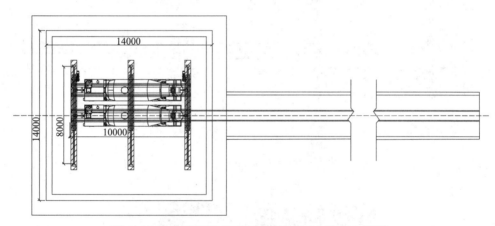

图 5.5-11　平移摆渡车工作第一阶段（小罐车 A 接料）

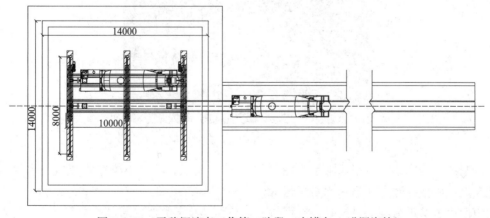

图 5.5-12　平移摆渡车工作第二阶段（小罐车 A 进洞浇筑）

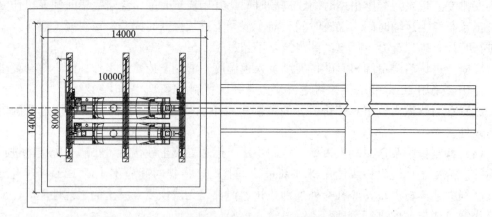

图 5.5-13 平移摆渡车工作第三阶段（平移切换轨道）

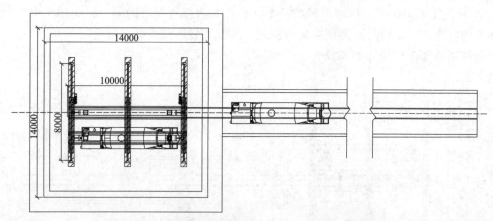

图 5.5-14 平移摆渡车工作第四阶段（小罐车 B 进洞浇筑）

图 5.5-15 平移摆渡车工作实景图

特制拖泵与小罐车使用效果示意图如图 5.5-16 所示，特制小罐车将混凝土水平运输至拖泵处，由拖泵经 180°弯头水平泵送入模。

当使用道岔进行洞口错车时，流程与上述平移摆渡车类似，通过道岔实现两台特制小罐车错车，不再赘述。

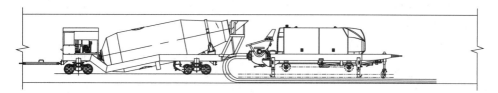

图 5.5-16　特制拖泵与小罐车使用效果示意图

5.5.3　小直径隧道二衬混凝土入模技术

正常施工循环单次均浇筑 115.2m 仰拱＋115.2m 拱墙，奇数仓拱墙施工阶段泵管布设距离约 360m，偶数仓拱墙施工阶段泵管布设距离约 460m。浇筑方向从洞内向洞外、由仰拱到拱墙边浇筑边拆泵管进行。施工组织如图 5.5-17 和图 5.5-18 所示。

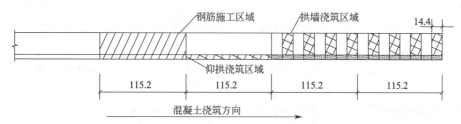

图 5.5-17　奇数仓拱墙施工阶段混凝土浇筑组织

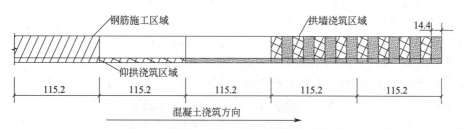

图 5.5-18　偶数仓拱墙施工阶段混凝土浇筑组织

1. 泵管布设及润管

泵管采用 3mϕ125 标准泵管，布置在电瓶车中轨枕中部。出泵前 60m，每隔 3m 在泵管底部设置一处木方或橡胶轮，之后每间隔 6～9m 设置一处，泵管采用抱箍连接。

泵管布设完成后推行特制拖泵进洞就位，连接 180°弯管，进行泵管水密性试验，水密性试验在泵管端头设置小开口封堵板，要求泵管内充满清水，检查接头质量，而后进行润管，泵送 4～6m^3 水泥砂浆进行润管，随后泵送混凝土。

2. 仰拱混凝土入模技术

仰拱单次浇筑 115.2m，从最远端往靠近洞口端进行浇筑，混凝土从仰拱模板两侧敞口位置浇入。

（1）仰拱原浇筑方案

本工程原方案采用人工搬运泵管浇筑形式，浇筑过程中利用 5m 长软管左右换向对称浇筑，每浇筑完 6m 范围停泵一次，拆除 2 根泵管。试验中发现需频繁地进行左右侧切换及拆接泵管以实现对称浇筑,操作难度大、劳动强度高、耗时长,且混凝土易散落污染模板。原浇筑方案如图5.5-19所示。

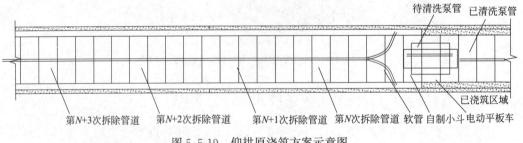

图5.5-19 仰拱原浇筑方案示意图

(2) 仰拱对称布料浇筑装置设计

项目针对仰拱原方案的浇筑难点,设计制作了仰拱对称布料浇筑装置,装置具备自行走、流量控制、遇碍折叠、自由换向功能。浇筑布料装置由盛料箱、溜槽及前述仰拱模板转运电动平板车组成。

盛料箱长3m、宽1.2m、高0.8m,容积约1.2m³。此尺寸可顺利通过仰拱模板转运小型门式起重机并放置在电动平板车上。盛料箱顶部四端各有一个吊点,便于仰拱转运小型门式起重机进行吊放。洞口侧边上部中心位置有泵管固定卡扣,且设置有弧形小凹槽。盛料箱底板横截面为中间凸起的人字形坡,便于浇筑时盛料箱内混凝土朝各个出料口流动。底板纵向为从泵管卡扣侧朝另一侧放坡的向下斜坡,便于盛料箱装料时泵管流出的混凝土朝盛料箱纵向流动。盛料箱两侧对称设置有4个出料口,出料口的底高度与盛料箱底板的高度齐平,设置有旋转闸门,出料口通过法兰连接溜槽。其中,旋转闸门由手柄与圆形挡板按一定角度组成,安装在出料口的法兰上,用于调节出料口大小。

溜槽由两段短溜槽组成,两段短溜槽通过中间的转轴连接,且两段短溜槽连接部位的截断面与溜槽坡度方向垂直,下部短溜槽可绕着转轴翻折,溜槽翻折打开后,底部正对仰拱模板浇筑口。在浇筑装置行进时翻折收起下部溜槽,缩小装置宽度。上部短溜槽带一个半环形法兰,用于与出料口法兰连接。仰拱对称布料浇筑装置如图5.5-20~图5.5-22所示。

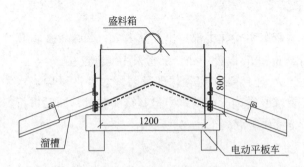

图5.5-20 仰拱对称布料浇筑装置正视设计图

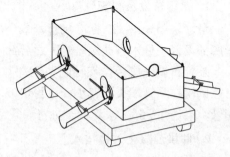

图5.5-21 仰拱对称布料浇筑装置三维示意图

(3) 仰拱对称布料浇筑装置浇筑方法

二衬仰拱单节段115.2m按14.4m变形缝间距分为8仓,利用布料装置以仓为单位,由远及近地依次完成各仓浇筑。仰拱对称布料浇筑装置浇筑流程如下:

1）进入混凝土浇筑工序后，在拖泵入洞前，将溜槽全部放入盛料箱中，吊装盛料箱下井，由电瓶车运输至仰拱模板端部，而后由洞口侧仰拱模板转运小型门式起重机吊起通过门式起重机内部，放置在平板车上，安装溜槽，将布料装置停放至该节段仰拱第 8 仓前。

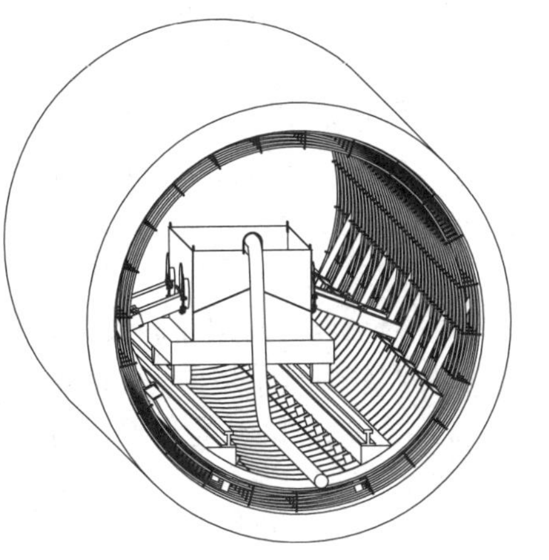

2）仰拱模板转运小型门式起重机均停放至两侧非浇筑区多余搭接仰拱模板内，不影响仰拱混凝土浇筑。

3）泵管布设洗润管完毕后，将 3m 长软管固定在布料装置泵管卡扣处，即可开启拖泵开始混凝土盛料，混凝土装满盛料箱后停泵。

图 5.5-22 仰拱对称布料浇筑装置工作示意图

4）检查两侧溜槽翻折是否收起，避免移动时溜槽与模板两侧钢管支撑碰撞，驱动装载盛料箱的运输小车在该节段内行进，到达仰拱第 8 仓最远端。

5）翻折打开两侧溜槽，直接伸入模板两侧敞口位置，工人通过操纵旋转闸门的手柄来调节出料口大小，混凝土顺着人字坡从两侧出料口流出，经溜槽输送至浇筑口，闸门开启至最大位置时，可将插销插入出料口法兰盘上的插销孔来固定闸门，实现仰拱混凝土快速对称浇筑。

6）盛料箱内的混凝土卸料完毕后，翻折收起两侧溜槽，布料装置回到第 8 仓起点。

7）重复 3）～6）步骤，完成该仓仰拱混凝土浇筑，浇筑过程适当振捣。

8）在该仓最后一斗混凝土盛料完毕后即可拆除连接软管及下一待浇筑仓段范围内 5 根泵管，将软管与未拆段泵管连接，将拆除泵管内的混凝土余料倒入灰桶内，然后再将灰桶内混凝土倒入待浇筑仰拱模板内，减少混凝土浪费，拆除泵管运出隧道清洗。

9）布料装置溜槽翻转关闭行驶至待浇筑仓段起点，连接软管，重复步骤 3）～8），直至该节段 8 仓仰拱全部浇筑完成。

10）拆除两侧溜槽，将溜槽放入盛料箱内，布料装置开至洞口侧仰拱模板转运小型门式起重机处，经小型门式起重机转运至电瓶车处运出隧道，吊装上井及时清洗，待下次浇筑使用。图 5.5-23 为仰拱对称布料浇筑装置进行仰拱混凝土浇筑实景图。

3. 拱墙混凝土入模技术

拱墙浇筑在仰拱浇筑完毕后接力进行，随台车布置采用跳仓法浇筑，单个施工循环共计 8 仓。单仓浇筑完毕后立即进行带模注浆作业，养护到位后还需进行脱模注浆作业，确保拱顶密实。

图 5.5-23 仰拱混凝土浇筑实景图

（1）拱墙混凝土浇筑

仰拱浇筑完毕后，在奇数仓拱墙施工阶段则可拆除第8仓拱墙台车内首根泵管，然后连接3m软管，软管一端与泵管相连，一端连接拱墙台车浇筑口开始拱墙浇筑。在偶数仓拱墙施工阶段，则需断开拱墙浇筑区前上个奇数仓施工循环已成型的仰拱范围内的泵管。然后按奇数仓拱墙施工阶段工艺，将软管接入拱墙台车开始拱墙浇筑。

拱墙混凝土浇筑方向与仰拱一致，由洞内侧往靠洞口进行，即从洞内1号台车浇筑至洞口侧8号台车，采用边拆边打的方式。每仓单套14.4m台车上设置有3个浇筑口（1用2备）及6个带模注浆孔。混凝土浇筑时，以远端的3号浇筑口为主浇筑口，通过水平挤推，实现整仓混凝土的浇筑，保障浇筑的密实度。拱墙施工浇筑顺序如图5.5-24和图5.5-25所示。

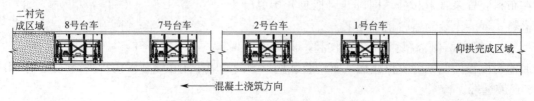

图 5.5-24　拱墙施工区域浇筑顺序图

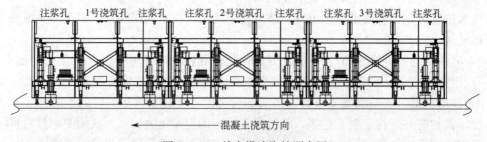

图 5.5-25　单仓拱墙浇筑顺序图

单仓拱墙混凝土浇筑工艺流程如下：

1）浇筑前，检查浇筑口均处于打开状态用于排气，检查带模注浆管是否安装到位；

2）检查完毕后，软管接入洞内侧3号浇筑孔开始浇筑；

3）浇筑至侧模顶部观察窗时，适当停泵，开启平板振捣器振捣；

4）保持3号浇筑口浇筑，浇筑时需密切关注模板上设置的带模注浆孔，当所有的注浆孔均冒浆时，立即停泵关闭3号浇筑口完成浇筑。浇筑组织如图5.5-26所示。

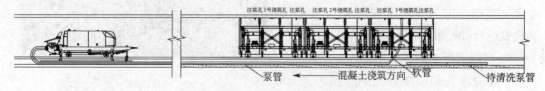

图 5.5-26　拱墙浇筑组织示意图

浇筑过程可通过拖泵泵送方差判定混凝土入泵方量，浇筑过程中，逐渐减小拖泵排量。

泵送结束后及时将泵管运出隧道清洗,并清理洞内废料。拱墙阶段拆除的泵管及上个奇数仓施工循环已成型的仰拱范围内的泵管中混凝土余料无法再次利用,利用隧道内进水管在原位进行冲洗,利用清水将混凝土浆液稀释直接抽排至隧道外部,剩余骨料采用人工装袋运出隧道。拱墙浇筑实景如图 5.5-27 所示。

(2) 带模注浆作业

为保证拱顶浇筑密实,每套拱墙台车顶部设置 6 个带模注浆孔,带模注浆孔由固定法兰、定位法兰组成;拱墙混凝土浇筑完毕立即进行拱顶注浆,原则上不迟于混凝土浇筑完毕 12h。带模注浆设计如图 5.5-28 所示。

图 5.5-27　拱墙浇筑实景图

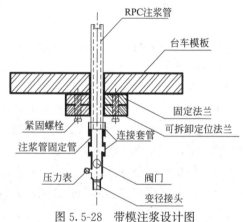

图 5.5-28　带模注浆设计图

拱顶带模注浆流程如图 5.5-29 所示。

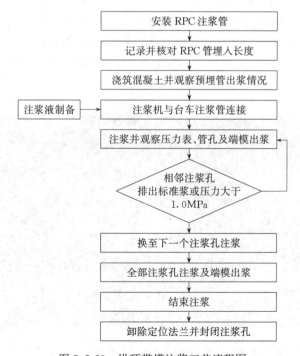

图 5.5-29　拱顶带模注浆工艺流程图

1) 注浆管安装

台车安装定位后，混凝土浇筑前，安装 RPC 注浆管。在固定法兰上安装定位法兰，并将 RPC 管穿入定位法兰，其中上端十字切口端与管片顶紧，下端要求超出定位法兰套管 3cm。定位法兰外接管上连接套管及注浆管固定管。

2) 注浆口混凝土泌浆观察

注浆管埋设完毕，方可开始浇筑混凝土。拱顶混凝土浇筑时，观察各注浆口是否泌浆，必要时辅以钝头圆钢筋确定管内出浆情况，以确定混凝土是否达到注浆管出浆口位置。各注浆孔出浆以及端模混凝土饱满后，认为混凝土基本完成冲顶。拱顶混凝土浇筑完毕，及时对注浆口进行清理和防堵措施，避免注浆管堵塞。

3) 注浆

混凝土浇筑前将注浆设备及注浆料运输至仰拱完成区域存放，待第一仓拱墙浇筑完成后立即开始注浆，将注浆管管头提升到拱墙台车上，与台车注浆接头连接。并将注浆管固定到台车上，悬空部分固定到台车侧面。

注浆顺序由主注浆孔向端模注浆孔依次进行注浆。注浆过程中，观察台车压力表和端模出浆情况。如果端头模圆弧最高点漏浆，先停止注浆泵，并及时对漏浆处进行封堵，然后继续注浆，直至端头出浆浆体密度与制浆机中一致。更换至下一个注浆孔，依次类推。注浆时，如果台车处压力表超过 1.0MPa，直接转至一下注浆孔。每一个注浆孔均需注浆，但在注浆过程中进行其他孔注浆时未注浆的注浆孔流出达到相同密度的浆体时，该孔可以封闭，不进行注浆。

4) 注浆管处理

注浆管外漏部位使用角磨机切割打磨平整，并使用改性环氧树脂进行表面处理。对内部完全密实的注浆孔，以注浆孔为中心涂刷改性环氧树脂胶，涂刷范围为半径 10cm。注浆孔未完全密实的，先使用环氧树脂胶泥封堵注浆孔，封堵深度不低于 5cm，然后表面再涂刷环氧树脂胶，涂刷范围为半径 10cm。RPC 注浆管安装及带模注浆作业如图 5.5-30 所示。

图 5.5-30　RPC 注浆管安装及带模注浆作业实景图

（3）脱模注浆作业

纵向注浆管在钢筋绑扎时预埋在拱顶外侧，注浆管采用孔径 ϕ20mmHDPE 管（管壁开缝），每仓设置一处注浆口，注浆口通过变形缝位置伸出拱墙台车模板。注浆管预埋如图 5.5-31 所示。

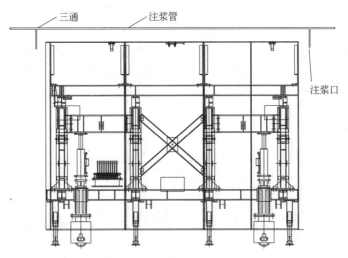

图 5.5-31 注浆管预埋示意图

注浆在二衬强度达到设计强度 80％后进行，采用 1：1 微膨胀水泥浆液进行注浆，注浆压力 0.05～0.1MPa，注浆结束后，注浆孔应封堵密实。脱模注浆管预埋实景如图 5.5-32 所示。

图 5.5-32 脱模注浆管预埋实景图

5.6 二衬长距离供配电技术

本工程二衬施工机械化程度高，单作业面最长供电距离达 2km，隧道内二衬相关施工机械设备达 7 种，单个施工作业面处总负荷达 210kW。国内外对于长隧道一般的供电方案主要有三种：第一种是低压直接进洞，在隧道的洞口通过变压器把高压直接变为低压后，引入隧道，通过增加导线的横截面面积，从而降低线路电压降；第二种是将低压通过较大截面积的导线将电源引导在施工处，然后用常规低压补偿设备进行低压补偿；第三种是在隧道口通过高压铠装电缆将高压电源接引到洞内变压器的位置，然后通过洞内变压器将高压电压转化为低压电压，例如金钟水利枢纽工程引水隧洞工程所采用的供电方式。在小直径隧道二衬施工中，洞内空间有限，设备较多，负荷大，安全性要求高，普通低压供电方式的供电半径为1km，无法适用于本工程二衬施工，而高压供电方式受空间受限影响，无空间安装且安全风险高，低压补偿供电方案只能补偿15%～20%，超过1500m后，补偿效果不明显，补偿不稳定。故需对二衬长距离供配电方案进行专项设计。

5.6.1 隧道用电负荷计算

隧道内二衬施工为单路专用主电缆供电，共分为2路：拱墙施工区域供电线路、仰拱施工区及照明线路。拱墙施工区域线路供电对象为拱墙台车、混凝土浇筑设备、风机、水泵等施工机械；仰拱施工区及照明线路供电对象为悬臂小型门式起重机及隧道照明灯带。拱墙施工区域负荷较大，针对拱墙施工时进行负荷计算。负荷种类及统计见表5.6-1。

拱墙施工区域负荷统计表　　　　　　　　表5.6-1

序号	项目	单台功率(kW)	数量	$\cos\varphi$	需用系数 K	功能
1	拖泵	132	1	0.8	0.7	混凝土浇筑
2	罐车	30	1	0.8	0.7	混凝土运输
3	水泵	7.5	1	0.8	0.7	废水抽排
4	风机	1	2	0.8	0.7	作业区散热
5	拱墙台车	4.5	8	0.8	0.6	拱墙模板
设备电动机总功率P_1					207.5	
焊机总功率P_2					0	
照明总功率P_3					0	
视在总功率S					259.38	

总的用电量为施工动力用电和照明用电两部分之和，动力负荷可按负荷性质分组需要系数法计算，变压器至总配的电缆属于主电缆，在多个设备下需要考虑同时性，所以选择考虑需用系数的计算方式选型（包括电压器低压开关，总配电箱）。即考虑系数的计算方法得出的容量用于考虑变压器的低压出线开关大小选型、总配电箱选型以及主电缆的标准性选择。

$$S = 1.1(\sum K_1 P_1/\cos\varphi + \sum K_2 P_2 + \sum K_3 P_3) \quad (5.6\text{-}1)$$

式中　　1.1——计算时放大系数；

S——总的电力负荷（kVA）；

P_1——电动机的额定功率（kW）；

P_2——电焊机的额定功率(kW);

P_3——照明的额定功率(kW);

$\cos\varphi$——电动机的平均功率因数,取 0.8;

K_1、K_2、K_3——需用系数,K_1:0.5~0.7,电动机为 3~10 台时取 0.7,11~30 台时取 0.6,30 台以上取 0.5;K_2:0.5~0.7,电焊机为 3~10 台时取 0.7,11~30 台时取 0.6,30 台以上取 0.5;K_3:1.0。拱墙施工负荷计算数据见表 5.6-2。

拱墙施工区域负荷计算表　　　　表 5.6-2

序号	符号	负荷名称	需用系数	铭牌功率(kW)	功率因数	视在功率(kVA)
1	P1	电动机	0.7	171.5	0.8	150.06
2		电动机	0.6	36	0.8	27

由表 5.6-2 数据和式(5.6-1)计算得总计算容量为:$S_0=194.77$kVA;总计算电流为:$I=281.12$A。

5.6.2 供配电方案比选

对于施工长度小于 1km 的作业面,可采用低压直接供电方案。主电缆从箱式变压器经三级配电至隧道二衬施工设备。

单作业面长度超过 1km 时,通常考虑的是采用高压供电+低压供电的组合方案,将高压引入隧道,通过在隧道内设置变压器降压进行供电。

两种供电方案详细分析如下。

1. 低压直接供电方案

在适用性方面,容许电压要求就是把电压限制在容许的范围内,确保电压的质量。

$$U\% = \sum PL/(C \times S) = \sum M/(C \times S) \leqslant \varepsilon \quad (5.6\text{-}2)$$

式中　S——导线截面面积(mm²);

P——负荷的电功率或导线输送的电功率(kW);

L——输送电路的距离(m);

C——系数,视导线材料送电电压及配电电力方式而定,铜线取 76.5,铝线取 46.2;

ε——容许的电压降。

按照现场单回路总负荷约 210kW(计算值为 207.5kW),输送电路距离为 2km 时,选用截面积为 300mm² 的铝芯电缆,则由式 5.2 可得线路压降已达 23.38%,则设备端电压 $U_0=400\times(1-23.38\%)=306.5$V,线损严重,一方面无法满足用电设备需求;另一方面电网波动大,电压出现波峰和波谷的振荡现象,对电网的冲击大,危害严重,且会损坏用电设备。

2. 高低压组合供电方案

从中心配电房中接出 10kV 高压,区间隧道中心位置放置降压变压器(10kV/400V),前 1km 二衬施工距离使用地面箱式变压器供电,二衬施工长度超过 1km 后使用隧道中位置设置的降压变压器供电。此种供电方式理论可行，但其在安全性方面存在较多问题。因隧道二衬施工为全断面一次性同步施工，设备多，隧道直径狭小，高压部分与人的安全距离不足，且高压电缆穿越轨行式施工设备，存在碰撞的隐患，故高低压组合供电不适用于小直径隧道二衬施工供电。

故最佳方式为仍采用井口低压直接供电方式，但需解决长距离低压供电的压降过大问题和电压稳定性问题，项目基于此提出低压供电增设自动升压稳压装置的方案。

5.6.3 长距离低压供电自动升压稳压装置设计

自动升压稳压装置，主要由升压变压器、逻辑控制部分、主切换接触器等组成。当供电半径超过普通施工距离时，将自动升压稳压装置送至作业处，电源经此装置后再输出至设备端，即可保证更远距离的供电半径。此装置可有效解决小直径、远距离隧道施工中供电困难，电压难满足要求的问题，确保人电的相对安全距离。

1. 升压变压器设计

为满足长距离隧道设备用电需求，自动升压稳压装置有效输出功率需在 210kW 以上，且需满足不同施工阶段距离和设备轻载和重载工况。故升压变压器设计为 YnYn0 式绕组，分别由 5 组输入端绕组和 1 组输出端绕组构成，即自动升压稳压装置设置五个稳压档位，档位之间能根据设备负荷及压降自动切换档位，调整设备端电压，如图 5.6-1 所示。档位设置如下：

(1) 第一档位电压变比为 1.133，当输入为 326~361V 时，输出为 370~409V；
(2) 第二档位电压变比为 1.258，当输入为 295~326V 时，输出为 365~411V；
(3) 第三档位电压变比为 1.418，当输入为 262~295V 时，输出为 369~411V；
(4) 第四档位电压变比为 1.619，当输入为 230~262V 时，输出为 374~422V；
(5) 第五档位电压变比为 1.887，当输入为 201~230V 时，输出为 379~435V。

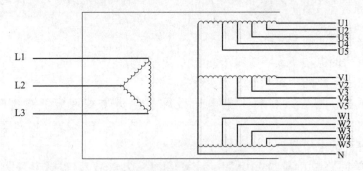

图 5.6-1 升压变压器 YnYn0 式绕组示意图

2. 逻辑控制部分设计

逻辑控制部分主要由控制电源、采集部分、控制板、辅助执行元件组成。

控制电源主要由不间断电源（UPS）供给，不间断电源的充电状态有两种：一种是取自动升压稳压装置的输入端作为充电电源；另一种是取自动升压稳压装置的输出端。当不间断电源需要充电或自动升压稳压装置输出电压过高时，选择输入端充电；当输入电压过低时，选择输出端充电。

自动升压稳压装置的输入端和输出端均设有电流电压采集器。采集器将电压电流值转化成数字信号传输至控制板上的单片式处理器。单片式处理器根据采样值，发出指令，使用相应的主切换接触器动作。

控制板为单层 PCB 板，核心部分为单片式处理器，控制程序烧录在处理器中，可重复刷写，以调整控制参数。

因用电设备负荷大、电流大，所以主接触器选型需同样符合大电流切换的要求。主接触器动作电流 15A，需增设中间继电器才能满足动作要求。控制流程如图 5.6-2 所示。

3. 主切换接触器设计

稳压开关为有触点的接触器，即主线路切换由接触器完成，切换指令由控制板上单片式处理器发出。主切换接触器选型额定电流为 800A，接触器带灭弧罩，以达到切断负荷电流的要求。自动升压稳压装置如图 5.6-3 所示。

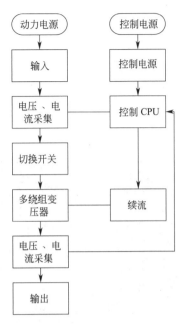

图 5.6-2 控制流程图

图 5.6-3 自动升压稳压装置实物图

5.6.4 二衬施工阶段临电布置方案

1. 电缆布置

对于回路中任意一个用电设备而言，电压降应包含主回路（变压器到总配）与其所在分回路的电压降之和。回路中功率越大，线路距离越远的用电设备，其电压降越大，只要能满足回路中此类设备的电压要求，则几乎所有设备均能满足使用要求。

综合考虑使用的经济性，选取 $3\times BLV1\times 300+2\times BLV1\times 120$ 作为主芯线电缆。主电缆也采用定长采购，长度与 2 个节段二衬施工距离匹配，可保证二衬拱墙台车设备每移动一次长距离布设相同长度的主电缆即可，从而减少隧道内电缆过长或接头过多的问题。

钢筋绑扎阶段和仰拱施工阶段采用二衬电缆钩挂设电缆。二衬电缆为定制加工产品，一共设计可挂设 8 股线路，上部端头为螺帽焊接而成，弯钩处均穿绝缘套管，使用时将上部和下部绑扎在钢筋上固定即可。仰拱施工阶段临电布置如图 5.6-4 所示。

拱墙施工阶段为保证二衬混凝土结构的整体完整性，采用弧形支架与二衬电缆钩组合的方式布置电缆。弧形支架定制加工，下部为凹槽状，中部为与隧道相同半径的圆弧钢筋，上部焊设径向短钢筋。使用时弧形支架底部卡住轨枕端头，圆弧钢筋倚靠在二衬混凝土结构表面，将二衬电缆钩上部的螺帽挂在支架上部短钢筋上即可，无需在成型拱墙上打孔。拱墙施工阶段临电布置如图 5.6-5 所示。

图 5.6-4 仰拱施工阶段临电布置

图 5.6-5 拱墙施工阶段临电布置

2. 自动升压稳压装置及电箱布置

自动升压稳压装置、电箱需随着作业面前移、电缆延伸而前移。故考虑在洞内施工设备尾部，即洞口侧拱墙台车尾部，定制与拱墙台车同轨的配电台车，门架尺寸与拱墙台车相近，内部可通行、可随拱墙台车共同前移。配电台车上主要放置自动升压稳压装置、二级配电箱，配电台车的下一级电缆即可一次布置到位，无需随作业面前移而延伸。自动升压稳压装置及电箱布置如图 5.6-6 所示。

图 5.6-6 自动升压稳压装置及电箱布置

图 5.6-7 拱墙台车区域临电布置

3. 拱墙台车临电布置

拱墙 8 套台车采用一根主线（3×25＋2×10）供电，考虑拱墙台车前移逐节进行，故主线在每套台车的跳仓区采用航空插头连接，一次性布置到位，避免台车电缆反复接驳。

前移台车时，仅需拔出插头收好多余电缆，到位后再连接插头即可恢复使用。拱墙台车区域临电布置如图 5.6-7 所示。

5.6.5 长距离低压供电自动升压稳压供电技术

对于施工长度小于 1km 作业面及施工长度大于 1km 作业面的 0～1km 作业部分，直接采用第一阶段低压供电方式；施工长度大于 1km 作业面的 1～2km 作业部分，采用第二阶段自动升压稳压装置供电方式。第一阶段为市电变压器正常供电范围，电能通过主电缆经洞外一级配电箱至低压配电台车上的二级配电箱，再经低压配电台车上的二级配电箱、三级配电箱至二衬用电设备；第二阶段为超出市电变压器的正常供电范围，电能通过主电缆经洞外一级配电箱至配电台车上自动升压稳压装置，再至配电台车上二级配电箱，再至三级配电箱、二衬用电设备。自动升压稳压装置随作业面同步前进。长距离供电方案如图 5.6-8 所示。

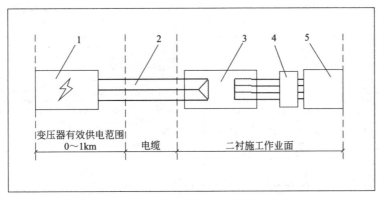

图 5.6-8 长距离低压供电自动升压稳压供电示意图
1—市电变压器；2—主电缆；3—自动升压稳压装置；4—二级箱；5—三级箱及用电设备

1. 二衬施工距离 0～1km 阶段

所有二衬用电设备均使用地面变压器供电。1 号一级箱放置于洞口处，做好基础与防护。将 1 号二级与 2 号二级箱固定在配电台车上，拖泵与小罐车用电从 1 号二级箱接出，拱墙台车用电从 2 号二级箱接出。配电台车布置于拱墙台车之后，跟随作业面前移。0～1km 段二衬施工电缆选型及线路压降计算见表 5.6-3。

作业面 0～1km 分布负荷线路压降计算表　　　　表 5.6-3

线路	工况	设备功率 (kW)	电缆截面积 (mm^2)	最长电缆长度 (m)	压降 ΔU (%)	部位	设备端压降 ΔU(%)	设备端电压 U_0 (V)
拱墙施工区	浇筑	191.7	300	100	1.17	1号一级箱	1.17	405.21
		162	95	1000	7.06	1号二级箱	8.23	376.27
		132	95	10	0.18	拖泵	8.41	375.52
		30	25	10	0.16	罐车	8.38	375.62
		9.5	6	1000	2.60	双面开关箱	2.60	399.35
	收支模	36	300	100	1.17	1号一级箱	1.17	405.21
		36	25	1000	7.06	2号二级箱	8.23	376.27

由表 5.6-3 可得在此种布线及负荷分配方式下设备端在正常运转时最低电压为 375.52V，可保证设备正常运转。

二衬电缆钩布设时应穿护套管，间隔距离为 1.5m。在拱墙台车区域，仰拱施工区及照明线路主电缆放置在台车轨道外侧的电缆桥架内，不进行挂设。拱墙施工完毕后布置弧形电缆支架，此时二衬电缆钩挂设于弧形电缆支架上。

2. 二衬施工距离 1~2km 阶段

在此区间需要切换线路，具体操作如下：

（1）拆除原主电缆与 1 号二级箱的连接，新布隧道主电缆至配电台车处。

（2）将配电台车上自动升压稳压装置输入端接隧道主电缆，输出端接至 1 号二级箱。1~2km 段二衬施工电缆选型及线路压降计算见表 5.6-4。

作业面 1~2km 分布负荷线路压降计算表　　　　表 5.6-4

线路	工况	设备功率（kW）	电缆截面积（mm²）	最长电缆长度（m）	压降 ΔU（%）	部位	设备端压降 ΔU（%）	设备端电压 U_0（V）
拱墙施工阶段	浇筑	162	300	100	1.17	1号一级箱	1.2	405.2
		162	300	2000	23.38	装置输入端	24.5	309.4
		162	—	—	—	装置输出端	—	389.2
		162	120	10	0.18	1号二级箱	1.3	383.9
		132	95	10	0.18	拖泵	1.5	383.2
		30	25	10	0.16	罐车	1.5	383.3
	收支模	36	300	2000	5.19	1号一级箱	5.2	388.7
		36	120	10	0.04	2号二级箱	5.2	388.5
		36	10	23	0.14	台车	5.4	388.0

根据计算，当设备均以额定工况下运转时，自动升压稳压装置工作在第二档位处输出稳定可用电压，即 389.2V。当设备启动和重载时，电压降增大，稳压装置输入端电压下降，稳压器监测到电压变化后向下调整到相应的档位仍能满足使用。每次使用前检查不间断电源的电量，电量不足时及时充电，否则将影响装置的正常使用。

5.7　隧道健康监测施工

本工程按免维护进行设计，开展隧道结构健康自动化监测，实时掌握隧道的运行情况，对于保障隧道的安全稳定运行意义重大。

5.7.1　隧道健康监测设计

1. 目的

通过建立隧道健康监测系统，设置健康监测研究断面，对隧道在运营期的主体结构应力应变和相关特征参数进行采集，建立数据监测和管理分析平台，开展运营期间污水管道深隧系统主体结构健康状态的实时评估与预警研究。

2. 健康监测系统平台组成

武汉大东湖深隧工程主隧结构健康监测系统平台，主要包含监测数据处理与分析、预警管理和三维可视化三大模块，实现隧道结构的运营期自动健康监测、自动预警预报和监测数据及预警信息的三维可视化。

3. 监测断面设置

在隧道结构监测断面上埋设内置温度补偿的光纤传感器，主要包括光纤式钢筋计、光纤式混凝土应变计、光纤式渗压计，以及腐蚀传感器。采用光纤式钢筋计和光纤式混凝土应变计进行结构内力监测；采用光纤式渗压计进行衬砌结构内部的孔隙水压力监测；腐蚀传感器监测结构物中钢筋混凝土的腐蚀情况。

通过分布式模块化数据采集单元采集传感器的数据并使用无线传输方式上传至数据平台进行数据处理、分析、预警，三维可视化展示。健康监测预埋如表5.7-1所示。

隧道健康监测预埋示意 表 5.7-1

引出竖井编号	监测断面里程	断面数	地层	监测预警重点
3号竖井 （约K3+646处）	K3+720	1	15a-2 中风化含钙泥质粉砂岩	地质突变、条件复杂
	K3+735	1	15c-1 强风化含砾砂岩	
	K3+750	1	15a-1 强风化含钙泥质粉砂岩	

在各监测断面每块（主要）管片中部对应的二衬位置处各安装一对光纤式混凝土应变计、一个光纤式渗压计、一对光纤式钢筋计。并在上下对称位置各安装一个腐蚀传感器。一环衬砌共计安装27个传感器。健康监测横断面如图5.7-1所示。

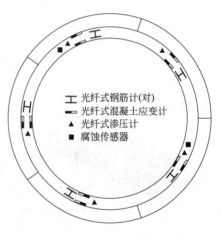

图5.7-1 健康监测横断面图

5.7.2 隧道健康监测施工

1. 施工工艺流程

隧道健康监测施工实施主要分为4个阶段：

第1阶段：隧道监测断面安装传感器，信号传输光纤线缆及相关保护套管的敷设及衔接。

第2阶段：基坑两端洞口连通施工时，将第1阶段留置于洞口的信号传输光纤线缆及相关保护套管敷设至竖井地下检修孔井中心处。

第3阶段：检修孔井浇筑施工时，将第2阶段留置的信号传输光纤线缆由下至上经由健康监测井孔引至地面。

第4阶段：引至地面的信号传输光纤线缆接入地面数据采集设备，对数据进行采集、读取、分析、转换。数据完成后通过无线传输设备将数据传送至健康监测系统数据平台。

2. 施工方法

在二衬钢筋绑扎阶段，在环形钢筋骨架上安装固定光纤混凝土应变计、光纤钢筋计、光纤渗压计。2支光纤钢筋计分别绑扎焊接安装于二衬环形内外侧钢筋上，2支光纤混凝土应变计和1支光纤渗压计采用细扎丝、绑扎带捆绑在结构钢筋上，避开混凝土和振捣棒能直接冲击到的钢筋面。

(1) 套管及光缆施工

光纤传感器的出纤为单芯3mm铠装光缆，对传感器串接方式优化，每处安装位置上2支光纤钢筋计出纤串接、2支光纤混凝土应变计出纤串接、1支光纤渗压计共出4个单芯铠装光缆接头，每个断面共计20个接头。

传感器出纤串接熔接时经热缩夹套管防护后再套护管进行二次保护（DN16PVC穿线管套住热缩管后填充环氧结构胶密封），传感器的出纤和串接熔接处的二次护管绑扎于环形钢筋上，并适当留有活动余量。

如图5.7-2所示，光纤皮线热缩管：用于现场传感器间串接熔接；光纤热缩管：用于传感器出纤或串接后的单芯光缆延长熔接；热缩管保护罩：用于光纤熔接后保护热缩管。

图5.7-2 光纤皮线热缩管、光纤热缩管、热缩管保护罩

每个断面20个单芯铠装光缆接头分左右沿环形钢筋汇聚至隧道环形断面腰线下位置并连接至光纤接续盒，每个监测断面设置左右侧2个光纤接续盒，如图5.7-3所示。

图5.7-3 光纤接续盒

通过传感器串接方式的优化，减小线缆侵占结构影响，适当考虑冗余备用，每个监测断面使用3根12芯GYTA53铠装引出信号传输光缆（用DN20PVC套管进行二次防护），引出光缆在光纤接续盒内进行光纤熔接，光纤接续盒采取防水防腐保护。信号传输光缆路由在环形断面腰线下位置捆扎于纵向钢筋上引出隧道，将数据传至地面，再采用1×8分路器将光纤并联，接入光纤光栅解调仪的信道。

引出信号传输光缆及断面环处套管布设示意如图5.7-4所示。

(2) 光纤钢筋计施工

光纤钢筋计主要用来监测混凝土结构中的钢筋的应力。钢筋计构成是由螺纹钢或者圆

图 5.7-4　套管布设实景图

钢在其中心轴线钻孔内安装一个光纤光栅应变计。

光纤光栅式钢筋计的敏感单元是光纤光栅微型应变计，当钢筋受到拉力或张力时，该力作用在光纤光栅微型应变计上，改变光纤光栅微型应变计所受的张力，使得微型应变计随张力变化而变化，由于张力的变化，从而改变微型应变计的波长变化，即可使用光纤光栅分析仪测得数据。

通常采用标准绑扎丝绑扎安装，通常捆扎在钢筋的两端，如果钢筋计是捆扎到大段面的钢筋或水平钢筋上，则捆扎在三分之一处。

（3）光纤混凝土应变计施工

采用细扎丝、绑扎带将应变计捆绑在结构钢筋上，避开混凝土和振捣棒能直接冲击到的钢筋面。绑扎位置应在应变计两端，中间部分不容许绑扎。

应变计为两端头紧贴钢筋，中间悬空状态。光纤混凝土应变计如图 5.7-5 所示。

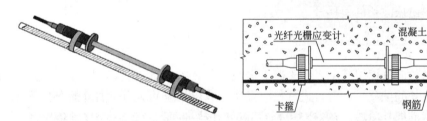

图 5.7-5　光纤混凝土应变计

（4）光纤渗压计施工

光纤渗压计用于监测岩土工程和其他混凝土建筑物的渗透水压力，适用于长期埋设在水工建筑物或其他建筑物内部及其基础，或安装在测压管内，测量结构物内部及基础的渗透水压力。

在埋设孔隙渗压计时，用布料裹封住渗压计渗水石，确保其在浇注混凝土或施工壁后注浆时不被水泥砂浆封堵，保证其渗透性以感应水压力。

（5）光纤光栅传感器施工

光纤 Bragg 光栅（FBG，Fiber Bragg Grating）由于其结构简单、性能稳定，已被广泛地应用于各型传感器中。当光经过光纤 Bragg 光栅时，满足 Bragg 相位匹配条件的光会被反射回来；对不满足 Bragg 相位匹配条件的光，几乎全部会被投射出去。并且其传感特性会随着周围环境的变化而变化,利用光纤光栅对温度、压力的敏感特性,可制成各型温度、压力传感器。传感器原理如图 5.7-6 所示。

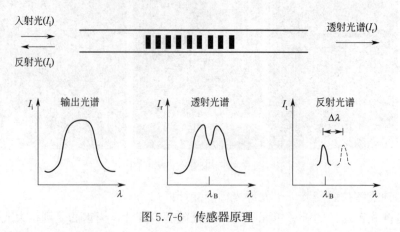

图 5.7-6 传感器原理

基于光纤光栅的传感原理可知,光纤光栅的信号是波长编码的信号,但在实际应用中,光纤光栅传感器主要是用于测量温度、应力等物理量,就需要将这些物理量转变为波长信号。

由耦合模理论可知:当满足相位匹配条件时,光栅的谐振波长为:

$$\lambda_B = 2n_{eff}\Lambda \tag{5.7-1}$$

式中 λ_B——光纤光栅的谐振波长;

n_{eff}——光线光栅传播模式的有效折射率;

Λ——光栅周期。

其中任何一个参量的改变,都会引起光纤光栅谐振波长发生偏移。由此,可以得出光纤 Bragg 光栅谐振波长的偏移量 $\Delta\lambda_B$ 为:

$$\Delta\lambda_B = 2\Delta n_{eff}\Lambda + 2n_{eff}\Delta\Lambda$$

当光纤光栅受到的外界应力或者环境温度发生变化时,引起 n_{eff} 和 Λ 的变化,应力变化通过弹光效应进而引起了光纤光栅谐振波长的偏移,通过光谱仪或者光电检测系统,检测出谐振波长的偏移量,就可通过相应算法计算出相应的应力、温度的变化量。

在二衬钢筋绑扎阶段,在安装断面上下对称位置各捆绑安装一个腐蚀传感器,每个断面安装 2 个腐蚀传感器探头。腐蚀传感器探头出线为多芯电缆,用 DN16~DN20 波纹套管进行防护分左右沿环形钢筋汇聚至隧道环形断面腰线以下位置沿纵向钢筋捆扎引出(与光纤传感器信号传输光缆的路由间隔捆扎于不同纵向钢筋上)。传感器布置如图 5.7-7 和图 5.7-8 所示。

(6) 线缆接出

基坑两端洞口连通施工时,将留置于洞口的信号传输光纤线缆及相关保护套管敷设至竖井地下检修孔井中心处。

检修孔井浇筑施工时,将留置的信号传输光纤线缆由下至上经由健康监测井孔引至地面。

信号传输光纤线缆接入地面数据采集设备。地面数据采集设备主要由光纤光栅调试解调仪、腐蚀传感器采集仪及配套供电、转换及无线传输等设备组成。健康监测集纳箱安置

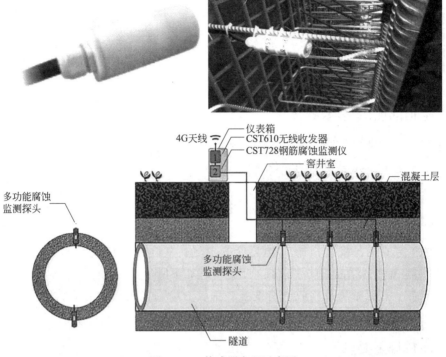

图 5.7-7 传感器布置示意图

图 5.7-8 传感器安装实景

于通风竖井旁,可靠 220V 电源供电。光纤光栅解调仪、多功能腐蚀检测器及其相关数据转换传输和光纤熔接等设备安装于内。

光纤光栅调试解调仪及腐蚀传感器采集仪对数据进行采集、读取、分析、转换。数据完成后通过无线传输设备将数据传送至健康监测系统数据平台。

5.8 防腐涂料施工

防腐涂料为二衬内表面直接与污水接触的一道保护层,为隧道防腐设计的重要组成部分,对于城市深隧工程的长久运行意义重大。

5.8.1 隧道防腐涂料概况

本工程区间二衬(含明管段)内表面涂抹1.5mm厚水泥基渗透结晶型防水材料,利用其与混凝土毛细孔或裂隙中的氧化钙反应形成结晶,封闭缝隙,以增强隧道的抗腐蚀能力。

5.8.2 涂料施工工艺流程

二衬施工完成后,将二衬施工相关设备退场,从隧道中间向两端进行清理,涂刷1.5mm厚水泥基渗透结晶型防腐材料。工艺流程如下所示:

施工准备→基层处理及验收→清洗湿润基层→涂刷水泥基渗透结晶型防腐涂料→养护→验收。

5.8.3 涂料施工要点

1. 施工准备

材料进场及验收:进场材料,必须具有合格证和检验报告,并按照水泥基渗透结晶型防水材料技术指标进行抽样复检,全部复验合格后方可使用。水泥基渗透结晶型防水材料指标如表5.8-1所示。

施工机具:搅拌机具,用于拌合水与水泥基防水材料;有弹性的棕毛刷或滚刷,用于涂刷水泥基防水材料;台秤等。

水泥基渗透结晶型防水材料指标　　　　表5.8-1

序号	项目	指标
1	外观	均匀、无结块
2	含水率(%),≤	1.5
3	细度,0.63mm筛选,≤	5
4	氯离子含量(%),≤	0.1
5	抗折强度(MPa)28d,≥	2.8
6	抗压强度(MPa)28d,≥	15
7	湿基面粘结强度(MPa),≥	1.0
8	带涂层混凝土抗渗压力(MPa)28d,≥	报告实测值
9	带涂层混凝土第二次抗渗压力(MPa)56d,≥	0.8
10	抗渗压力比(带涂层,28d)(%),≥	250

注:检测方法详见《水泥基渗透结晶型防水材料》GB 18445。

2. 基层处理及验收

施工前应将基层清理干净，表面不得有积水。混凝土表层结构裂缝、施工缝等用钢丝刷、打磨机处理基层表面的浮浆并打毛。

3. 清洗湿润基层

用水充分湿润处理过的待施工的施工基面，保持混凝土结构得到充分的湿润、润透，但不宜有明水。

4. 涂刷水泥基渗透结晶型防水材料

制浆：水泥基渗透结晶型防水材料的粉料与干净的水按照 1∶0.3～0.35（重量比）调和，混合时可用手电钻装上叶片搅拌，搅拌时长 3～5min，要求拌和均匀，不得出现干料球。单次拌料量不宜过多（调成后不准再加水及粉料，一次成型），需在 20min 内用完。

涂刷：水泥基渗透结晶型防水材料涂刷时要用专用半硬的尼龙刷，涂刷时要注意来回用力，确保凹凸处满涂，并厚薄均匀；涂料要求涂刷 2 道，即在第 1 层涂料达到初步固化（约 1～2h）后，进行第 2 道涂料涂刷。当第 1 道涂料干燥过快时，应浇水湿润后再进行第 2 道涂料涂刷；两道涂料厚度不小于 1.5mm。

检验：水泥基渗透结晶型防水材料涂层施工完毕后，须检查涂层是否均匀、是否存在暴皮现象，如有不均匀处，须进行修补，如有暴皮现象，暴皮部位需要清除，并进行基面再处理后，再次用水泥基渗透结晶型防水材料涂刷。

5. 养护

水泥基渗透结晶型防水材料终凝后 3～4h 或根据现场湿度而定，采用喷雾式洒水养护，每天喷水养护 3～5 次，连续 2～3d。

6. 验收

用涂层厚度检测仪测定涂层厚度是否满足要求并观察涂层是否涂刷均匀，不得有漏涂和漏底。

5.9　本章小结

大东湖深隧工程隧道二次衬砌施工特点是成型断面小，最小仅 3.0m；厚度薄，二衬厚度仅 20cm，运营后无检修条件，质量要求高，二衬混凝土工作性及耐久性要求高；区间施工距离长，最长区间达 3.6km；隧道弯道众多、曲率大，曲线段占比达 43%，最小转弯半径 $R=250$m；施工工期十分紧张。传统二衬施工技术在本工程小直径长距离大曲率隧道工况下的二次衬砌施工中，均存在较差的适应性，单次施工长度有限，无法保障物料运输通道也无法多点同步作业，可实施性差、施工效率极低。

为克服上述诸多难点，保障二衬施工质量及长久运营耐久性，项目分别针对二衬与盾构同步施工技术展开洞内原位试验，盾构贯通后二衬多机械多作业面施工技术进行地面模型试验，玻璃钢夹砂管代替现浇钢筋混凝土二衬进行地面模型试验，二衬混凝土配比及混凝土运输盘管试验，4 大试验为方案制定提供了参考，为正式施工积累了经验。施工过程中为实现单作业面多点位大面积施工组织,以实现高质量、高效率二衬施工,项目团队从混凝土研制、施工组织形式、设备研发、供配电、隧道健康监测及涂料施工几个方面开展专项研究,创新研发了高保坍自密实高性能混凝土,实现了6h保坍及混凝土入模扩展度680mm,实现了500m水平连续泵送,保障了施工的连续性及混凝土长久质量;提出了仰拱先行、拱墙跳仓跟进,长节段、多台车、机械化工法,有效提升二衬施工效率,实现4~5d/节段,降低劳动力投入;研发定制了小断面隧道内卸料轮式起重机、新型仰拱模板体系及转运设备、可穿行式小直径大曲率全圆隧道拱墙衬砌台车、定制轨行式大容量罐车及轨行式拖泵等全套设备,实现作业全过程标准化,大幅提升各工序作业效率,钢筋运输效率达到了40t/d/作业面,仰拱钢模转运效率达到了80m/d/作业面;提出定制轨行式大容量罐车+轨行式拖泵泵送的混凝土运输技术,水平泵送距离500mm,二衬混凝土浇筑正常施工循环115.2m仰拱+115.2m拱墙实际浇筑时间控制在了23~30h间,混凝土浇筑效率高、成型质量良好;研制轨行式自动升压稳压装置,实现水平运输不中断情况下内径3.0m小空间下单边2km长距离低压安全供电。综上,本项目开展的系列研究,取得的创新成果,定制的系列装备,保障了17.5km二衬施工的质量与高效,用时3个月就完成了最长3.6km的3号~1号区间二衬施工,全线二衬施工用时5个月,单作业面最高月衬砌690m,较常规施工工效提升了330%,且二衬成型质量经第三方检测均满足要求,质量有保障。隧道二衬成型效果如图5.9-1所示。

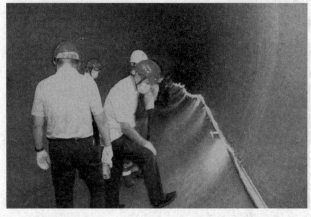

图 5.9-1 隧道二衬成型效果

第6章 工艺结构施工

竖井工艺结构是城市排水深隧工程实现进水、调蓄、排气、消能等功能的重要组成部分，结构形式复杂，施工难度大。武汉大东湖深隧工程主隧共5个竖井内设计有工艺结构，其他竖井内为明管段。由于竖井空间有限，工艺结构需在区间结构施工完成后再施工，施工采用现浇＋预制相结合的方法。本章分别针对入流竖井、汇流竖井、通风检修井及明管段详细介绍了工艺结构的主要施工工艺及创新技术。

6.1 工艺结构设计概况

1号竖井工艺结构设计为入流竖井，采用涡流式竖井设计，为内径 ϕ10m 圆形筒状结

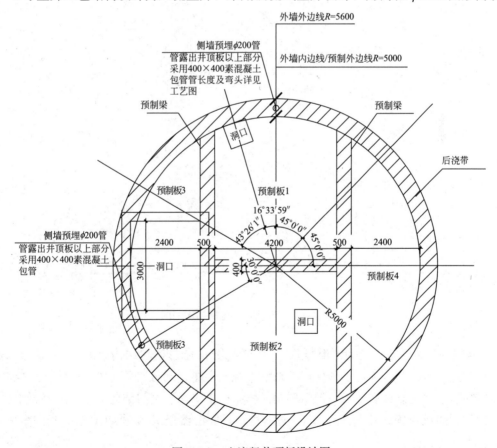

图 6.1-1 入流竖井顶板设计图

241

构，深 33.6m，其主要功能为收集二郎庙污水预处理站来水流入污水传输主隧。井内设计有结构底板、洞门环梁、中板、中心入流筒、入流槽、排渣井池、顶板等结构，以钢筋混凝土结构为主。1 号入流竖井设计如下图 6.1-1～图 6.1-3 所示。

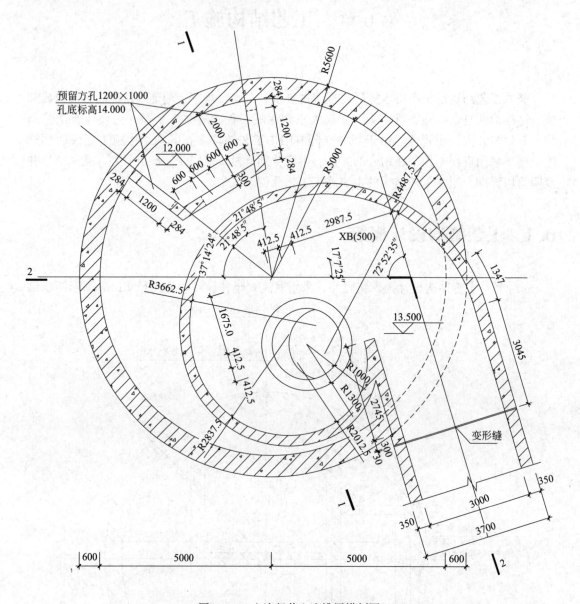

图 6.1-2 入流竖井入流槽层横剖图

4 号竖井工艺结构设计为汇流竖井，为内径 ϕ16m 圆形筒状结构，深 48.4m，其功能为收集支隧来水（落步嘴污水预处理厂来水）排入主隧，同时兼具通风、检修、自控液位监测等功能。井内设计有底板、洞门环梁、侧墙、中隔墙、闸门结构、回填素混凝土、中板、顶板、通风筒等，均为钢筋混凝土结构。4 号汇流竖井设计如图 6.1-4～图 6.1-8 所示。

第6章 工艺结构施工

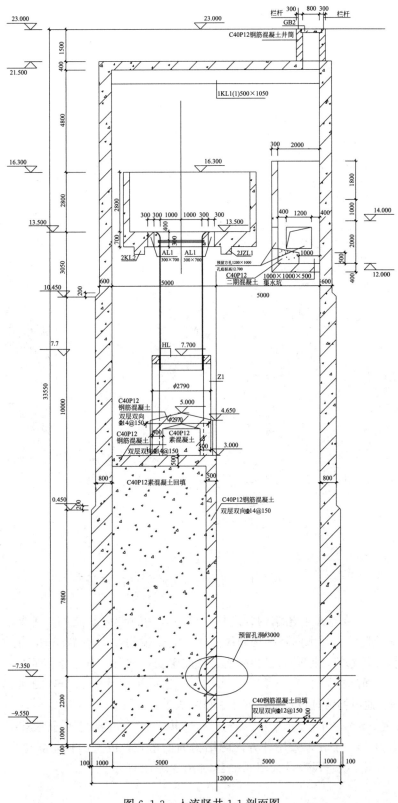

图 6.1-3 入流竖井 1-1 剖面图

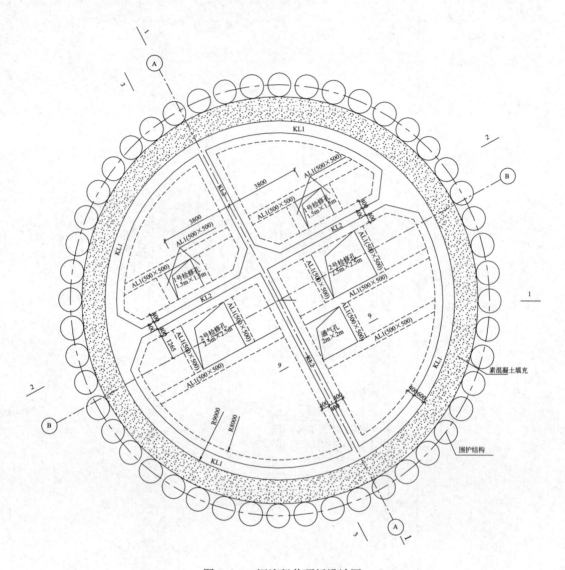

图 6.1-4 汇流竖井顶板设计图

3号、6号、7号竖井工艺结构为通风检修井,为方形筒状结构,主要功能为通风、检修、自控液位监测、污水深隧结构健康监测,总高度为37.5~47.8m,包含底部框梁、底部汇流结构、检修筒、通风筒、通风通道及建筑安装部分,其中检修筒尺寸为2.8m×(2.8~3.8)m,净尺寸为2.0m×(2.0~3.0)m,通风筒尺寸为2.6m×2.6m,净尺寸为2.0m×2.0m。通风检修井设计如图6.1-9和图6.1-10所示。

3号、4号、5号、6号、6A号、7号、8号共7个竖井内设置明管段连接两侧区间隧道,明管段长度14~48m,采用外方内圆结构断面形式,成型内径与隧道内径一致,结构厚度0.75~1m。明管段设计如图6.1-11和图6.1-12所示。

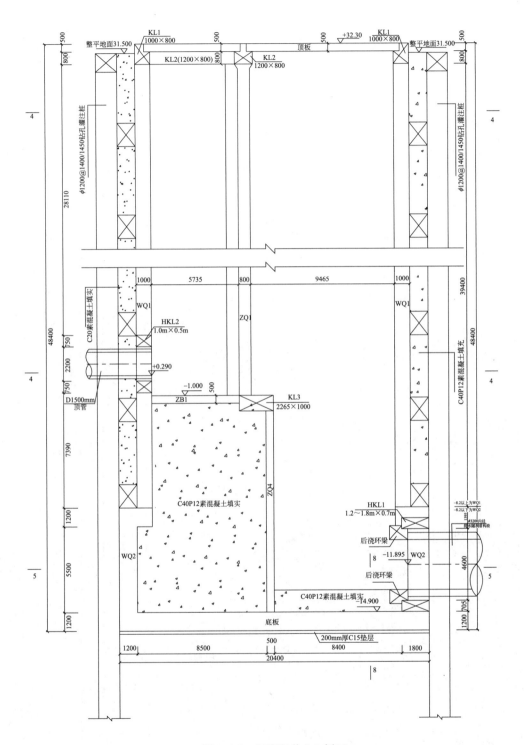

图 6.1-5 汇流竖井 1-1 剖面

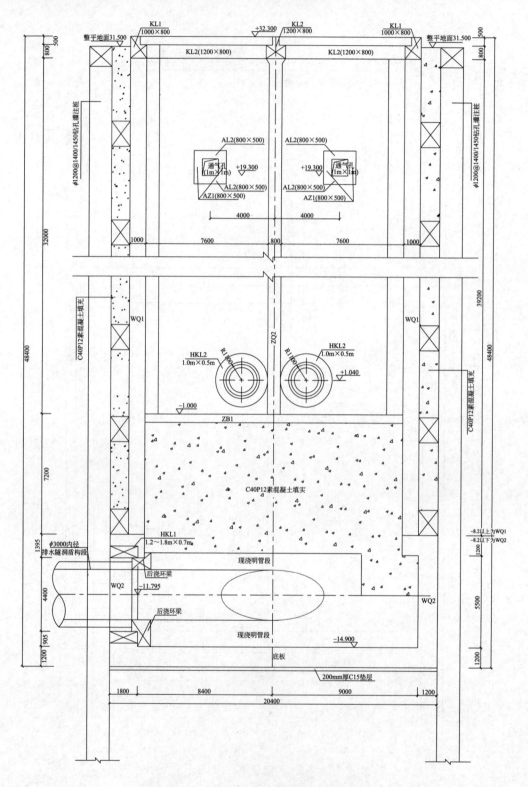

图 6.1-6 汇流竖井 2-2 剖面

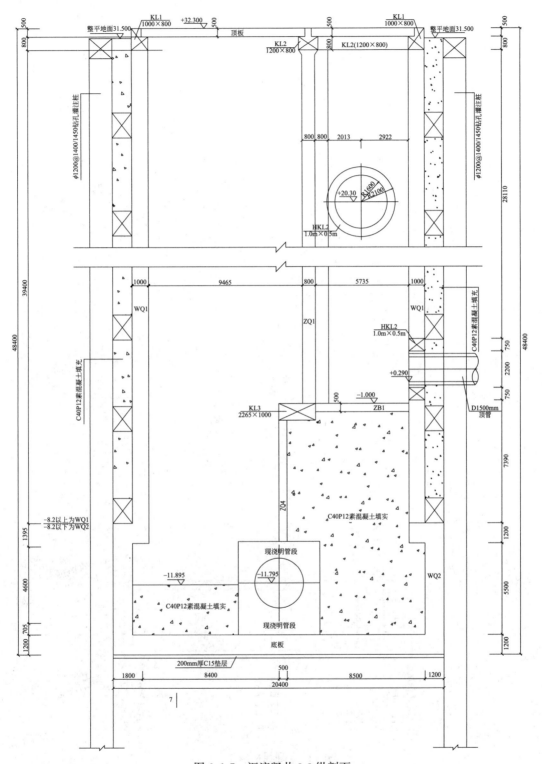

图 6.1-7 汇流竖井 3-3 纵剖面

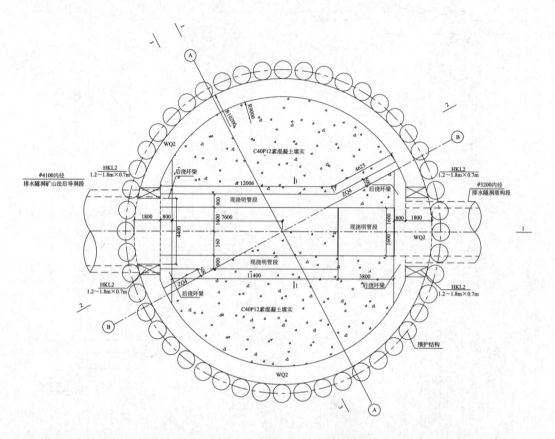

图 6.1-8 汇流竖井 5-5 横剖图

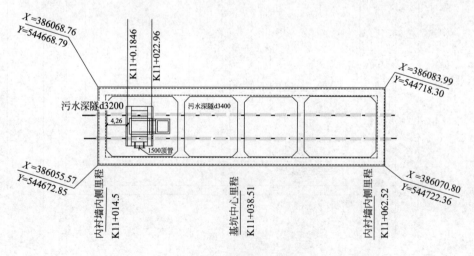

图 6.1-9 通风检修井平面

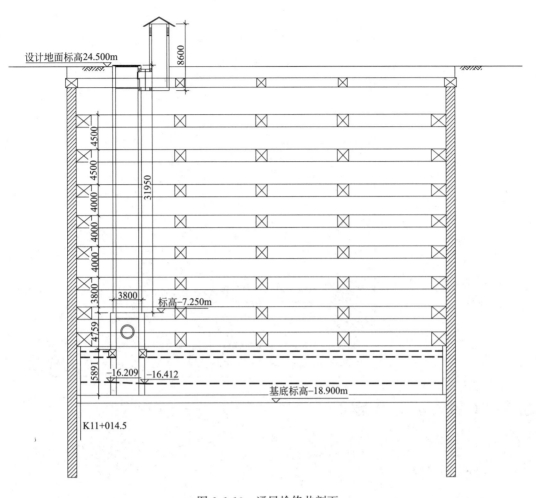

图 6.1-10　通风检修井剖面

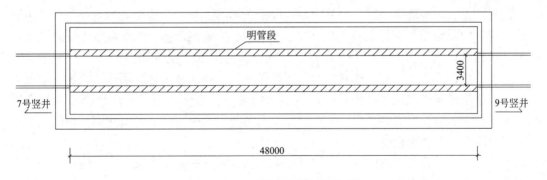

图 6.1-11　8号竖井明管段平面图

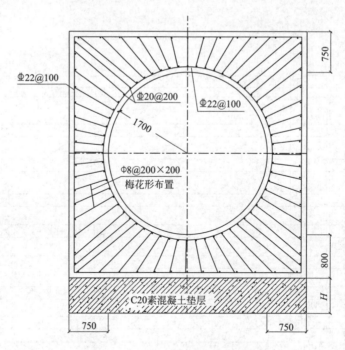

图 6.1-12　2DN3400 明管段断面图

6.2　1号入流竖井施工

6.2.1　施工工艺流程

入流竖井内部结构较为复杂，整体采用自下而上方式分层施工，层段划分如图 6.2-1 所示。施工流程为：施工准备→结构底板、底板钢筋混凝土回填层施工施工→池壁第一层、洞门环梁、中隔墙第一层、中隔墙侧素混凝土回填层第一层施工→池壁第二层、中隔墙第二层、中隔墙侧素混凝土回填层第二层→中板、消能锥形体、钢管混凝土柱施工→池壁第三层施工→钢管顶环梁施工→第二道环框梁部分拆除→池壁第四层施工→池壁第五层、入流槽梁、入流槽底板、排渣井池、入流箱涵底板施工→入流箱涵侧壁施工→池壁第六层、入流箱涵顶板施工→池壁第七层施工→支架模板拆除、入流槽及排渣井池侧壁施工、水泥基渗透结晶型涂料涂刷→中心入流筒安装→复合防腐防水涂料涂刷→顶板梁、顶板施工→顶板井筒及盖板施工。

其中主要构件施工方法如下：洞门环梁采用扣件式支撑架＋木模施工；池壁、中隔墙采用满堂碗扣式支撑架附加水平扣件式对撑钢管＋木模施工，局部池壁采用对拉止水螺杆（一侧与地连墙植筋）＋木模施工；入流槽底板、排渣池底板、入流箱涵顶板采用碗扣式满堂支撑架＋木模施工；消能锥形体、入流槽侧壁、排渣池侧壁、入流箱涵侧壁采用对拉止水螺杆＋木模施工；顶板顶梁采用型钢牛腿支撑下预制吊装＋现浇叠合施工。

第6章 工艺结构施工

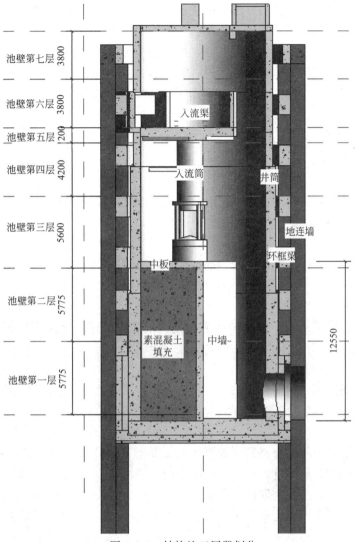

图 6.2-1 结构施工层段划分

6.2.2 入流竖井钢筋工程

1. 钢筋施工流程

工艺结构施工钢筋绑扎的顺序为：先绑扎结构底板、底板回填层钢筋，同时预留好池壁插筋及中隔墙、洞门环梁插筋；待结构底板及底板回填层浇筑完成后，向上绑扎池壁第一层钢筋、洞门环梁钢筋、中隔墙第一层钢筋，池壁钢筋及中隔墙钢筋预留足够搭接长度（池壁钢筋默认预留，以下不再重复）；待池壁第一层、洞门环梁、中隔墙第一层浇筑完成；向上绑扎池壁第二层钢筋、中隔墙第二层钢筋；绑扎中板钢筋及消能锥形体钢筋；待中板及锥形体、钢管柱浇筑完成后，向上绑扎池壁第三层钢筋；池壁第三层浇筑完成后，下放钢管柱顶环梁预制钢筋环；钢管柱顶环梁浇筑完成后，绑扎池壁第四层钢筋；排渣井池底板水平钢筋全部留出；池壁第四层浇筑完成后，绑扎池壁第五层、入流槽、入流箱涵、排渣井池底板钢筋，入流槽、入流箱涵、排渣井池侧壁钢筋预留足够搭接长度；池壁

251

第五层入流槽、入流箱涵、排渣井池底板浇筑完成后，绑扎排入流箱涵侧壁钢筋；入流箱涵侧壁浇筑完成后，向上绑扎池壁第六层、入流箱涵顶板钢筋；池壁第六层、入流箱涵顶板浇筑完成后，向上绑扎池壁第七层钢筋，预制顶板湿接处钢筋预留足够搭接长度；池壁第七层浇筑完成后，回拆架体至入流槽/排渣井池底，绑扎入流槽、入流箱涵、排渣井池侧壁钢筋，浇筑混凝土。期间做好梁板钢筋骨架交错穿插布置工作，其他零星结构如井筒、井筒盖板绑扎顺序按常规进行。

2. 钢筋施工工艺

（1）底板钢筋绑扎

1）工艺流程

弹钢筋位置线→运钢筋到使用部位→绑扎底板下层钢筋→设置马凳筋→绑扎底板上层钢筋→设置定位框→插墙、池壁预埋钢筋→验收。

2）操作工艺

①弹钢筋位置线：按图纸标明的钢筋间距，算出底板实际需用的钢筋根数，靠近底板边的钢筋离板边 50mm，在垫层上弹出钢筋位置线和插筋位置线（包含池壁、中隔墙竖向筋插筋位置）。

②吊运钢筋到使用部位：按照钢筋绑扎使用的先后顺序，分段进行钢筋吊运。吊运前，应根据弹线情况算出实际需要的钢筋根数。

③绑扎底板下层钢筋

先铺底板下层钢筋，钢筋短跨在下、长跨在上。根据已弹好的位置线将横向、纵向的钢筋依次摆放到位，钢筋弯钩应垂直向上。

④设置垫块

检查底板下层钢筋施工合格后，放置底板混凝土保护层用水泥砂浆垫块，垫块规格根据不同构件的钢筋保护层厚度确定，需提前定制。垫块须卡住水平分布筋，用铁丝绑扎。

⑤设置构造钢筋：绑扎完底板下层钢筋后，为防止板筋钢筋网的挠度过大，需摆放构造钢筋。采用"马凳"形式构造钢筋，规格同底板通长面筋，摆放间距为 1m×1m 梅花形布置。

⑥绑扎底板上层钢筋：在支撑钢筋上摆放纵横两个方向的上层钢筋，上层钢筋的弯钩朝下，进行连接后绑扎。绑扎时上层钢筋和下层钢筋的位置应对正。钢筋短跨在上，长跨在下。

⑦设置定位框：钢筋绑扎完成后，根据在垫层上弹好的池壁及中隔墙插筋位置线，在底板上固定插筋定位框，可以采用线坠垂吊的方法使其同位置线对正。

⑧将池壁、中隔墙预埋筋伸入底板内下层钢筋上，拐尺的方向要正确，将插筋的拐尺与下层筋绑扎牢固，便将其上部与底板上层筋绑扎牢固，必要时可附加钢筋电焊焊牢，并在主筋上绑一道定位筋。插筋上部与定位框固定牢靠。插入基础深度应符合设计和规范锚固长度要求，甩出的长度和甩头错开百分比及错开长度应符合本工程设计图纸的要求。其上端应采取措施保证插筋垂直，不歪斜、倾倒、变位。

⑨底板钢筋验收：分阶段绑扎完成后，对绑扎不到位的地方进行局部调整，然后对现场进行清理，分别报工长进行交接和质检员专项验收。

（2）洞门环梁钢筋绑扎

1）施工工艺流程

基面清理→植筋→钢筋绑扎。

2) 操作工艺

①基面清理。清理洞门钢环外侧，将混凝土块、砂浆、焊渣、焊疤、灰尘、油污、水和毛刺等清理干净；并确保洞门环梁施工范围无明水；根据图纸位置对植筋位置进行精确放线，用红漆标记。

②植筋。根据图纸要求在管片、侧墙与洞门环梁进行植筋，植筋直径均为$\phi 20\text{mm}$，深度480mm，其中管片植筋沿管片环向布置，间距10°，单个洞门环梁植筋36×5根，侧墙植筋间距400mm×400mm，植筋抗拉承载力不小于100kN。

钻孔：根据定出的钻孔位置，用冲击钻钻孔，孔深和孔径需符合设计要求，孔径按$d+(4\sim 8)\text{mm}$控制，钻孔深度不少于480mm；如钻孔时遇到墙主筋，可把钻孔位置水平平移一个钢筋直径的位置，重新钻入，原钻出的未成型废孔用1:1水泥砂浆填塞补平。

清孔：钻孔完成后，可进行清孔操作。清孔的目的是要吹清孔内粉尘，采用专用毛刷和吹风机配合进行。清孔时用"吹孔"法，即先吹清孔内浮尘，然后用专用毛刷清刷孔壁，清刷时毛刷在孔内抽拉转动，如此反复吹刷，清理干净孔内粉尘。

注胶：将植筋胶利用专门注胶设备进行注胶，注胶时要注意排除钻孔内的空气，将注胶嘴伸入钻好的植筋孔中，向孔内注入胶料，要求胶体注满钻孔并适量溢出。

植筋：植筋应在注胶完成后立即进行。为保证胶体饱满，注胶完成后，将加工好的钢筋植入端蘸少许胶液，缓缓旋转插入植筋孔，并调整到规定位置。操作时要边插入边沿一定方向转动多次，以使植筋胶与钢筋和混凝土孔壁表面粘结密实。钢筋在植筋施工前应彻底清除表面附着物、浮锈和油污。

拉拔试验及验收：根据要求抽检进行拉拔试验，数量不少于3根，并报请监理进行验收，并在钢筋隐蔽验收记录表和检验批验收记录表上签署意见。

③钢筋绑扎

焊接洞门钢环钢筋→安装外侧5根环向钢筋→安装闭合箍筋→安装靠管片一侧4环环向钢筋→安装拉勾筋→安装拉勾筋两侧2排4环环向钢筋→安装开口箍筋→安装最外侧环向钢筋。

(3) 池壁钢筋绑扎

1) 施工工艺流程

弹池壁边线→剔凿衬砌混凝土浮浆→修正预留搭接筋→绑扎纵向筋→绑扎环向筋→绑扎拉筋。

2) 操作工艺

①将预留钢筋调直理顺，并将表面浮浆等杂物清理干净。先立2~4根纵向筋，并划好环向筋位置，然后于下部及齐胸处绑扎两根定位环向筋，并在环向上划好分纵向钢筋位置，然后绑扎其余纵向筋，最后绑扎其余环向筋。预留洞口段，应先绑扎洞口加强钢筋，再绑扎周围环向筋；最后绑扎拉杆筋。

②钢筋绑扎完后，把垫块或垫圈固定好确保钢筋保护层厚度。钢筋网绑扎时全部钢筋的交叉点要扎牢，绑扎时相邻绑扎点的铁丝扣成八字形。

③混凝土浇筑前，对伸出池壁的钢筋进行修整，并绑扎两道临时水平钢筋固定伸出竖向筋的间距。池壁混凝土浇筑时派专人看管钢筋，浇筑完成后，立即对伸出钢筋进行校正，校正完毕后用定位钢筋网片进行定位，保证竖向钢筋的位置、间距和

排距准确。

(4) 梁板结构钢筋绑扎

1) 施工工艺流程

清理模板→模板上划出板底筋布置线→绑扎板底筋→摆放马凳筋→绑扎板面筋。

2) 操作工艺

①梁、板钢筋安装前应清理接茬面混凝土和预留钢筋上的污渍；清理模板，用粉笔在模板上划好主筋及分布筋间距线。

②在梁上口架设横杆3～4根，再按间距穿入梁箍筋，再穿入梁下部纵向受力钢筋，并同箍筋绑扎牢固，设置垫块。梁下部钢筋固定后，再穿入次梁（如有）的下部纵筋和部分构造钢筋，次梁的箍筋应套在下部钢筋和构造钢筋上。次梁下部纵向钢筋绑扎完毕后，再穿入板钢筋。板底钢筋短跨在下、长跨在上。

③板下层钢筋绑扎完毕，检验合格后方可放置马凳，绑扎上层钢筋。板钢筋网除外围两根筋的相交点全部绑扎外，其余各点可交错绑扎。板顶钢筋短跨在上，长跨在下。

④梁、板钢筋的位置根据主筋保护层放置。当板上层钢筋与梁上层钢筋上下位置有冲突时，可将板钢筋在梁位置进行弯折由梁钢筋下方穿过。当板下层钢筋与梁下层钢筋上下位置有冲突时，可将板主筋在梁位置进行弯折由梁钢筋上方穿过。

6.2.3 入流竖井模板支架工程

入流竖井结构施工主要选用碗扣式满堂支架体系，池壁施工结合扣件式钢管对撑，可良好适应结构池壁、墙、梁板等施工支撑体系搭设；局部侧壁结构采用对拉螺杆体系（排渣井池、入流槽、入流箱涵侧壁等）。结构主要采用竹胶合模板＋木方次楞＋双钢管主楞模板体系，局部次楞/主楞采用槽钢加强。

根据施工工序划分，池壁施工共分7层，地连墙与池壁间、池壁与中隔墙间素混凝土填充不再单独采用素混凝土填充，选择与池壁单侧支模共同浇筑。

1. 结构底板及底板回填层模板及支撑体系

结构底板及中隔墙外侧底板回填层选择同时浇筑，同时为避免将施工缝留在墙角处，池壁及中隔墙、洞门环梁同步浇筑0.5m高，在底板回填层采用0.3m高倒角模板支模，如图6.2-2所示。

2. 池壁、中隔墙施工模板及支撑体系

池壁、中隔墙分层：

(1) 池壁第1～2层，中隔墙第1～2层：层高5.775m，浇筑池壁及与地连墙间素混凝土回填层、中隔墙及墙内素混凝土回填层，浇筑侧壁厚度在1100～6500mm。

(2) 池壁第3层：层高5.6m，浇筑池壁及与地连墙间素混凝土回填层，浇筑侧壁厚度在1100～2000mm。

(3) 池壁第4层：层高4.2m，浇筑池壁及与地连墙间素混凝土回填层，浇筑侧壁厚度在1100～2000mm。

(4) 池壁第5层：层高1.2m，浇筑池壁及与地连墙间素混凝土回填层，浇筑侧壁厚度在2000mm。

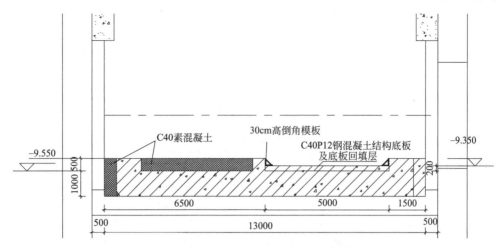

图 6.2-2 底板及底板回填层模板及支撑体系

(5) 池壁第 6 层：层高 3.8m，浇筑池壁及与地连墙间素混凝土回填层，浇筑侧壁厚度在 1100~2000mm。

(6) 池壁第 7 层，层高 3.8m，浇筑池壁及与地连墙/挡墙间素混凝土回填层，浇筑侧壁厚度在 1700~3000mm。

第 1~4、6~7 层池壁均采用碗扣式满堂支架结合扣件式钢管对撑＋组合木模板体系。材料选用及间距布置如表 6.2-1 所示。

池壁、中隔墙施工模板支撑材料选用及间距布置　　表 6.2-1

	竹胶板(mm)	木方内楞(mm)	双拼钢管外楞(mm)	满堂支架(mm)
材料规格	18	50×100	φ48.3×3.5	φ48.3×3.5
布置间距	—	200	600	碗扣式支架 600×600×1200（附加 φ48.3×3.0mm 扣件式水平支撑钢管步距 600）

除满堂支架对撑外，在每层环框梁面吊筋（间距 1000mm）设置处焊接 M16 对拉止水螺杆，进一步加强模板受力稳定性，如图 6.2-3 所示。

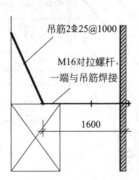

图 6.2-3 池壁模板对拉螺杆设置示意图

为防止两侧不平衡浇筑压力导致对侧钢筋侧移，影响模板安全。按竖向间距 1.5m、水平间距 1.5m 设置 φ48.3×3.0mm 钢管，一端与钢筋骨架焊接，另一端抵紧基坑墙面除满堂支架对撑，如图6.2-4所示。

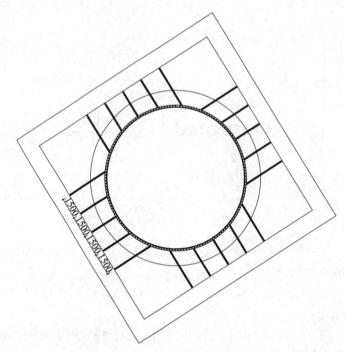

图6.2-4 附加防侧移钢管设置示意图

池壁第1～2层中隔墙一侧，为防止两侧不平衡浇筑压力导致对侧钢筋侧移，影响模板安全。按竖向间距1.5m、水平间距1.5m设置 $\phi 48.3 \times 3.5$mm 钢管抛撑，一端与钢筋骨架焊接，另一端在板上设置M20螺栓固定，如图6.2-5所示。

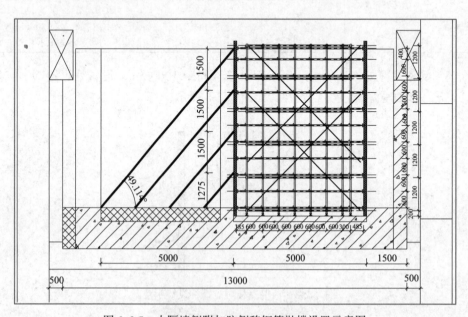

图6.2-5 中隔墙侧附加防侧移钢管抛撑设置示意图

池壁第 5 层因入流槽梁板影响无法用对撑钢管支模,故采用 M16 对拉止水螺杆,间距 600mm×600mm;螺杆采用Φ16 钢筋接长,钢筋与地连墙主筋焊接,地连墙对应部分需部分凿出主筋。焊接均采用单面焊,焊缝长度不小于 $5d$。

3. 入流槽梁板、排渣井池板模板及支撑体系

当池壁第 4 层施工完成后,回拆架体至入流槽梁板、排渣井池板作业层。入流槽梁板、排渣井池梁板与池壁采用同一套支撑体系,利用池壁对撑体系的碗扣支架立杆作为竖向支撑杆件。

满堂支撑架分层搭设图如图 6.2-6~图 6.2-13 所示。

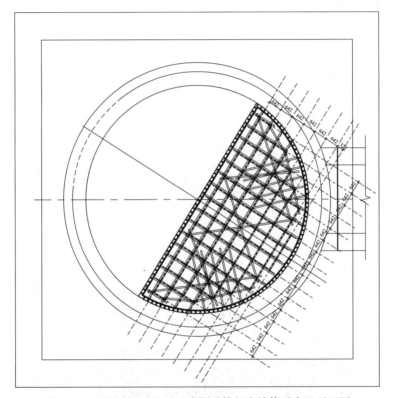

图 6.2-6 池壁第 1~2 层及中隔墙模板支撑体系布置平面图

6.2.4 预制+现浇叠合顶板施工技术

1. 预制湿接形式及配筋

预制施工共分 5 块顶板、2 根顶梁预制施工(顶板上井筒不含),均采用叠合形式,顶板厚 400mm,预制部分板厚 300mm,现浇叠合部分 100mm;2 根主梁 1KL1 截面尺寸 500mm×1050mm,其中预制部分 500mm×650mm,现浇叠合部分 500×400mm。2.4m×3.0m 洞口处框梁 1KL2 截面尺寸 300mm×450mm(底平梁)下部 300mm×300mm 随预制板 3 预制,上部 300mm×150mm 现浇叠合。顶板预制分块及配筋如图 6.2-14 所示。

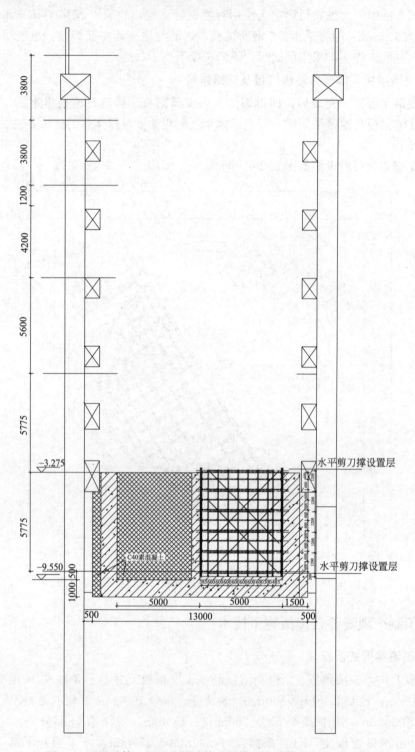

图 6.2-7 池壁第 1 层及中隔墙第 1 层模板支撑体系布置立面图

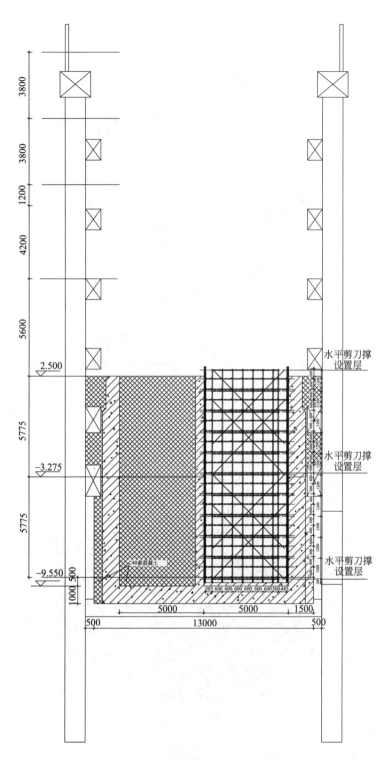

图 6.2-8 池壁第 2 层及中隔墙第 2 层模板支撑体系布置立面图

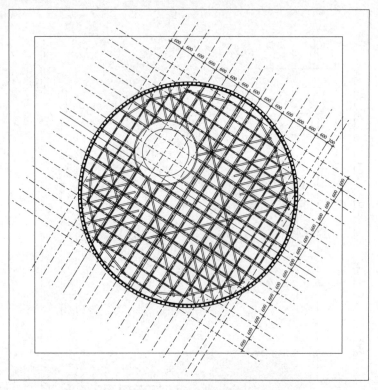

图 6.2-9 池壁第 3 层模板支撑体系布置平面图

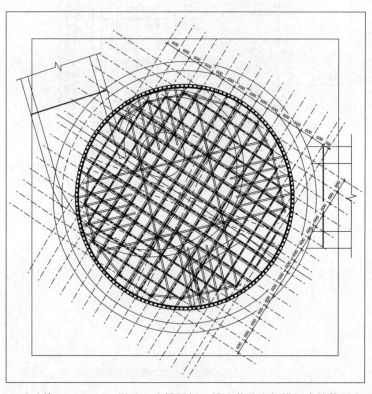

图 6.2-10 池壁第 3~4、6~7 层及入流槽梁板、排渣井池底板模板支撑体系布置平面图

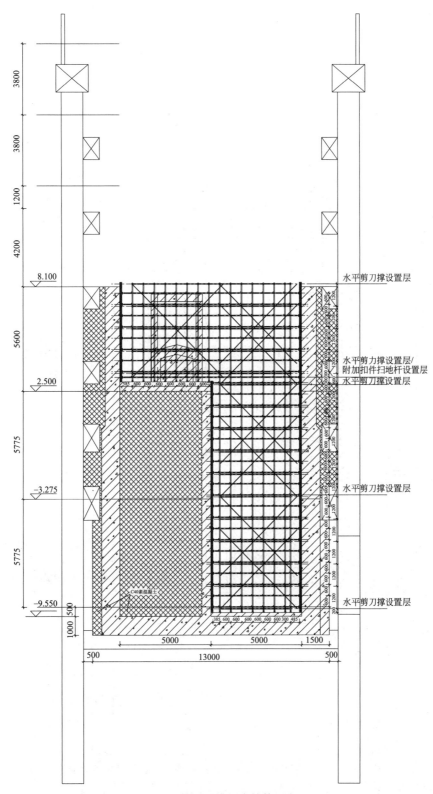

图 6.2-11 池壁第 3 层模板支撑体系布置立面图

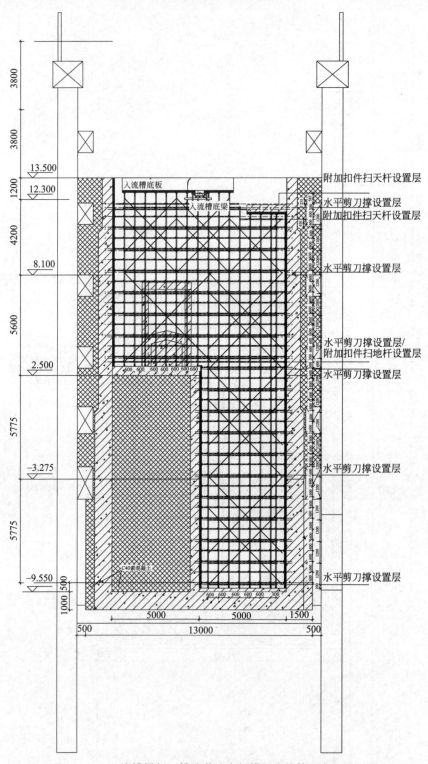

图 6.2-12 入流槽梁板、排渣井池底板模板支撑体系布置立面图

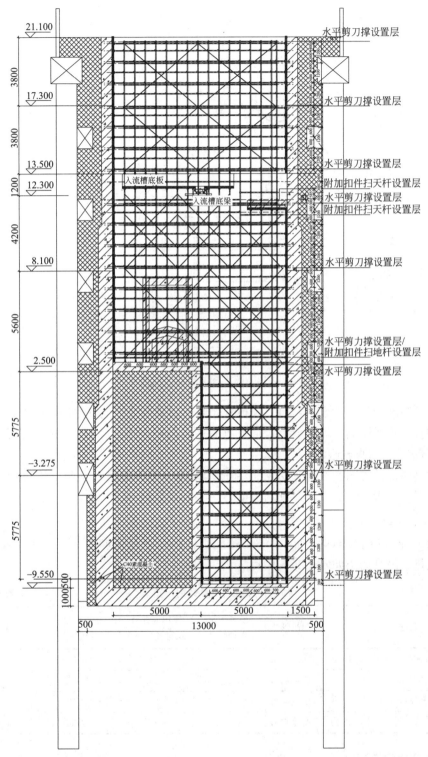

图 6.2-13 池壁第 7 层模板支撑体系布置立面图

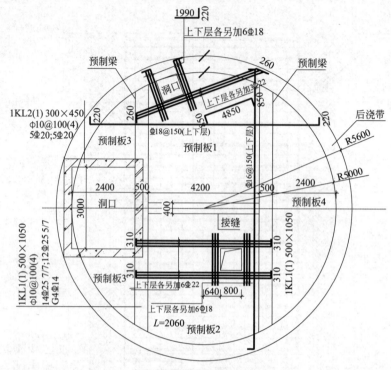

图 6.2-14 顶板预制分块及配筋图

整体预制平面形式考虑为：(1) 顶板外弧面、顶梁搁置于池壁预埋牛腿上；(2) 顶板直角边搁置于顶梁两侧预埋牛腿上；(3) 预制板1与预制板2间留400mm宽湿接缝，支设吊模随现浇叠合部分施工。

各预制件尺寸如图6.2-15所示，预制板均采用4吊环起吊，预制梁均采用2吊环起吊，吊点对称布置，中心点通过预制板重心，如图6.2-15所示。

2. 吊车选型

选用1台130t汽车起重机，带50.5t配重，18m下起重能力22t＞20t，满足要求，预制件重量及吊具选用如表6.2-2所示。

预制件重量及吊具选用一览表　　　　表6.2-2

序号	名称	重量(t)	起吊形式	吊装作业半径(m)	钢丝绳根数及直径(mm)	卸扣个数及规格	备注
1	预制板1/2	15.8	四点起吊	14	2×34.5	4×8.5T	吊绳选用1700MPa级，与预制件夹角大于60°
2	预制板3	3.9	四点起吊	11	2×34.5	4×8.5T	
3	预制板4	13.9	四点起吊	17	2×34.5	4×8.5T	
4	预制梁	8.1	两点起吊	12/16	2×34.5	2×8.5T	

3. 搁置牛腿选型

(1) 搁置牛腿选型及设计

梁搁置牛腿选用HW150型钢牛腿组焊，共4个，预埋于梁支座端池壁外表面位置。

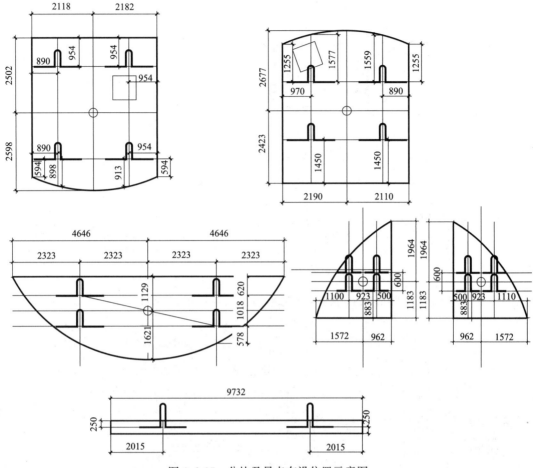

图 6.2-15 分块及吊点布设位置示意图

板搁置牛腿选用L160×16mm角钢+16mm钢板加劲板,通长预埋于2根预制梁两侧及池壁外表面。预埋件及牛腿设计如图6.2-16~图6.2-19所示。

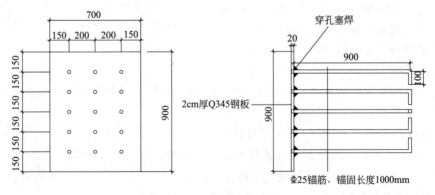

图 6.2-16 梁型钢牛腿预埋件

(2)搁置牛腿验算
1)梁搁置牛腿验算

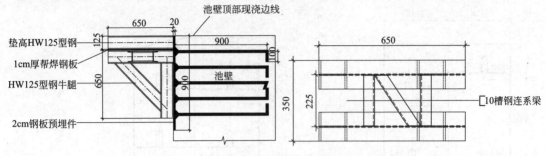

图 6.2-17 型钢牛腿设计

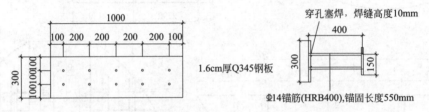

图 6.2-18 角钢牛腿预埋件设计（每一米一个单元）

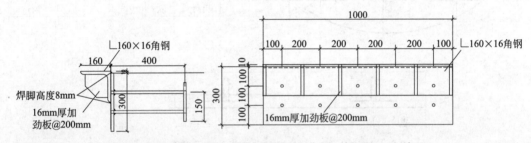

图 6.2-19 角钢牛腿设计及池壁侧预埋位置（每一米一个单元）

在 2 根预制主梁两侧支座处，与池壁间设置型钢牛腿。每个梁端支座设 2 个 HW150 型钢牛腿，通过 [10 槽钢横向连系。

板自重（忽略洞口）：$G_1 = 3.14 \times 5 \times 5 \times 0.4 \times 25.5 = 800.7 \text{kN}$

梁自重（预制部分）：$G_2 = 9.2 \times 0.5 \times 0.65 \times 25.5 \times 2 = 152.5 \text{kN}$

每个梁端节点荷载设计值：$P = 1.1 \times [1.35 \times (800.7 + 152.5) + 1.4 \times 2.5 \times 3.14 \times 5 \times 5]/4 = 429.43 \text{kN}$

模型简化净尺寸为边长 0.5m 等腰直角三角形，将牛腿支座荷载设计值简化为牛腿顶部横梁均匀线荷载：

$N = P/L/2 = 429.43/0.5/2 = 429.43 \text{kN/m}$

利用 Midas Civil 建立梁单元计算模型，计算结果如图 6.2-20 和图 6.2-21 所示，最大组合应力 125.2MPa＜205MPa；最大变形 0.4mm＜$L/400 = 1.25$mm，满足要求。

2）板搁置牛腿验算

梁侧/池壁侧边牛腿用于搁置板，沿池壁及梁侧设置。受力模型可简化为 4 道梁侧牛腿承受板荷载。牛腿采用 L160×12mm 等边角钢＋1cm 厚加劲板@200mm。

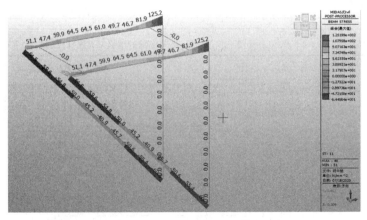

图 6.2-20 梁支座钢牛腿组合应力计算结果（单位：MPa）

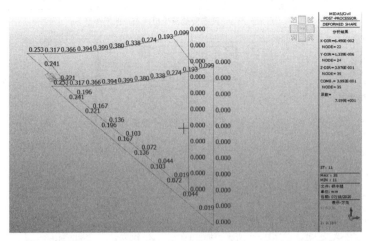

图 6.2-21 梁支座钢牛腿变形计算结果（单位：mm）

板自重（忽略洞口）：$G_1=3.14×5×5×0.4×25.5=800.7$kN

每边L160角钢面荷载设计值（假设每根9.2m长角钢顶面120mm宽度承受板荷载）：
$P=1.1×(1.35×800.7+1.4×2.5×3.14×5×5)/9.2/4/0.12=337.5$kN/m²

利用 Midas Civil 建立三跨计算模型，计算结果如图 6.2-22 和图 6.2-23，最大组合应力 100.89MPa＜205MPa；最大变形 0.21mm＜140/400＝0.35mm，满足要求。

4. 吊装叠合施工

预制＋叠合现浇节点设计详图见表 6.2-3。

预制＋叠合现浇节点设计详图　　　表 6.2-3

序号	节点名称	预制＋叠合现浇节点设计详图
1	预制板1与预制板2	顶面及侧面设粗糙面，凹凸深度≥4；附加通长筋；板下层钢筋弯起角度30°，锚固长度≥31.5d

续表

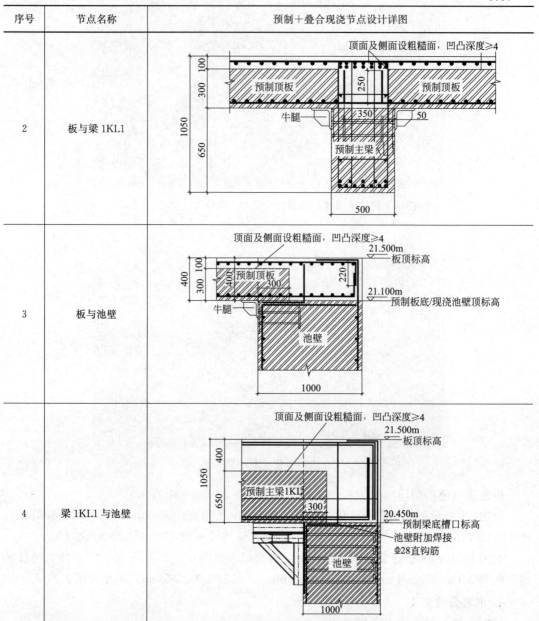

吊装叠合施工顺序为：

(1) 两根预制梁定位吊装，复核校准梁位置；

(2) 预制板 4 定位吊装；

(3) 两块预制板 3 定位吊装；

(4) 预制板 1 定位吊装，湿接缝吊模预安装固定；

(5) 预制板 2 定位吊装；

(6) 板位置复核校准；

(7) 绑扎梁（含 2.4m×3.0m 洞口框梁）板上层钢筋，湿接缝下排纵筋、附加钢筋，

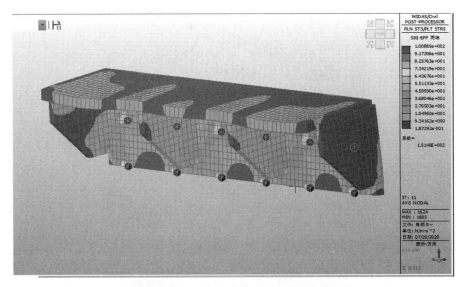

图 6.2-22 牛腿应力计算结果（单位：MPa）

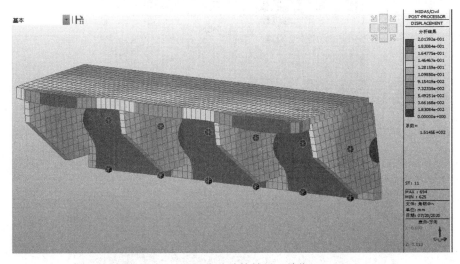

图 6.2-23 牛腿位移计算结果（单位：mm）

预留井筒竖向钢筋、吊耳割除；

（8）支设洞口内模、湿接缝吊模、顶板边模、2.4m×3.0m洞口框梁边模；

（9）现浇剩余叠合部分混凝土。

注意吊装作业过程操作工人必须挂安全绳，可挂于防护网片立柱重心下方位置，或地表其他可靠位置。每个构件吊装前应有试吊过程，起吊离地面50cm，观察吊环吊具是否稳定，板有无开裂及变形等，确认安全后方可正式起吊吊装。

预制板1与预制板2湿接缝采用预埋钢板底模支设吊模进行施工，如图6.2-24和图6.2-25所示。

图 6.2-24 预制+现浇叠合施工示意图

图 6.2-25 1号入流竖井顶板装配施工

6.3 4号汇流竖井施工

6.3.1 施工工艺流程

4号汇流竖井内部结构较为复杂，整体采用自下而上方式分层施工，层段划分如图6.3-1所示，施工流程为：施工准备→洞门环梁施工→明管段垫层（含拉筋预埋）、仰拱（180°）、中隔墙及回填素混凝土施工→明管段拱墙、中隔墙施工→操作架搭设，施工侧墙、中隔墙至中板以下→拆除部分操作架，回填素混凝土→施工中板及框梁→搭设操作架，向上施工闸门结构、侧墙、中隔墙到顶（中间穿插支隧顶管、雨水接驳隧道顶管出洞）→拆除操作架→顶板预制吊装+现浇湿接施工→通风筒施工→场地恢复及装修、安装施工。

其中主要构件施工方法如下：洞门环梁采用扣件式钢管操作架+木模+对拉螺杆+扣件式钢管支撑架施工；明管段180°范围内仰拱、中隔墙（ZQ4）及回填混凝土采用预埋锚筋+弧形钢模施工、明管段上部180°范围拱墙、中隔墙（ZQ4）采用弧形木模（内模）+扣件式支撑架+木模（侧模）+对拉止水螺杆施工；中隔墙（ZQ1、ZQ2）、闸门结构采用木模+对拉止水螺杆施工；侧墙（WQ1）采用碗扣式支撑架+底模+扣件式操作架+围护桩植筋+对拉止水螺杆+组合木模施工；预留洞口采用碗扣式钢管支撑架+组合木模施工；顶板采用预制吊装+后浇带湿接施工；通风筒采用扣件式支撑架+底模+对拉止水螺杆+组合木模施工。

6.3.2 汇流竖井钢筋工程

与入流竖井钢筋工程基本一致，不再赘述。

6.3.3 汇流竖井模板支架工程

1. 侧墙底部支撑架搭设

侧墙（WQ1）底部支撑架高度2.5m，侧墙单次最大施工高度4.5m，侧墙宽1.0m，模板采用15mm厚竹胶板，次楞采用100mm×100mm木方，径向布置，间距150mm，主楞采用双拼8号槽钢，环向布置，间距300mm，支撑架采用碗扣式支撑架（纵向水平杆、剪刀撑均采用扣件式钢管连接），立杆间距0.3m×0.3m，步距0.6m，模板支架上部立杆伸出水平杆长度$a=0.65$m。模板支撑架布设如图6.3-2和图6.3-3所示。

2. 操作架搭设

操作架采用$\phi 48\times 3.0$mm（计算按照$\phi 48\times 2.4$mm）扣件式钢管搭设多排落地式脚手架，相关参数如表6.3-1所示。

操作架参数　　　　表6.3-1

项目	参数	项目	参数
脚手架设计类型	结构脚手架	脚手架搭设排数	3
脚手架钢管类型	$\phi 48.3\times 3.0$mm	架体离地高度(m)	0

续表

项目	参数	项目	参数
立杆步距 h(m)	1.2	立杆纵距或跨距 l_a(m)	1.5
脚手板类型	木脚手板	挡脚板类型	木挡脚板
脚手板铺设方式	2步1设	挡脚板铺设方式	2步1设
连墙件布置方式	三步三跨	连墙件连接方式	焊接连接

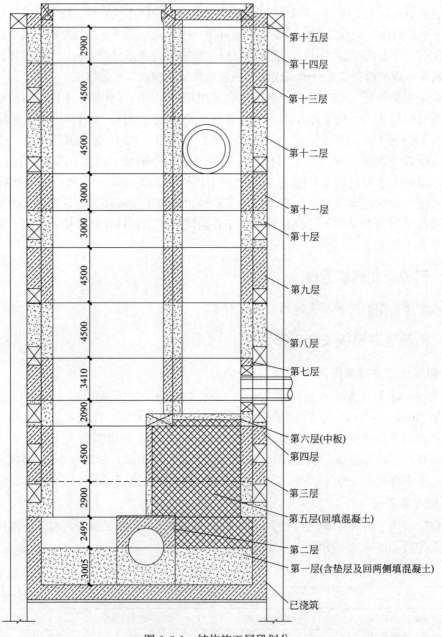

图 6.3-1 结构施工层段划分

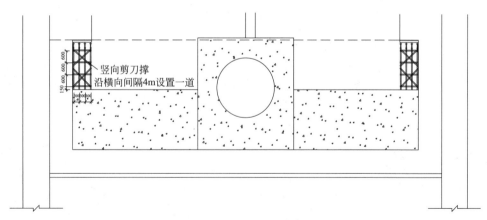

图 6.3-2 模板支撑架横断面布置图

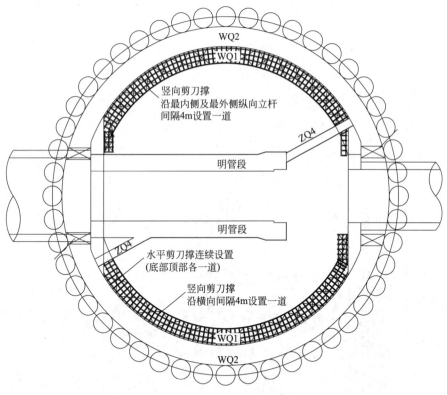

图 6.3-3 模板支撑架平面布置图

各层操作平台布置如图 6.3-4～图 6.3-7 所示。

3. 墙模板支架施工

侧墙（WQ1）及中隔墙施工模板体系采用木模＋对拉螺杆体系，其中（WQ1）侧墙对拉螺杆（焊接连接钢筋）通过套筒与锚筋（锚筋提前植入围护桩）连接进行锚固，布置间距 600mm×600mm×600mm。支模体系如图 6.3-8 所示。

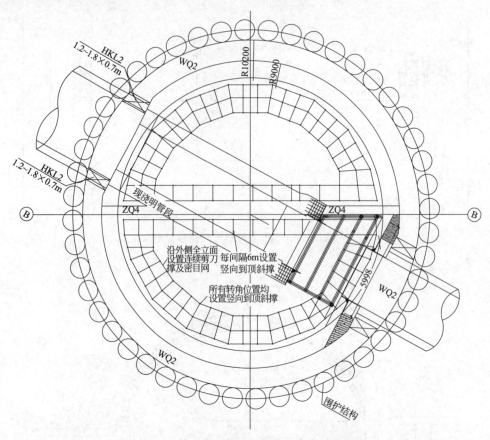

图 6.3-4 第一层、第二层操作平台布置平面图

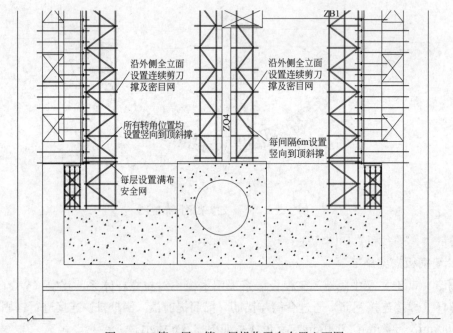

图 6.3-5 第一层、第二层操作平台布置立面图

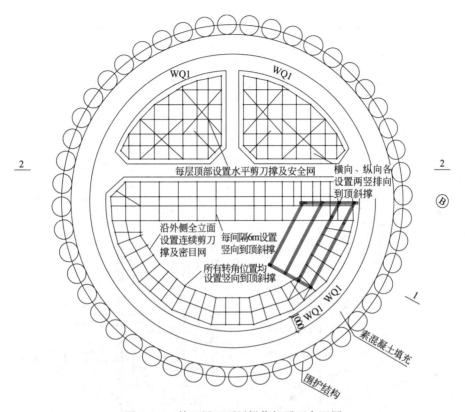

图 6.3-6　第三层至顶层操作架平面布置图

4. 锚筋施工

根据计算锚筋及现场施工实际情况，锚筋采用直径为 16mm 的 HRB400 钢筋，植筋深度 250mm。围护桩植筋平面布置图如图 6.3-9 所示。

（1）围护桩锚筋施工

围护桩植筋深度 250mm，采用 HRB335ϕ16 钢筋，长 1.5m，一端车丝用于后期连接，止水螺杆一端与连接钢筋焊接，连接钢筋长 0.66m，一端车丝。围护桩植筋如图 6.3-10 所示。

植筋相关工艺详见洞门环梁施工，施工前要求进行测量放线，确保植筋方向指向圆心，植筋完成后进行拉拔试验，抗拔力不小于 60kN。

（2）环框梁表面位置锚筋施工

每层环框梁表面均设置锚筋，先剥离锚筋位置的表层混凝土，然后将锚筋与环框梁主筋焊接，单面搭接焊，焊接长度不小于 $10d$，有环框梁吊筋的位置，需与环框梁吊筋进行焊接。环框梁表面锚筋施工大样图如图 6.3-11 所示。

6.3.4　预制＋后浇带湿接缝顶板施工技术

1. 预制湿接形式

工艺结构顶板厚 500mm，采用预制＋现浇方式进行施工，预制构件有结构顶板（顶板上井筒不含）、顶梁 KL2。顶板外边界线 $R=9000$mm，预制边界线 $R=8400$mm。预制

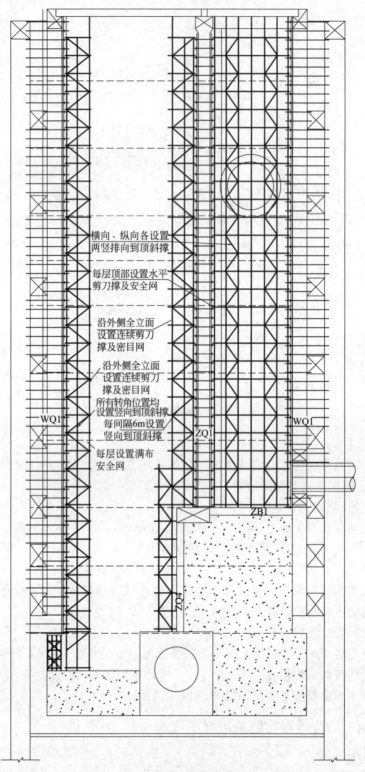

图 6.3-7 第三层至顶层操作架立面布置图

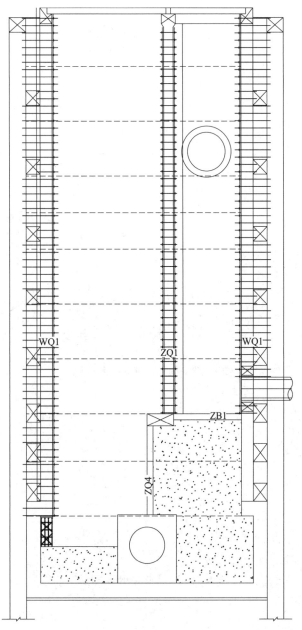

图 6.3-8 支模体系示意图

施工共分 10 块顶板、1 根顶梁预制施工，顶板厚 500mm，一次预制完成，板与板连接部位设置湿接缝；1 根主梁 KL2 截面尺寸 1200mm×1300mm，其中预制部分 1200mm×800mm，预留湿接缝部分 1200×500mm。其余暗梁钢筋与板筋同步绑扎浇筑。

整体预制平面形式考虑为：（1）顶板、顶梁与池壁搁置 400mm；（2）顶板与顶梁搁置 400mm；（3）预制板间留 400 或 500mm 宽湿接缝，预制施工时预埋钢板底模便于后期湿接缝浇筑。预制板分块及湿接缝设置如图 6.3-12 所示。预制梁及湿接缝设置如图 6.3-13 所示。

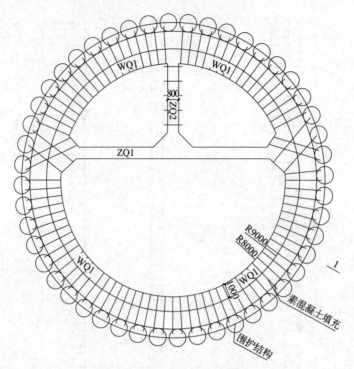

图 6.3-9 围护桩植筋平面布置图

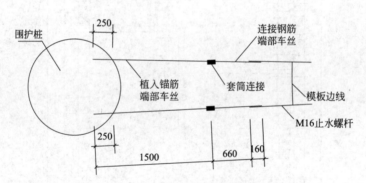

图 6.3-10 围护桩植筋大样图

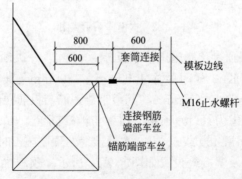

图 6.3-11 环框梁表面锚筋施工大样图

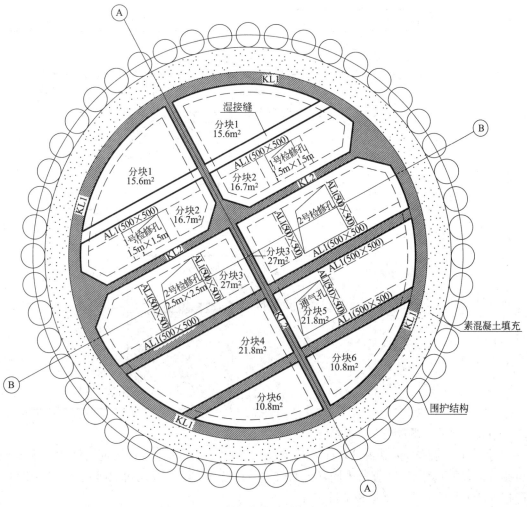

图 6.3-12 预制板分块及湿接缝设置示意图

2. 吊装湿接施工

预制+后浇带湿接缝节点设计详图见表 6.3-2。

预制+后浇带湿接缝节点设计详图　　　　表 6.3-2

序号	节点名称	预制+后浇带湿接缝节点设计详图
1	预制板与预制板	侧面设粗糙面，凹凸深度≥4

279

续表

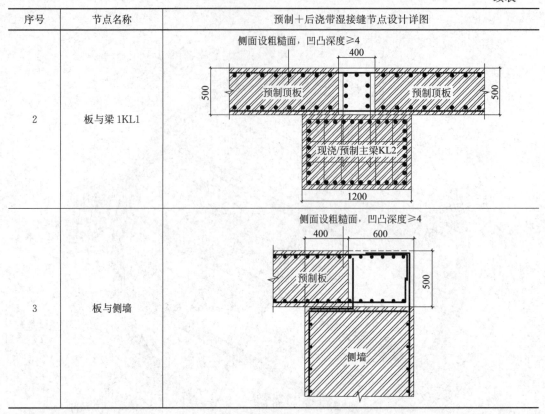

序号	节点名称	预制＋后浇带湿接缝节点设计详图
2	板与梁1KL1	
3	板与侧墙	

吊装湿接施工顺序为：

(1) 两块对称的预制板分块1定位吊装，预制板分块1定位吊装应按弧边对准 $R=8400mm$（搁置40cm），直角边搁置与KL2上40cm控制。工人在墙顶面进行定位操作，待板安放平稳后，方可上该板摘除卡扣。

(2) 两块对称的预制板分块2定位吊装，分块2仅为两短边搁置，一边搁置于墙顶，一边搁置于KL2，需操作人员分别于预制板1上与墙顶两端操作定位，并保障与分块1湿接缝间距为500mm。摘吊钩人员需密切注意孔洞及湿接缝。

(3) 预制梁定位吊装临时固定，预制梁吊装前需摘除梁顶定位纵向钢筋，操作人员分别于板2与对侧墙顶进行梁定位安装，吊装完毕后用钢管或木方将梁临时固定牢靠，确认后方可进行后续板吊装。

(4) 两块对称的预制板分块6定位吊装，流程同分块1。

(5) 预制板分块4定位吊装，流程同分块2。

(6) 预制板分块5定位吊装，流程同分块2。

(7) 两块对称的预制板分块3定位吊装，流程同分块2。

(8) 绑扎预制梁剩余上部钢筋、通风筒钢筋。

(9) 绑扎、焊接板-板湿接缝、板-墙顶湿接缝钢筋。

(10) 支设湿接缝顶板边模、通风筒模板。

(11) 现浇剩余叠合部分混凝土。

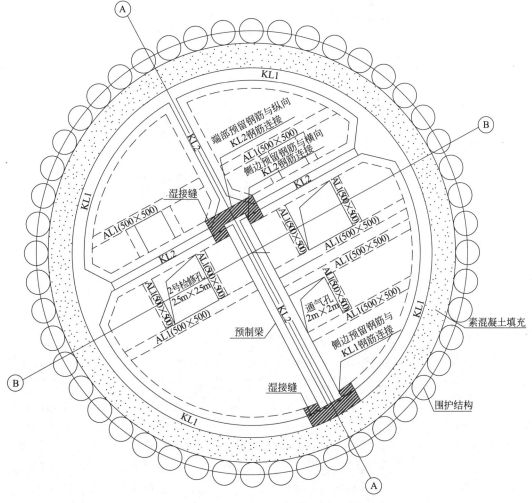

图 6.3-13 预制梁及湿接缝设置示意图

预制＋后浇带施工如图 6.3-14 所示。

图 6.3-14 预制＋后浇带施工示意图

图 6.3-14 预制＋后浇带施工示意图（续）

6.4 3号、6号、7号通风检修井施工

6.4.1 施工工艺流程

3号、6号、7号检修、通气井结构形式相近，均自下而上依次分层施工，层段划分如图 6.4-1 所示。施工流程为：施工准备→汇流结构施工（6号竖井）→检修井施工→竖井回填施工→通风通道底板施工→通风通道顶板侧墙施工→通风井现浇施工→场地恢复及装修、安装施工。

其中主要构件施工方法如下：除底部检修井底梁、汇流结构梁板结构采用扣件式满堂支撑架＋木模施工外，其余检修井、通气井筒状结构均采用对拉止水螺杆＋木模＋落地式双排扣件式脚手架施工，施工工艺为：搭设支撑架或脚手架→钢筋绑扎、预埋件安装→模板安装、加固→混凝土浇筑→养护、拆模。

6.4.2 通风检修井模板支架工程

以下以 6 号通风检修井为例，说明通风检修井模板支架工程建造工艺。

1. 底部汇流结构

底部汇流结构分底板、第一段侧墙、第二段侧墙及顶板进行施工。底板为主隧内径 3.2m 至 3.4m 的变径过度段，厚度为 1491～1691mm 的斜坡，长 4500mm，宽 7000mm，上部侧墙壁厚 750mm。第一段侧墙结构外轮廓为长 4500mm，宽 7000mm，壁厚 750mm，高 3.9m 矩形筒，底梁 L1 搁置在明管段及该段侧墙顶部，L1 截面尺寸为 1000mm×1000mm，长 7000mm，该段与两侧明管段同时支模浇筑。第二段侧墙结构外轮廓长 4500mm，宽 7000mm，壁厚 750mm，高 4.75m，带 750mm 厚顶板，顶板上锚固两根底梁 L2，底梁 L2 截面尺寸为 800mm×800mm，长 3000mm。

（1）底板

6号竖井工艺结构底板为主隧内径 3.2m 至 3.4m 的变径过度段，厚度为 1491～1691mm 的斜坡，长 4500mm，宽 7000mm，上部侧墙壁厚 750mm。

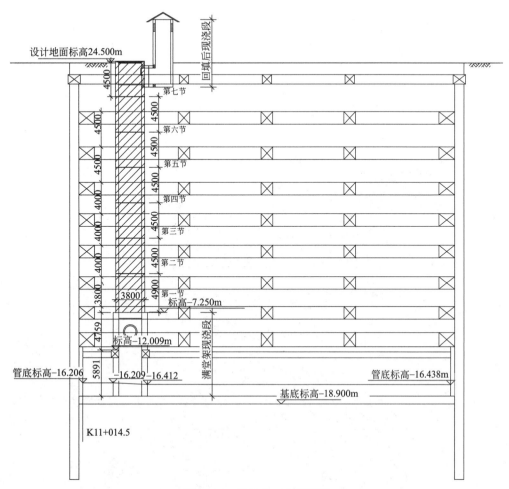

图 6.4-1 结构施工层段划分

模板面板采用 18mm 厚竹胶板，次楞采用 50mm×100mm 木方，竖向布置，间距 200mm，主楞采用 $\phi 48 \times 3.5$mm 双拼钢管水平布置，纵向间距 600mm。采用 $\phi 48 \times 3.5$mm 钢管支撑架抵至四周侧墙，支撑架立杆横向间距 900mm，纵向间距 600mm，水平杆竖向间距 600mm。为保障防水效果，同步浇筑 30~50cm 侧墙。竖井汇流结构底板支撑体系如图 6.4-2 所示。

（2）第一段侧墙及底梁 L1 施工

横断面侧可利用竖井内衬墙及结构内轮廓形成对撑支撑体系。

模板面板采用 18mm 厚竹胶板，次楞采用 50mm×100mm 木方，竖向布置，间距 200mm，主楞采用 $\phi 48 \times 3.5$mm 双拼钢管横向布置，间距 600mm。支撑体系采用满堂支撑+钢管对撑，钢管对撑水平间距 600mm，竖向间距 600mm；立杆采用 600mm× 600mm×1200mm 满堂架。均采用 $\phi 48 \times 3.5$mm 钢管，在两侧不便设置钢管对撑区域，采用 M18 对拉螺杆，间距 600mm×600mm。第一段侧墙支撑体系如图 6.4-3~图 6.4-5 所示。

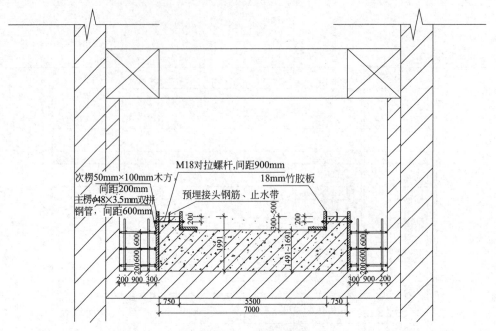

图 6.4-2　6号竖井汇流结构底板支撑体系断面图

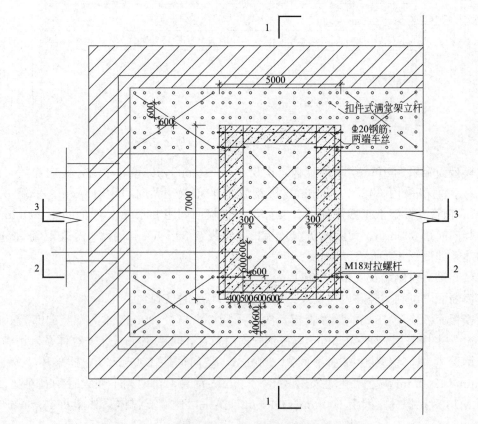

图 6.4-3　汇流结构第一段侧墙支撑体系平面图

第6章 工艺结构施工

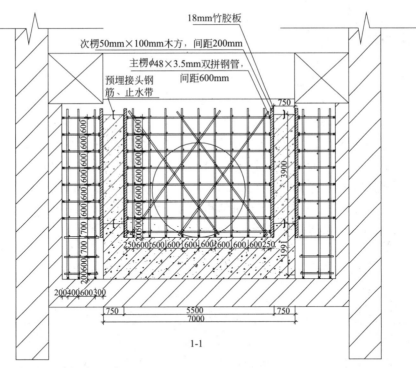

图 6.4-4 汇流结构第一段侧墙支撑体系横断面图

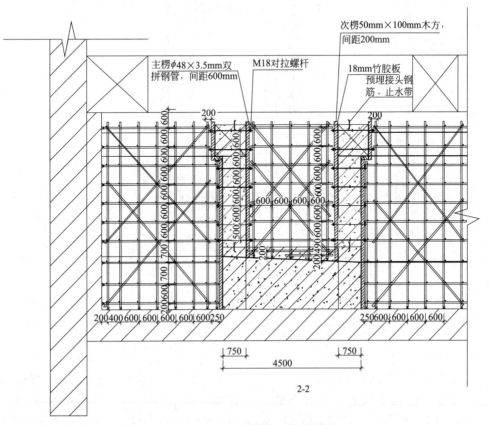

图 6.4-5 汇流结构第一段侧墙支撑体系纵断面图

（3）第二段侧墙及顶板、底梁 L2 施工

侧墙模板面板采用 18mm 厚竹胶板，次楞采用 50mm×100mm 木方，竖向布置，间距 200mm，主楞采用 φ48×3.5mm 双拼钢管水平布置，竖向间距 450mm。采用 M18 防水对拉螺杆加固，对拉螺杆间距水平 500mm×竖向 600mm。侧墙局部与环框梁紧贴，紧贴区域不支模，对拉螺杆一侧焊接在环框梁主筋上。

为方便安拆，顶板下部采用横、纵向 600mm×300mm，步距 600mm 碗扣式满堂支撑架，梁 L2 下部采用横、纵向 300mm×300mm，步距 600mm 碗扣式满堂支撑架，钢管尺寸 φ48×3.5mm，扫地杆距底面最大 300mm，顶部增设一排水平杆，并在顶部洞口区域增设一排钢管对撑，面板采用 18mm 厚竹胶板，次楞采用 50mm×100mm 木方，横向间距 150mm，主楞采用 φ48×3.5mm 双拼钢管，竖向间距 300/600mm，设置水平及竖向剪刀撑。第二段侧墙支撑体系如图 6.4-6～图 6.4-8 所示。

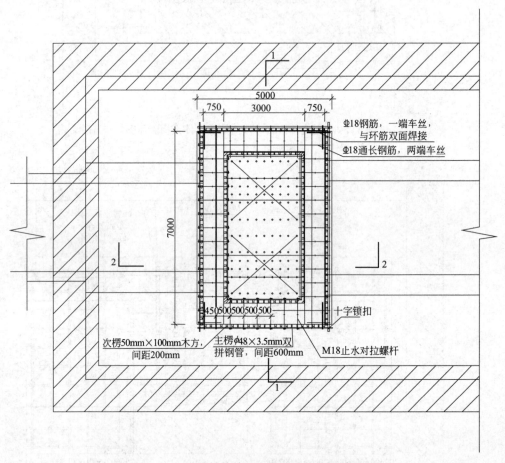

图 6.4-6 汇流结构第二段侧墙支撑体系平面图

2. 检修井

检修井尺寸为 3.8m×2.8m，净尺寸为 3.0m×2.0m。单次浇筑 4.5～5.35m，模板采用厚度 18mm 的全新竹胶板，内楞（竖向楞）采用 50mm×100mm 木方，间距为 100mm，外楞（横向楞）采用 φ48×3.5mm 双拼钢管，间距 400/600mm（顶面以下 3m

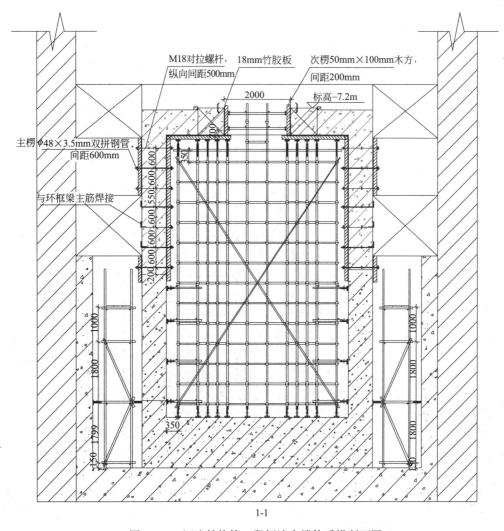

图 6.4-7 汇流结构第二段侧墙支撑体系横断面图

为 600mm）。采用 M18 对拉螺杆支模，竖向间距 400/600mm（顶面以下 3m 为 600mm），横向间距 3 号、7 号竖井为 400mm，6 号竖井为 400～450mm。阴阳角区域不便设置对拉螺杆，则采用一端焊接在环向筋上，一端车丝的 ϕ20 钢筋代替对拉螺杆。检修井模板体系如图 6.4-9 和图 6.4-10 所示。

其中各竖井检修井顶部与通风通道交汇处存在一个孔洞，孔洞模板采用 18mm 厚竹胶板，次楞采用 50mm×100mm 木方，主楞采用 ϕ48×3.5mm 双拼钢管，并采用间距 600mm 的 ϕ48×3.5mm 钢管对撑固定。通风通道孔洞模板体系如图 6.4-11 所示。

3. 通风通道

检修井及明管段施工完毕后，需对竖井进行分层回填压实至通风通道底标高，然后再施作通风通道。

（1）通风通道底板

底板厚 400mm，包含两部分，一侧为检修筒部分，宽 2800mm，一侧为通风筒部分，宽 2600mm，中间设置有 20mm 宽变形缝。该区域基底 2m 范围内采用级配砂石料进行回

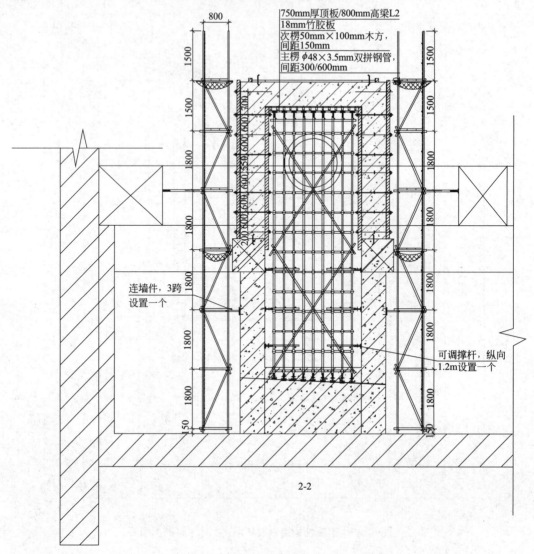

图 6.4-8 汇流结构第二段侧墙支撑体系纵断面图

填,承载力特征值不小于 150kPa,密实度不小于 97%。

底板和变形缝尺寸如图 6.4-12 和图 6.4-13 所示,设置钢管对撑及钢管斜撑进行加固,钢管间距 600mm,为保障防水效果,向上浇筑 30cm 通风通道侧墙,施工缝宽 20mm,设置中埋式钢边橡胶止水带。

(2) 通风通道侧墙及顶板

顶板采用支架法施工,支架设置间距为 600mm×750mm×750mm,底模采用 18mm 竹胶板,次楞采用 50mm×100mm 木方,间距 200mm,主楞采用 $\phi48mm×3.5mm$ 双拼钢管,间距 600mm。

侧墙施工至顶板以上 400mm 位置,侧墙面板采用 18mm 竹胶板,次楞采用 50mm×100mm 木方,间距 200mm,主楞采用 $\phi48×3.5mm$ 双拼钢管,间距 500mm,使用 M18 对拉螺杆加固,间距 400mm×500mm。模板支架搭设如图 6.4-14 和图 6.4-15 所示。

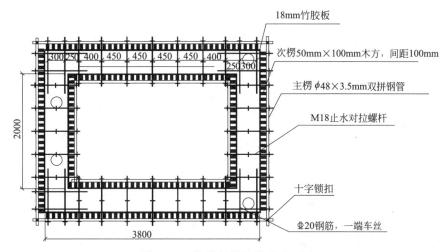

图 6.4-9 检修井模板体系平面图

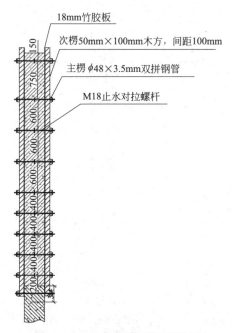

图 6.4-10 检修井模板体系断面图

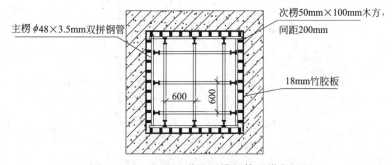

图 6.4-11 通风通道孔洞模板体系横断面图

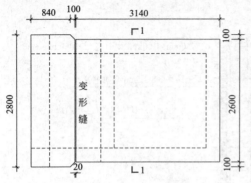

图 6.4-12 底板平面示意图

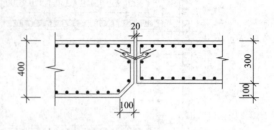

图 6.4-13 变形缝示意图

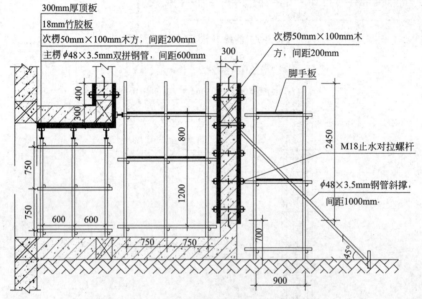

图 6.4-14 通风通道模板支架搭设纵断面图

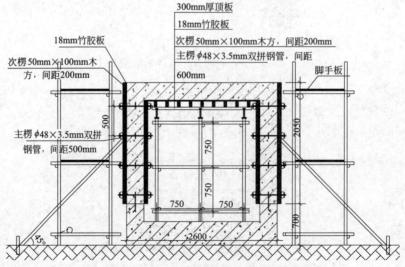

图 6.4-15 通风通道模板支架搭设横断面图

4. 通风筒

通风筒施工高度为 5.45m，采用对拉螺杆法施工，模板采用 18mm 厚竹胶板，次楞采用 50mm×100mm 木方，间距 100mm，主楞采用 φ48×3.5mm 双拼钢管，横向间距 400/600mm（顶部往下 3m 区域 600mm），螺杆采用 M18 防水对拉螺杆，横向间距 400mm，另在模板外侧设置 φ48×3.5mm 钢管斜撑，1m 设置一道，模板内侧设置水平对顶撑，2 步一设，模板支架搭设如图 6.4-16 所示。筒外双排脚手架步距最大 1800mm，立杆横距 800mm，纵距 1200mm，并在底部每个转角位置设置 1 个连墙件。通风筒模板支架搭设如图 6.4-16 所示。

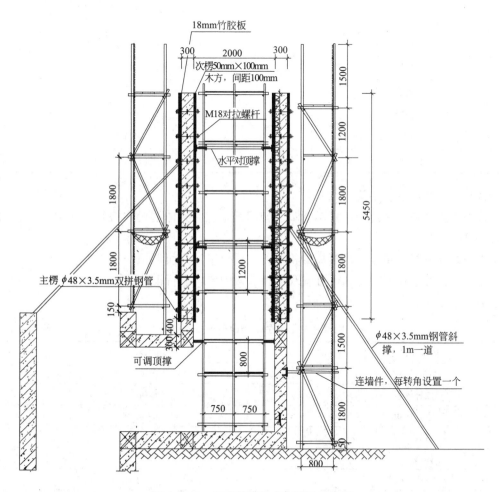

图 6.4-16 通风筒模板支架搭设示意图

5. 操作架搭设

（1）检修井外部脚手架

本工程涉及的脚手架工程主要用于检修井施工，检修井外部采用闭合双排落地式钢管脚手架，脚手架和检修井呈"回"字形布置。

检修井外部落地式双排脚手架从底至顶连续搭设，搭设高度 38.5m，立杆落在明管段或竖井底部钢筋混凝土面层上，脚手架搭设各项技术参数见表 6.4-1。

检修井外部脚手架搭设各项技术参数　　　　　　　　　表 6.4-1

项目	参数
立杆纵距	≤1.2m,且转角处必须设置
立杆横距	0.8m
大横杆步距	1.8m
架体搭设高度	38.5m
内侧立杆距建筑物外墙距离	0.30m(6号竖井落地式脚手架局部0.45m)
连墙件设置	两步三跨
护身栏杆设置	在脚手板以上600mm、1200mm高度设置两道护身栏杆
扫地杆设置	在立杆底部距地150mm高度设置通长扫地杆
剪刀撑设置	每侧长度及高度方向连续设置
横向斜撑	每侧脚手架两端设置
脚手板	冲压钢脚手板
纵横水平杆布置方式	横向水平杆在上
密目网	外侧满布密目网
双立杆	底部20m设置

(2) 检修井内部脚手架

检修井内部搭设3跨扣件式满堂脚手架用于施工。架体搭设在检修井底梁上安装的3根I18b型钢梁上。

由于内部满堂脚手架与已拆模的检修井四周侧壁通过可调顶托支撑牢靠,且立杆间距不大于1.5m×1.5m,因此立杆可按双排脚手架的要求进行设计计算。脚手架搭设各项技术参数见表6.4-2。

检修井内部脚手架搭设各项技术参数　　　　　　　　　表 6.4-2

项目	参数
内部净尺寸	2m×3m
立杆排数	3/3
立杆纵距	0.7m
立杆横距	0.7m
大横杆步距	1.8m
架体搭设高度	33m
内侧立杆距建筑物距离	0.30m
扫地杆设置	在立杆底部距底部主梁150mm高度设置通长扫地杆
钢管顶托	每个横杆两端均采用可调顶托与四周侧墙顶紧
脚手板	冲压钢脚手板
搁置型钢梁	单根长2m,18b
双立杆布置	底部15m设置双立杆

脚手架搭设如图6.4-17和图6.4-18所示。

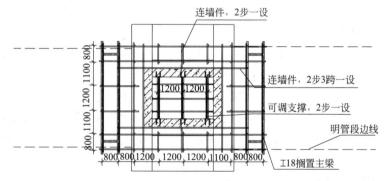

图 6.4-17 脚手架平面图

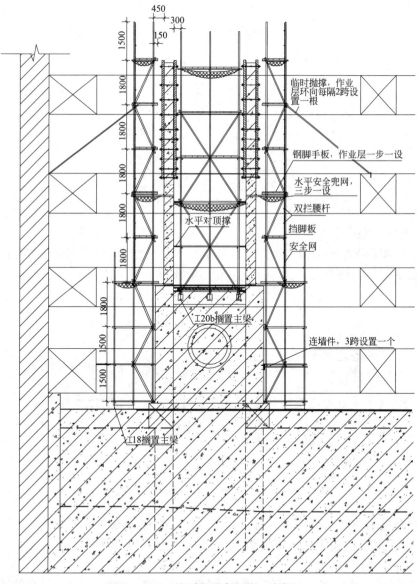

图 6.4-18 脚手架纵断面图（底部）

(3) 杆底处理

1) 落地式双排脚手架

落地式脚手架立杆落于竖井混凝土底板或明管段顶部，脚手架立杆不能直接立于混凝土面上，应加设木垫板，垫板应采取长度不小于 2 跨、厚度不小于 50mm、宽度不小于 200mm 的木板或槽钢，沿脚手架底部通长布置。按照立杆纵距要求从角部开始布置垫板。

双排脚手架部分立杆搭设在明管段顶部，由于架体宽度比明管段稍宽，两侧立杆悬空，为保持该区域立杆底部均处于同一水平线，在该排立杆底部安装工 18 号型钢，型钢两端悬挑出明管段 20cm，并在型钢上对应的立杆位置焊接 10cm 长的Φ20 钢筋限位桩。杆底部局部工字钢设置如图 6.4-19 所示。

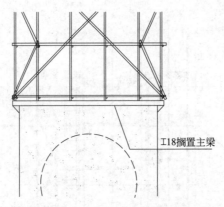

图 6.4-19　杆底局部工字钢设置示意图

2) 内部满堂操作架

内部满堂操作架底部搁置主梁为 3 根工 18b 型钢，型钢两侧采用锚固螺杆连接。工字钢搁置主梁安装位置如图 6.4-20 所示。其中 6 号竖井搁置主梁间距 1200mm，3 号、7 号竖井搁置主梁间距 700mm。

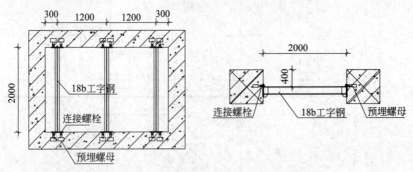

图 6.4-20　搁置主梁安装位置示意图

在底梁施工时，在对应位置准确预埋螺母，在外侧模板上开两个 φ1.25cm 的圆孔，再通过配套专用螺杆临时固定，确保混凝土在浇筑过程中预埋件不会产生偏位。预埋螺母安装如图 6.4-21 所示。

混凝土强度达到 5MPa 后，拆除侧模。安装 S8.8 级、M20×230mm 长的高强度"双头螺杆"。

图 6.4-21 预埋螺母安装示意图

安装搁置主梁，搁置主梁安装完毕后，为增强整体性，采用 18b 工字钢将三根主梁连接为整体。并在搁置主梁上操作架立杆对应位置焊接 10cm 长的ⅲ20 钢筋限位桩。搁置主梁安装如图 6.4-22 所示。

图 6.4-22 搁置主梁安装示意图

6.5 竖井明管段施工

6.5.1 施工工艺流程

明管段的施工时机需结合两侧区间二衬完成时间进行，以 3 号竖井明管段为例：根据现场施工进度情况及工艺结构位置，3 号竖井明管段纵向拟分 3 段进行施工，如图 6.5-1 所示；第一段为 3 号～1 号区间二衬施工完成、洞内轨道外运后施工的第一、二仓明管段；第二段为3号～4号区间二衬施工完、洞内轨道外运后施工的第三、四仓明管段（不含第三仓预留台车出口）；第三段为预留台车出口明管段（6m）施工，台车施工完成前述节段后吊出，该段采用散拼模板施工，施工完成洞内架体材料由通风井吊出。

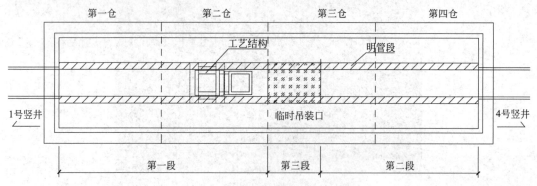

图 6.5-1　3号竖井明管段分段示意图

根据结构形式，各段竖向（含垫层）均分三层施工，如图6.5-2所示，第一层为垫层施工，第二层为仰拱施工（分三段施工的明管段、第二段、第三段仰拱同时施工），第三层为拱墙施工。

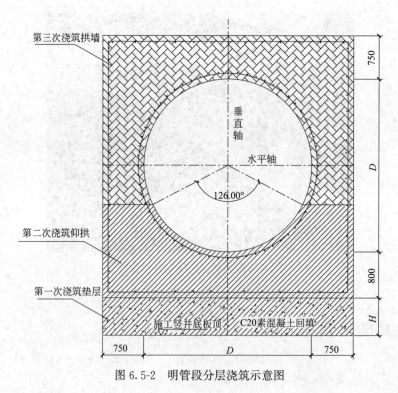

图 6.5-2　明管段分层浇筑示意图

其中主要构件施工方法如下：垫层及外侧墙采用对撑钢管支架＋木模，仰拱内模采用二衬仰拱模板＋抗浮拉杆，拱墙内模采用二衬拱墙台车支模/散拼模板＋扣件式钢管支架施工。

6.5.2 明管段模板支架工程

1. 底部垫层

模板体系采用木模＋钢管对撑体系；木模采用厚度 18mm 的竹胶板，次楞采用 50mm×100mm 木方，竖向布置，间距为 200mm，主楞采用 φ48×3.5mm 双拼钢管，纵向布置，间距 600mm，钢管对撑体系采用 φ48×3.5mm 扣件式脚手架搭设，间距 600mm×600mm×600mm。由于模板内侧无钢筋骨架，需在模板上开孔穿出铁丝与架体固定。垫层浇筑支模如图 6.5-3 和图 6.5-4 所示。

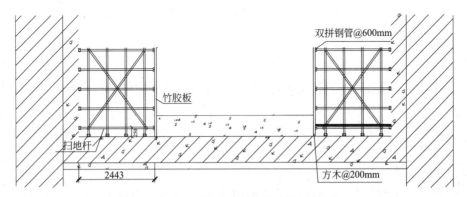

图 6.5-3 明管段垫层浇筑支模立面图

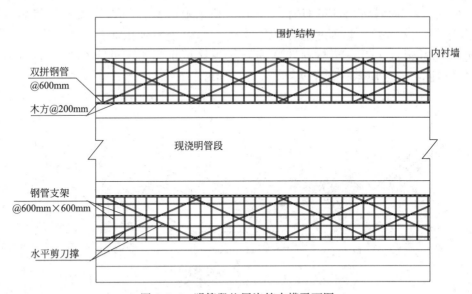

图 6.5-4 明管段垫层浇筑支模平面图

垫层支模并加固完成以后，预留仰拱支模锚固钢筋，按照纵向间距 1.2m，横向距离垫层中心线 $D/2$ 的位置锚固钢筋预埋标记位置，凿除底板混凝土，露出主筋，将Φ20 锚固钢筋弯钩（长 200mm）与主筋单面焊接，焊接长度 200mm；锚固钢筋长度根据垫层厚度调整，要求锚固钢筋总长度大于垫层厚度 500mm，即锚固钢筋露出垫层表面不少于 300mm。锚固钢筋预埋如图 6.5-5 所示。

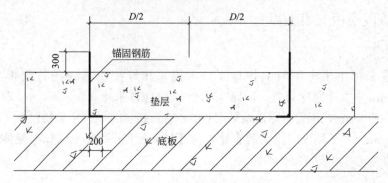

图 6.5-5 锚固钢筋预埋示意图

2. 仰拱

(1) 外侧模安装加固

侧模与垫层侧模采用相同模板体系，采用木模+钢管对撑体系；木模采用厚度 18mm 的竹胶板，次楞采用 50mm×100mm 木方，竖向布置，间距为 200mm，主楞采用 $\phi 48 \times 3.5$mm 双拼钢管，纵向布置，间距 600mm，钢管对撑体系采用 $\phi 48 \times 3.5$mm 扣件式脚手架搭设，间距 600mm×600mm×600mm。

(2) 内模加固

内模采用二衬施工定制钢模，通过临时吊装口下井，电动平板车和地面吊车的配合，通过吊车确定模板平面位置，平面位置确定后，调整销筒外露端长度为 129mm（槽钢面往上），同时将斜向撑杆插入销筒，利用限位销轴与销筒锁死并将后装模板法兰盘与先装模板法兰盘通过螺栓连接牢固。仰拱模板加固采用钢筋一端弯曲扣住模板边主楞并焊接，另一端与预埋锚固钢筋焊接抵抗浮力。仰拱模板及模板体系如图 6.5-6～图 6.5-8 所示。

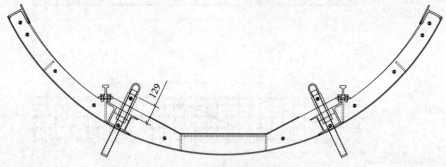

图 6.5-6 仰拱模板设计图

为保证仰拱模板面底部中点与垫层之间保持 800mm 厚度，对仰拱区域钢筋增加支撑仰拱模板垫块，同时保证仰拱模板上的斜向支撑定位撑杆保持支起长度满足要求，混凝土浇筑到仰拱模板面时，及时拔出仰拱模板上的斜向撑杆，保证混凝土浇筑密实且不留空隙。

3. 拱墙

外侧模继续延伸仰拱外侧模板支架，内模拱墙模板根据节段采用拱墙台车或散拼弧形

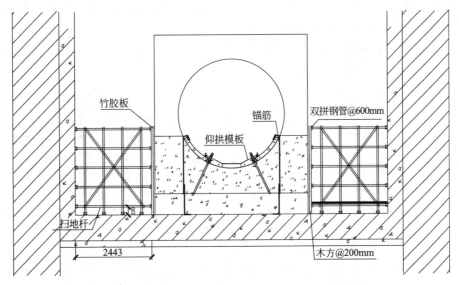

图 6.5-7 仰拱支模体系立面图

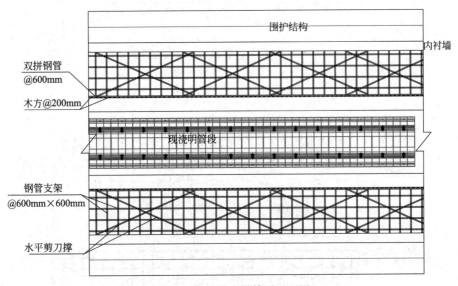

图 6.5-8 仰拱支模体系平面图

模板施工。

（1）拱墙台车法

台车定位支模方式如下：

步骤一：台车就位后测量台车两端模板横梁中部与两侧侧模之间距离，确保两侧距离相同，保证台车与明管段对中，如若存在较小偏差，则按顺序调整模板平移油缸，若对中偏差较大时，需按顺序多次微调，不得一次到位，造成搭接模板挤压。

步骤二：操作台车升降油缸调节顶模就位，安装台车底部支撑丝杆。通过测量顶部钢筋与顶模距离来控制顶模就位位置，顶模就位后将底部支撑丝杆一端插入底纵梁，调节丝杆长度，另一端抵紧轨道。

步骤三：操作台车侧模收支油缸侧模就位。由于侧模与已成型仰拱有部分搭接，因此操作台车侧模收支油缸使侧模抵紧已成型仰拱。

步骤四：撑设台车横撑丝杆。外模及拱墙模板体系设置如图 6.5-9 和图 6.5-10 所示。

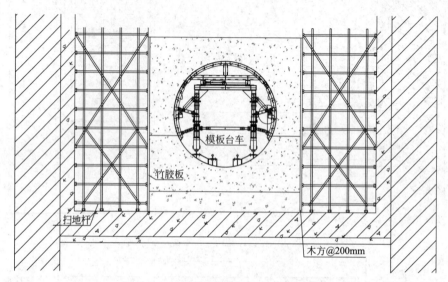

图 6.5-9 外侧模及模板台车支模立面图

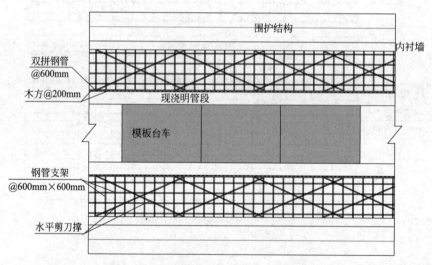

图 6.5-10 外侧模及模板台车支模平面图

（2）散拼弧形模板法

弧形模板采用 22mm 厚弧形木模板，纵向次楞采用 50mm×100mm 木方，主楞采用型钢支架（10 号槽钢＋$\phi 48\times 3.5$mm 钢管焊接制作），钢管支撑采用 $\phi 48\times 3.5$mm 钢管，间距 400mm×600mm×400mm。

弧形木模为整圆模板，环向分为 10 等分块，其中分为 7 块标准块、1 块封模块和与封模块相邻的 2 块相邻块，标准块之间采取单双耳咬合式的连接方式，封模块与相邻块采用斜口式。模板分块示意如图 6.5-11 所示。

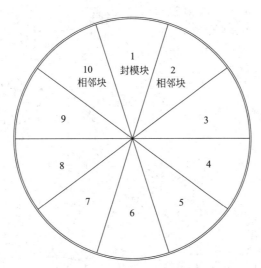

图 6.5-11 弧形模板分块示意图

为保证模板整体性，拱墙施工时，散拼弧形模板全圆安装。模板安装与加固同步进行，第一步先安装底部 5~7 号模板，并在模板上放置次楞并固定，然后将底部型钢支架安装定位；第二步安装两侧型钢支架，侧边型钢支架放置在底部型钢支架上，上部临时与钢筋骨架连接，然后在侧边型钢支架背后安装次楞并与型钢支架固定，确保不脱落，再将模板插入拼装，最后将侧边型钢支架顶部与钢筋骨架的临时连接拆除，设置横杆，调节两端顶托确保次楞与模板贴合；第三步安装顶部型钢支架，通过在两侧型钢支架上焊接简易牛腿，将顶部型钢支架临时放置侧边型钢支架上，安装竖向支撑钢管同步进行支撑，然后在顶部型钢支架背部安装次楞及模板，预留封模块位置不安装，然后提升顶部型钢支架，待两个邻接块就位后再将封模块插入。支架安装完成后，安装钢管支撑。外侧模及散拼弧形模板支模如图 6.5-12 所示。施工现场见图 6.5-13。

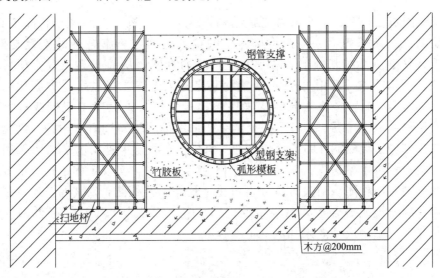

图 6.5-12 外侧模及散拼弧形模板支模立面图

图 6.5-13 竖井内明管段施工

6.6 本章小结

大东湖深隧工程竖井 5 个竖井工艺结构形式复杂，施工空间狭小，施工高度大，安全风险高，工期压力大。工艺结构施工的重点是制定科学合理的模板支架方案，在充分保证安全质量的基础上，减小安全拆除的难度，从而提高工效。项目团队充分结合工艺结构特点，运用 BIM 技术辅助制定施工方案，经过多轮方案比选，因地制宜，充分融合，1 号竖井入流结构采用碗扣式＋扣件式满堂支架模板对撑进行施工，施工耗时约 2.5 个月，4 号竖井汇流结构采用单侧植筋拉模＋扣件式满堂脚手架法进行施工，施工耗时约 4.5 个月，3 号、6 号、7 号竖井通风检修结构采用对拉螺杆＋扣件式作业脚手架法进行施工，施工耗时约 1 个月，实现了施工过程的安全、高效、顺利；同时项目团队通过方案分析对比，开展工艺优化，对 1 号、4 号竖井顶板创新采用预制＋现浇叠合板或后浇带湿接缝工艺，大幅节约工期，降低高支模安全风险。竖井工艺结构成型效果如图 6.6-1 所示。

图 6.6-1 竖井工艺结构成型效果

第 7 章 验 收

武汉大东湖深隧工程作为国内首个正式建设的污水传输深层隧道,其隧道功能性验收无完整的规范依据及成熟经验依据可循。本章主要介绍经多方咨询论证后,深隧隧道最终采用的分部工程阶段性验收+结构无损检测+内渗法观测+通水试验相结合的功能性试验验收方案,其他常规结构验收不再赘述。

7.1 内渗法试验原理及标准

水是否发生渗流,主要是由于渗流位置存在水压差,地下水位以下的深层隧道,隧道充水前仅受到地下水外压,水压差较大,如果该阶段隧道防水满足要求,则充满水后,内外水压部分抵消,管道受到的地下水压力会大大减少,外水内渗的情况不会比隧道空置时更严重。

如果隧道在仅有外水压的情况下,外水内渗情况满足防水要求,那么运营期间内水压小于外水压,则隧道不可能发生外渗且内渗也会得到缓解;即使运营期间内水压大于外水压,由于隧道结构为双层衬砌结构,且管片、二衬均配置双层钢筋,结构具有良好的受拉、受压能力,只要内水压不大于外水压的两倍,则运营期间内水外渗的情况也不会比施工期间外水内渗严重。

因此,在隧道施工工况观测是否存在外水内渗情况,便可对运营期间是否存在外水入渗或内水外渗的情况做出判断。

管道充水前管壁压力:$P_1 = P_承$;管道充水后管壁压力:$P_2 = P_运 - P_承$(正为外渗、负为内渗)。P_1 时,经检测若无内渗,当 P_2 的绝对值小于 P_1 时,同样无外渗现象发生。隧道充水前后内外压力如图 7.1-1 所示。

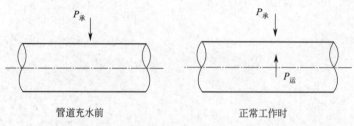

图 7.1-1 隧道充水前后内外压力示意图

各区间施工工况下所承受的外部水压以及运营期间工作压力、事故压力如表 7.1-1

所示。

各区间运行水压工况分析　　　　　　　　　　　　　表 7.7-1

区间	地质分级	穿越地层	区间高程(m)	外部水压力 P_1(MPa)	工作水压力(MPa)	工作内外水压差(正为外渗、负为内渗)(MPa)	事故/试验水压力(MPa)	事故内外水压差(正为外渗、负为内渗)(MPa)
1号~3号	长江Ⅰ级阶地	粉细砂、强中风化泥质粉砂岩	−8.85~−11.20	0.3~0.35	0.21	−0.09~−0.14	0.315	0.015~−0.035
3号~4号	长江Ⅰ、Ⅲ级阶地过渡段	过渡破碎带，强中风化泥质粉砂岩	−11.20~−13.29	0.29~0.34	0.24	−0.05~−0.10	0.36	0.07~0.02
4号~5号		强中风化含钙泥质粉细砂岩	−13.29~−15.04	0.25~0.28	0.26	0.01~−0.02	0.39	0.14~0.11
6号~5号		中风化含钙泥质粉细砂岩	−15.04~−16.21	0.21~0.25	0.26	0.05~0.01	0.39	0.19~0.14
6号~6A号	长江Ⅲ级阶地	中风化灰岩及强发育岩溶带	−16.21~−17.89	0.35~0.41	0.26	−0.09~−0.15	0.39	0.04~−0.02
7号~6A号		中风化泥岩、泥质粉砂岩	−17.89~−18.29	0.21~0.25	0.26	0.05~0.01	0.39	0.18~0.14
8号~7号		中风化含钙泥质粉细砂岩	−18.29~−19.36	0.20~0.22	0.27	0.07~0.05	0.41	0.21~0.19
8号~9号	长江Ⅰ级阶地	粉细砂、强中风化含钙泥质粉砂岩	−19.36~−20.64	0.38~0.42	0.29	−0.09~−0.13	0.435	0.055~0.015

根据表 7.1-1 可知，各区间外部水压比隧道工作内水压大或大致相当，长江Ⅰ级阶地及Ⅲ级阶地岩溶区的各区间外部水压与事故内水压基本相等，其他区间外部水压略小于事故水压。在长江Ⅰ级阶地中，外水压大于内水压，结构整体受力性能好，仅有外水压时渗漏情况最严重；在长江Ⅲ级阶地中，虽然外水压小于内水压，但由于外部土压力的作用，结构在内水压及外部水土压力的合力下，截面基本上不会出现受拉状态，且内外水压差值小于外水压，渗漏情况不会比仅有外水压时严重。因此，仅有外水压的工况为渗漏情况最严重的工况，故采用内渗法试验是可行的。

根据《地下工程防水技术规范》GB 50108 要求，对于设计三级防水隧道的防水合格标准为：有少量漏水点，不得有线流和漏泥砂，任意 $100m^2$ 防水面积上的漏水点数不超过 7 处，单个漏水点的最大漏水量不大于 2.5L/d，单个湿渍的最大面积不大于 $0.3m^2$。

7.2 通水试验原理及标准

在内渗法的基础上,增加全线通水严密性试验,观测工作静水压力下各工艺结构井内水位下降情况,判断分析隧道渗漏情况。

考虑工期及封堵墙拆除对现状土建结构的影响,参照规范做法,结合现场实际情况,为避免刀闸阀渗漏量的影响,通水试验时深隧末端刀闸阀应处于打开状态,使深隧及深隧泵房的配水井和水泵前后管道同时充水;泵房内的管路、设备在试验前应验收完毕,达到通水试验条件。主隧 DN3000～DN3400mm,全长 17.5km,拟注水至 1 号入流竖井入流槽底标高以下水位 12.5m 处进行观测,各区间隧道对应通水试验压力如表 7.2-1 所示。

通水试验压力　　　　　　　　　　　表 7.2-1

	竖井	设计地面高程(m)	设计隧底高程(m)	正常工况静水压(m 水柱)		观测水位对应工作压力
				最高	最低	
主隧	1 号竖井(二郎庙入流竖井)	23.000	−8.850	20.85	20.85	1.02P
	3 号竖井(通风检修井)	23.800	−11.210	22.58	21.87	1.05P
	4 号竖井(三环线汇流竖井)	31.500	−13.300	24.15	22.85	1.07P
	5 号竖井	34.212	−14.940	25.23	22.74	1.09P
	6 号竖井(武东结合井、通风检修井)	24.500	−16.210	26.06	22.65	1.10P
	6A 号竖井	21.100	−17.950	27.32	22.80	1.11P
	7 号竖井(通风检修井)	23.300	−18.300	27.57	22.83	1.12P
	8 号竖井	22.140	−19.360	28.34	22.95	1.12P
	9 号竖井(深隧泵房)	22.000	−20.640	29.27	23.09	1.13P

根据《给水排水管道工程施工及验收规范》GB 50268 要求,选取允许渗漏量作为试验判定指标,通水试验合格标准如表 7.2-2 所示。

通水试验合格标准　　　　　　　　　　　表 7.2-2

项目	时间(h)	渗漏量和对应水位降
观测	1	允许渗漏总量≤47.33m^3,各井液面均降≤0.14m
	2	允许渗漏总量≤94.67m^3,各井液面均降≤0.28m
	3	允许渗漏总量≤142.00m^3,各井液面均降≤0.42m
	4	允许渗漏总量≤189.34m^3,各井液面均降≤0.56m
	8	允许渗漏总量≤378.67m^3,各井液面均降≤1.12m
	12	允许渗漏总量≤568.01m^3,各井液面均降≤1.68m

注:根据《给水排水管道工程施工及验收规范》,并结合现场情况,在第 4、8、12h 时间点处监测。

7.3 试验流程

第 1 阶段，根据验收规范对工程各个环节进行阶段性验收；
第 2 阶段，结构无损检测，对存在缺陷处进行处理；
第 3 阶段，内渗法观测，结构及功能验收；
第 4 阶段，进行通水试验，合格后全隧通水。

7.4 试验方法

7.4.1 隧道结构检测

在二衬施工完成后对结构裂缝进行检查，对壁后充填情况进行检测。

1. 结构密实度检测

参考《公路工程质量检验评定标准 第一册 土建工程》JTG F80/1 "混凝土衬砌"及附录 R，采用地质雷达法，分别在隧道内布置 5 条测线。二衬施工前后地质雷达检测如图 7.4-1 和图 7.4-2 所示。

 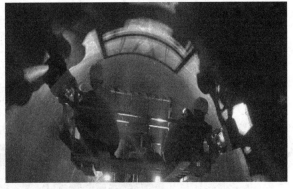

图 7.4-1 二衬施工前地质雷达检测　　图 7.4-2 二衬施工后地质雷达检测

检测标准为：无空洞、无杂物。

2. 外观质量检查

参考《公路工程质量检验评定标准 第一册 土建工程》JTG F80/1 "混凝土衬砌"，检查蜂窝麻面、结构裂缝。

检查标准：（1）蜂窝麻面面积不得超过该面总面积的 0.5%，深度不得超过 10mm；（2）隧道衬砌钢筋混凝土结构裂缝宽度不得超过 0.2mm。

7.4.2 结构验收

根据《混凝土结构工程施工质量验收规范》GB 50204，分为结构实体检验及子分部工程施工质量验收。

1. 结构实体检验

以一个施工节段（115.2m）为一个构件，主隧二衬结构总构件量为(115+37)×2＝304个。

（1）混凝土强度

主隧二衬结构总构件量为304个，按照《混凝土结构工程施工质量验收规范》GB 50204附录D，抽取40个构件开展混凝土强度回弹。

（2）钢筋保护层厚度

主隧二衬结构总构件量为304个，根据《混凝土结构工程施工质量验收规范》GB 50204附录E，取20个构件开展钢筋保护层厚度检验。

（3）结构位置与尺寸偏差

选定二次衬砌厚度为检验项目，采用地质雷达法检验。

检验方法参考《公路工程质量检验评定标准 第一册 土建工程》JTG F80/1 "混凝土衬砌"与附录R及《给水排水管道工程施工及验收规范》GB 50268表6.7.7，分别在隧道布置5条测线，每20m检查1个断面，1个断面测5个点（测线布置同"结构密实度检测"）。

检验标准为：90%的检查点的厚度在设计厚度（200mm）的允许偏差（±15mm）范围内，且最小厚度≥0.5设计厚度。

（4）钢筋分布配置

参考钢筋保护层厚度检测，主隧二衬结构总构件量为304个，根据《混凝土结构工程施工质量验收规范》GB 50204附录E，取20个构件开展钢筋分布配置检验。保护层厚度检测如图7.4-3所示。

图7.4-3 保护层厚度检测实景

2. 结构验收

所含分项工程质量验收合格、应有完整的质量控制资料、观感质量验收合格、结构实体检验结果符合规范要求即可判定结构验收合格。

7.4.3 内渗法试验防水验收

按 7.1 节内渗法试验所述合格标准进行检测。

7.4.4 通水试验验收

1. 试验水量

试验水位如 7.2 节通水试验所述，试验水量计算见表 7.4-1。

试验水量计算　　　　　　　表 7.4-1

序号	试验管段	管径(mm)	长度(km)	试验压力(m)	隧道体积(m^3)	竖井体积(m^3)	试验水量(m^3)
1	1号~3号	DN3000	3.63	21.35~23.71	25645.95	1675.74	27321.69
2	3号~4号	DN3000	3.21	23.71~25.80	22678.65	94.83	22773.48
3	4号~5号	DN3200	2.34	25.80~27.44	18809.86	0.00	18809.86
4	5号~6号	DN3200	1.84	27.44~28.71	14790.66	0.00	14790.66
5	6号~6A号	DN3400	2.42	28.71~30.45	21960.53	1669.70	23630.24
6	6A号~7号	DN3400	0.5	30.45~30.7	4537.30	0.00	4537.30
7	7号~8号	DN3400	1.25	30.7~31.86	11343.25	123.21	11466.46
8	8号~9号	DN3400	2.34	31.86~33.14	21234.56	5716.13	26950.70
合计							150280.39

2. 防蒸发处理

为确保试验结果准确性，根据现场实际情况，对 3 号、6 号、7 号通风检修井进行临时加盖处理，在预留孔洞或检修井顶部铺盖模板，其中 1 号竖井顶板及井筒盖板已封闭，需设置 DN100mm 圆孔用于探测竖井水位。

3. 通水试验方案

（1）注水要求及计划

1）通水前，二郎庙预处理站、武东预处理站开始缓慢进水，并进行设备系统联动调试运转，并确认无异常；

2）第一天，主隧缓慢注水至 6 号井隧底标高（约 -16.41m），注水水量约 1.2 万 m^3；

3）第二天，主隧缓慢注水至 4 号井隧底标高（约 -13.5m），注水水量约 4.1 万 m^3；

4）第三天，4 号井明管段结构混凝土结构强度、密实度经检测达到设计要求并检测合格后，主隧缓慢注水至 1 号井隧底标高（约 -8.85m），注水水量约 5.6 万 m^3；

5）第四至五天，主隧各竖井工艺结构混凝土结构强度、密实度达到设计要求并检测合格后，缓慢注水（流量不超过 $1m^3/s$）至观测水位约 12.5m，注水水量约 4.1 万 m^3；

6）第六至八天，主隧及竖井浸泡 72h；

7）第九天，8：00~20：00，完成主隧严密性试验检测。

（2）水位观测

为确保观测方便，水位观测设在 1 号竖井，通过顶板预留孔洞进行水位观测，观测前测定 1 号竖井顶板实际标高，根据标高换算井底水位。合格标准如 7.2 节通水试验所述。

水位观测采用井水位计实施，该设备主要包括标记有深度标签的电缆线测量绳、触水探头、装有电池的触水指示表及缠线盘及配件等。主要用于人工测量各种水井水位埋深，用于水文地质勘察、基坑降水工程、浸润线监测工程等井水位测量。操作如下：

1）接地连接线插头插入入水指示表 A 插口，另一端夹住金属泵管、井管或夹入土地；
2）测绳（缠线盘）末端插头插入入水指示表 B 插口，另一端（探头端）投入井内；
3）下放探头端测绳，直至入水指示表指针摆动或指示灯量，此时停止下放测绳；
4）下放测绳的长度即为井水位埋深（井水面到井口的距离）；
5）利用顶板标高减去下放测绳的长度即为水位标高。

4. 通水试验实施

主隧严密性通水试验共持续 9d，2020 年 9 月 1 日 21：00 隧道开始注水，2020 年 9 月 6 日 00：00 完成注水，累计注水 15 万余 m^3，注水完毕后，依据要求对主隧及竖井进行了为期 72h 的浸泡，于 2020 年 9 月 9 日 00：00 浸泡完毕并开始进行补水，水位补至试验水位并稳定后进行首次观测，首次观测时间为 2020 年 9 月 9 日 4：00，水位标高为 12.890m，随后每间隔 4h 对水位标高进行复测，水位观测结果如表 7.4-2 所示。

水位观测记录表   表 7.4-2

测量频次	观测时间	水位标高	水位降
初始水位	9月9日 4:00	12.89m	—
1	9月9日 8:00	12.65m	0.24m
2	9月9日 12:00	12.46m	0.19m
3	9月9日 16:00	12.37m	0.09m

验收标准：允许渗漏总量≤47.3m^3/h，各井液面均降≤0.14m/h

水位降实测最大值为 0.06m/h，且水位降随水位降低逐渐减小，水位逐渐趋于稳定，满足验收标准，通水试验顺利通过。

7.5 本章小结

大东湖深隧工程作为国内首条，缺乏良好适用于工程功能性验收的规范依据及成熟经验，项目团队经过多次系统模拟、专项研讨及专家咨询，最终确定了按照分部工程阶段性验收、结构无损检测、内渗法观测、通水试验几个方面共同组成的验收方案，验收结果得到了各方的一致认可，项目成功于 2020 年 8 月 30 日试通水，9 月 30 日正式通水。

总的说来，武汉大东湖深隧工程在各级领导的关心指导下、各参建单位的共同努力下，通过规范的施工管理，强有力的过程控制，大量的创新技术研究应用，实现了顺利履约，期间未发生任何质量安全事故。工程建设传承了红色基因、汇聚了蓝色力量、推动了绿色发展，它的建成有效改善了城市污水处理能力和布局，增强了城市居民的生活幸福感与获得感，以具体实效承接"长江大保护"生态战略目标落地，切实践行了"碳达峰碳中和"的绿色理念，施工质量优良。工程自投入使用以来，各项生产指标、环保指标均达到设计要求，运行情况良好，在同类工程中起到了引领示范作用，成功获评2022—2023年度国家优质工程奖。

参 考 文 献

[1] 李荣智,仲生星.南水北调中线穿黄工程超深竖井施工技术[J].人民长江,2011,42(08):63-69.
[2] 龚英杰.富水砂层悬挂式止水帷幕适用性试验与分析[D].哈尔滨:哈尔滨工业大学,2017.
[3] 汪旭光.爆破手册.北京:冶金工业出版社,2010.
[4] 陈华良.施工升降机的设计与分析[D].成都:西华大学,2007.
[5] 李杰华,刘国栋.基于富水大粒径砂卵地层的盾构刀盘和螺旋机适应性设计[J].建筑机械,2019(12):84-88.
[6] 谭顺辉.深圳地区复合地层盾构针对性设计与选型探讨[J].隧道建设,2014,34(06):582-587.
[7] 卜星玮,曾波存,万飞明,等.狭小空间条件下盾构分体始发施工技术研究[J].隧道建设(中英文),2018,38(S2):292-297.
[8] 王春河.盾构机空推过矿山法段地铁隧道施工技术[J].铁道标准设计,2010(03):88-91.
[9] 崔学忠.昆明轨道交通盾构工程岩溶处置技术研究与应用[J].工程建设,2019,51(12):66-73.
[10] 吴镇,耿传政,王磊.富水卵石层土压平衡盾构水下接收技术[J].隧道建设(中英文),2018,38(12):2040-2045.
[11] 钮新强,符志远,张传健.穿黄盾构隧洞新型复合衬砌结构特性研究[J].人民长江,2011,42(08):8-13.
[12] 付海平.C80高性能混凝土配制及专用外加剂研究[J].商品混凝土,2020(06):42-45.
[13] 赵卓,元成方,田丰,等.城市污水管道的混凝土腐蚀机理与耐久性设计[J].中国给水排水,2020,36(05):73-78.
[14] 侯华梁,张辉.小断面长引水隧洞衬砌综合施工技术[J].水利科技与经济,2013,19(10):110-111+113.
[15] 蔚晓栋,杨金钟,马军英,等.小盾构隧道二衬模板台车研究与应用[J].市政技术,2017,35(Z2):112-115.
[16] 孟学文,李志强,马继周.φ4700mm隧道二衬自密实混凝土全圆一次浇筑施工技术[J].水利水电技术,2013,44(1):93-96.
[17] 刘利.洞内狭窄空间长距离混凝土运输技术研究及应用[J].黑龙江科技信息,2017(08):200-202.
[18] 戴小松,刘开扬,谷海华,等.小直径长距离盾构隧道全圆二次衬砌成套高效施工技术[J].施工技术(中英文),2021,50(18):25-30.
[19] 谷海华,刘开扬,苏长毅,等.狭小竖井内小盾构高效双向分体始发技术[J].建筑施工,2020,42(11):2122-2124.DOI:10.14144/j.cnki.jzsg.2020.11.031.
[20] 陈伟,刘开扬,罗义生.BIM技术在深隧工程有限空间安全管控中的应用[J].建筑施工,2020,42(10):1989-1991.DOI:10.14144/j.cnki.jzsg.2020.10.052.
[21] 刘开扬,彭文韬,苏长毅,等.高承压水头土压平衡盾构水下接收技术[J].施工技术,2020,49(19):75-78+82.
[22] 戴小松,朱海军,陈伟,等.大东湖深隧工程小断面超深竖井施工综合技术[J].施工技术,2019,48(19):83-86.
[23] 戴小松,刘开扬,罗义生,等.悬挂式施工升降机在超深竖井中的应用[J].施工技术,2019,48(16):98-101.
[24] 蒋尚志,鲁文博,谷海华.高入岩率超深地下连续墙组合成槽施工技术[J].市政技术,2019,37(06):242-244+255.
[25] 贾瑞华,谷海华,叶亦盛,等.大东湖深隧长距离大埋深复杂地层盾构选型研究[J].施工技术,2020,49(19):67-70.
[26] 彭文韬,苏长毅,刘灿光,等.小直径大曲率隧道二次衬砌拱墙台车的设计[J].建筑施工,2021,43(08):1567-1569.DOI:10.14144/j.cnki.jzsg.2021.08.044.
[27] 连渊,刘鑫.基坑侧向止水结构形式的优选分析[J].中外公路,2012,32(02):12-15.DOI:10.14048/j.issn.1671-2579.2012.02.070.